Wieder mal kein Schwein gehabt
Geschichten von Pleiten, Pech und Pannen

Heribert Haberhausen

Wieder mal kein Schwein gehabt

Geschichten von Pleiten, Pech und Pannen

**Humor ist der Knopf,
der verhindert,
dass dir der Kragen platzt.**

Joachim Ringelnatz

Bibliografische Information der Deutschen Nationalbibliothek:
Die Deutsche Nationalbibliothek verzeichnet diese Publikation in der Deutschen Nationalbibliografie; detaillierte bibliografische Daten sind im Internet über http://dnb.dnb.de abrufbar.

TWENTYSIX – Der Self-Publishing-Verlag
Eine Kooperation zwischen der Verlagsgruppe Random House und BoD – Books on Demand

© 2021 Heribert Haberhausen

Herstellung und Verlag:
BoD – Books on Demand, Norderstedt

Mitarbeit: Dagmar Daidok

Illustration: Maria Koester

ISBN: 9783740772888

Inhalt

Ganz gut gelaufen	9
Ein schöner Tod	10
Ein Hilfeschrei	12
Aufgeschoben ist nicht aufgehoben	14
Nicht gut!	16
Lobende Worte reichen	18
Auf den Kopf gefallen	20
Keine Sondermarken	23
Man kann alles so oder so sehen	24
Langfinger drehen Däumchen	27
Man kann nicht immer nur Glück haben	29
Moralisch verpflichtet	32
Petri heil!	34
Wer den Schaden hat	36
Man muss sich zu helfen wissen	38
Zum Schnäppchenpreis	40
Freitag der 13.	42
Das tägliche Waterloo	44
Bloßgestellt	47
Ein Frustzwerg gegen Frust	48
Laufen Sie bloß nicht weg!	50
Es gibt immer noch etwas Schlimmeres	52
Die Prophezeiung erfüllen	55
Gewusst wie!	57
Nur ein Rechenexempel	60
Schade!	62
Polizisten sind auch Menschen	64
Viele unnötige Fragen	66
Kein Gerichtsirrtum	68
Warnwesten sind unverzichtbar	70
Zum Fressen gern	72
Besser als nichts	74
Alles relativ	76

Ein Mann fürs Leben	78
A Kölsch is sauguad	80
Ein Telefongespräch	81
Gewonnen und doch verloren	84
Lehrstunde für Teutonen	86
Im Kaufrausch	89
Nichts dergleichen	91
Pfote drauf!	93
Zu keinem Interview bereit	95
Sofortiger Rückflug	96
Familientreffen sind etwas Besonderes	99
Verhältnis beendet	101
Mumm in den Knochen	103
Auf gute Nachbarschaft	105
Den Durchblick behalten	109
Schlaflos in London	111
Vom Auf und Ab des Lebens	113
Helle Burschen, unsere Polizisten	115
Die Sache ist gegessen	117
Für einen Fusel reicht es immer	120
Wie im Zirkus	121
Tu doch etwas!	123
Wenn man gut zu Fuß ist	126
Glück gehabt	128
Dumm gelaufen	131
Ganz dumm gelaufen	132
Die Kosten trägt der Kläger	135
Sagen Sie liebx Professx zu mir!	136
Kettenreaktion	138
Sie irren, Frau Anwältin!	140
Die Strafe Gottes	142
Ich habe nur Pech	144
Gut, dass es Exhibitionisten gibt	146
Beraterdienst	148
Das Gelächter der Hölle	151
Ein Freudentanz mit Wiederholung	153

Oh, Ewige Stadt	154
Ein Stück Himmel auf Erden	156
Das Leben kann so ungerecht sein	158
Gut bezahlt	160
Eine gründliche Sanierung	162
Mit Hinterdünger	164
Rückreise mit kleinen Hindernissen	166
Die Risikoversicherung	169
Zwei unterschiedliche Hälften	170
Die Flugschau	173
Ein patentwürdiger Einfall	175
Ein falscher Hase tut es auch	177
Brautreden müssen sein	179
Ein ungewöhnlicher Ort zum Beten	181
Gut gelaufen	183
Die Mutter der Porzellankiste	184
Sinnestäuschungen	186
Nicht begutachten	188
Verpasster Schwiegermutterbesuch	190
Keine höhere Gewalt	194
Nicht schleimen	195
Störrischer als ein Esel	197
Eine Schweizer Panne	199
Frohe Weihnachten	202
Spaßvögel lassen Träume leben	205
Die Klage wurde abgewiesen	207
Eine ungewöhnliche Korrespondenz	209
Menschlichkeit groß geschrieben	211
Wer zuletzt lacht	213

Ganz gut gelaufen

In den Geschichten dieses Buches ist von Pech und Pannen, Fehlverhalten und Fehltritten, Unvermögen und Unmenschlichkeit die Rede. Gottlob gibt es Anderes. Beispiele für Menschlichkeit und Miteinander lassen sich überall finden, bei Jung und Alt, bei Reich und Arm, bei Verzweifelten und Hoffnungsvollen.

Ein 53-Jähriger aus den neuen Bundesländern musste sich vor Gericht verantworten. Kontrolleure der öffentlichen Verkehrsmittel hatten ihn dreimal ertappt beim Schwarzfahren. Er bestritt vor dem Richter sein Vergehen nicht, versuchte auch gar nicht, sich herauszureden.

„Euer Ehren", sagte er reumütig, „seit meinem schweren Autounfall im letzten Jahr bin ich nicht nur arbeitslos, sondern sehr vergesslich geworden. Einmal habe ich nicht daran gedacht, einen Fahrschein zu lösen, zweimal hatte ich einfach nicht das Geld dafür, aber dringende Arztbesuche standen an."

Er machte eine Pause, sah sich um, blickte in verständnisvolle Gesichter im Saal. Er fuhr fort: „Ich weiß, dass ich den städtischen Verkehrsbetrieben 8,70 € schuldig geblieben bin, dem Vater Staat das Bußgeld. Buße tue ich, den verlangten Betrag kann ich jedoch niemals aufbringen. Ich werde mich aber bemühen, neun Euro aufzutreiben, um meine Schulden bei der Stadt in der nächsten Zeit zu begleichen. Sie werden verstehen, dass ich keinen genauen Zeitpunkt nennen kann. Aber ich versichere Ihnen, dass ich alles unternehmen werde, dies so schnell wie möglich zu schaffen."

Dann setzte er mit einem treuherzigen Blick hinzu: „Die dreißig Cent mehr sind für die Kaffeekasse der Angestellten, als Wiedergutmachung für Ihre Mühen."

Viele der Anwesenden im Gerichtssaal erhoben sich spontan, applaudierten, einige, nicht wenige, standen auf und schenkten ihm einen noch gültigen Fahrschein. Der Richter stellte das Verfahren gegen den Angeklagten ein, rief ihn aber zu sich. Er verabschiedete sich von dem „armen Sünder" mit einem Handschlag. Dabei steckte er ihm, unbemerkt von allen, zwanzig Euro zu und flüsterte: „Für Ihre Kaffeekasse!"

Ein schöner Tod

René Baveur ist ein echter Pariser, liebt ausgiebige Mahlzeiten mit gutem Rotwein und dazu ein bisschen l'amour, sie muss nicht unbedingt mit der eigenen Frau sein. Die gehört mit ihr der Vergangenheit an. War aber auch schön! Gearbeitet hat er beim staatlichen Eisenbahnunternehmen von Paris. Einmal schickte ihn sein Brötchengeber auf eine Dienstreise in den Süden des Landes nach Avignon, in die Stadt „der babylonischen Gefangenschaft der Kirche" im 14. Jahrhundert. Wie ein Gefangener fühlte er sich nicht. Er durfte sogar seine Sekretärin mitnehmen. In Tugendhaftigkeit waren ihm die Stellvertreter Gottes auf dem Stuhl Petri nicht gerade ein Vorbild.

Nach getaner Arbeit lud er an einem lauen Sommerabend seine Begleiterin zu einem Gläschen Rotwein ein. In ein besonderes Lokal, auf eine Bank an der Rhône mit Blick auf die berühmte historische Brücke, die malerische Stadtmauer und den gewaltigen Papstpalast. Unterm Arm trug er einen Korb gefüllt mit einem guten Châteauneuf-du-Pape, einem knusprigen Baguette, einem würzigen Käse und reichlich Oliven und Peperoni. So lässt es sich leben, dachten beide, genossen den Wein, das Essen, vor allem die leckeren Antipasti. Bei der zweiten Flasche kam man sich näher, berührte sich zunächst zärtlich, tauschte dann heiße Küsse aus und landete schließlich im Bett ihres Hotels, jetzt in einem.

Der alte Bock wurde den Ansprüchen des jungen Rehleins gerecht. Das strengte ihn aber mächtig an. Darum passierte ihm dies. Nach seinem Höhepunkt setzte ihn ein Herzinfarkt außer Gefecht - für immer. Für viele Männer ein schöner Tod. Vielleicht der schönste! Gehen müssen wir alle, warum nicht mit Glücksgefühlen.

Vertuschen ließ sich die Todesursache nicht, wollte auch keiner. Die Frau verlangte vom Arbeitgeber Schadensersatz. Sie argumentierte, der Tod ihres Mannes habe ihn auf einer Dienstreise ereilt und darum stünde ihr das Geld zu. Die Chefs der Bahn brachen in ein höhnisches Gelächter aus und meinten, sie müssten doch wohl nicht für den Seitensprung ihres Mannes geradestehen.

Das Lachen verging ihnen. Der Richter urteilte, eine Dienstreise ist eine Dienstreise und der Arbeitgeber muss für alles, auch was in der Freizeit passiert, aufkommen. Egal, ob er von einer Leiter oder einer Frau fällt (ist schon ein Unterschied!), ob ihn beim Joggen oder beim Orgasmus ein Herzinfarkt ereilt (ist auch ein Unterschied! Oder?). Er ist zu Schadensersatzzahlungen gegenüber der Familie verpflichtet. Die Chefs protestierten, argumentierten, sie können doch nicht für das Fremdgehen eines Angestellten Verantwortung tragen. Dieses habe nichts, aber auch gar nichts mit der Ausübung seines Jobs zu tun gehabt. Kann man so sehen, muss man aber nicht. Sie gingen in Berufung.

Dieser Richter sah es auch nicht so. Er fegte die Einwände des Bahnunternehmens vom Tisch und machte erneut geltend, dass die Verantwortung des Arbeitgebers besteht, unabhängig davon wie der Arbeitnehmer auf einer Dienstreise seine Freizeit verbringt. Schon früher hatte ein Kollege genauso geurteilt. Er legte fest, bis zu dem Zeitpunkt, bis der Mann in Rente gegangen wäre, bekomme die Ehefrau mit ihren/seinen Kindern 80% seines Gehaltes.

Ein schöner Tod - fand jetzt auch die Ehefrau. Sie ersparte sich die Scheidungskosten, die Unterhaltsklagen und ganz gewiss einen Rosenkrieg.

Wenn der nun Selige großzügig ist, mit einer Harfe auf der Wolke sieben schwebt, gönnt er seiner Frau noch ein paar schöne Jahre. Sie hat sie sich verdient. Vielleicht auch mit dem einen oder anderen Liebhaber! Bekanntlich schützt Alter vor Abenteuerlust nicht. Er war doch das beste Beispiel dafür, eine Steilvorlage für sie!

Ein Hilfeschrei

Lieber Ben,

ich schreibe Dir diesen Brief aus einem Hotelzimmer und bitte Dich als meinen besten Freund um ein Quartier bei dir, weil mir die Kosten in diesem auf die Dauer zu teuer werden. Ich habe Dich nicht angerufen, um Dich nicht in Zugzwang zu bringen. So kannst Du Dir meine Lage in aller Ruhe durch den Kopf gehen lassen und dann frei Deine Entscheidung treffen. Du wirst sehen, dass ich unschuldig in diese missliche Lage geraten bin. Ich habe einfach nur Pech gehabt.

Als ich vor einigen Tagen unser Haus verließ, das wir - wie Du weißt - zusammen mit den Eltern meiner Frau bewohnen und ins Auto steigen wollte, drehte ich mich dummerweise noch einmal um und warf dabei einen kurzen Blick auf meine Schwiegermutter, die im Hauseingang stand und wie eine Gefängniswärterin hinter mir her starrte - mit ihrem diabolischen Blick. Weil mir das Blut in den Adern gefror, ich bewegungsunfähig wurde, fuhr ich auf der Straße einfach geradeaus, was in einer Kurve allgemein zum Verlassen dieser führt. Darum raste ich eine Böschung hinunter. Ich hatte Glück und erreichte mit ein paar Beulen am Körper und am Auto den unteren Teil der Straße, setzte dabei etwas holprig auf diese auf.

Noch völlig von Sinnen, komplett neben der Spur, bekam ich vor einer Ampel einen Anfall von Farbenblindheit. Das hielt die Beamten nicht davon ab, meine Personalien zu notieren und mir mitzuteilen, dass ich mit einem einmonatigen Fahrverbot zu rechnen habe.

Wie du Dir denken kannst, war ich jetzt völlig am Boden zerstört, platt wie eine Flunder. Was mich wieder aufrichten, mich auf die Beine stellen konnte, wusste ich, war der Alkohol. Ich setzte mich in Ferdis Biergarten und bestellte ein Pils, um meinen Kummer herunterzuspülen. Nur ein kleines, weil ich noch fahren musste und zu diesem Zeitpunkt auch noch konnte.

Bisher klebte mir den ganzen Tag nur Pech an meinen Stiefeln, jetzt hatte ich Glück. Das glaubte ich zumindest! Denn ich traf dort Rosie, die kesse Rote aus unserer Abschlussklasse. Sie war immer ein lebensfroher Pfundskerl oder sagt man Kerlin und ist es bis heute geblieben. Sie setzte sich zu mir, leistete mir Gesellschaft. Bier und Frauen lassen das Leben leichter werden, das kannst Du mir glauben. Wir tranken ein paar Gläschen zusammen, feierten unser Wiedersehen, die Leichtigkeit des Lebens und dann suchten wir Trost beieinander, denn ihr Freund, ein Hallodri, hatte sie vor ein paar Tagen verlassen.

Es lag doch nahe, dass man das Trösten auch körperlich gestalten möchte. Wir fuhren darum zu den Stadtteichen, denn in dem Lokal wäre es doch unangebracht gewesen. Wir hielten an einer Böschung, die zum See hinunter führte. Jetzt wurden aus der Glut lodernde Flammen und es kam zu einer zwischenmenschlichen Begegnung. Wir kamen aber über dieses erste Stadium nicht hinaus. Ich vermute, dass entweder kein Gang eingelegt war oder sich bei dem wilden Gerangel die Handbremse gelöst hatte. Jedenfalls erfolgte die Abkühlung der heißen Begierde im kalten Wasser.

Da dieses dort nicht sehr tief ist, konnten wir aussteigen und uns ans trockene Ufer hangeln. Das Auto mussten wir aber zurücklassen.

Es ist zu vermuten, dass Spaziergänger dieses Schauspiel beobachtet haben. Jedenfalls waren nur wenige Minuten später der Rettungsdienst und die Polizei zur Stelle. Die Beamten ließen mich ins Röhrchen pusten. Kein gutes Ergebnis: 0,9 Promille. Sie erklärten mir kurz und knapp, es waren dieselben wie die an der Ampel, dass ich jetzt den Führerschein nicht für einen Monat, sondern für längere Zeit abgeben müsse und nahmen ihn auch gleich mit.

Es gibt Menschen, die können ihre Klappe nicht halten. Ich vermute, es war mein Schwiegervater, der auch bei der Polizei arbeitet, der Gerda informiert hat. Jedenfalls als ich mit dem Taxi Zuhause vorfuhr, standen schon die gepackten Koffer vor der Tür und die freundlichen Wünsche, ‚ich solle mich zum Teufel scheren', wurden mir noch nachgeschickt.

Darum sitze ich in diesem Hotelzimmer, in dem meine einzige Lektüre die Bibel ist, die überall zur Standardausstattung gehört und sich auf den Nachtischen langweilt.

Ich habe darin über den großen König Salomon gelesen. Seine Weisheit zeigte sich in einem vielbeachteten Urteil: Er schlug zwei sich um ein Kind streitenden Frauen vor, das Baby mit dem Schwert zu teilen, um jeder eine Hälfte zukommen zu lassen. Eine der beiden, die rechtmäßige Mutter, verzichtete auf ihr Kind, um ihm das Leben zum zweiten Mal zu schenken. Es wurde ihr zugesprochen.

Weißt Du, dass dieser Mann wegen seiner Klugheit bis heute hoch verehrt wird? Was aber viele nicht wissen, er hatte 700 Hauptfrauen und 300 Nebenfrauen. Ist das Leben gerecht? Ich werde nur für den Versuch eines Seitensprunges bitter bestraft und muss auf der Straße schlafen, während dieser Lüstling einen Palast bewohnte.

Aber ehrlich, beneiden tue ich ihn nicht. Bei tausend Frauen ginge mir die Lust an einem Liebesakt verloren. Sie wird dann doch zur Fließbandarbeit, nein, eher Knochenarbeit oder Schinderei, wenn nicht sogar Quälerei. Du bist zur Höchstleistung mehrfach am Tag verdammt. Nicht genug damit: du hast auch noch tausend Schwiegermütter. Nein danke, mir reicht eine!

Lass von Dir hören!

Peter

Aufgeschoben ist nicht aufgehoben

Manchmal sitze ich am Ufer des unendlichen Meeres und denke über uns Menschen nach. Über den Unterschied zwischen Männern und Frauen. Gott stellte Adam Eva zur Seite und er sah, dass es gut war, bewunderte, was er geschaffen hatte. Er kannte meine Frau nicht. Dann frage ich mich immer wieder, warum hat der Allmächtige die Geschlechter nicht mit gleich viel Hirnwindungen ausgestattet und hat den Frauen so viel weniger davon gegeben als uns Männern.

Doch dann wächst in mir die Erkenntnis, dass sie mit ihrem Kleinhirn genug Schaden anrichten können. Was alles? Das ist oft zum Haare raufen, wenn ich noch welche hätte.

Zwei Beispiele, die nicht aus der Luft gegriffen sind, aber irgendwie im Zusammenhang stehen, verdeutlichen dies. Ich schrieb an meine Krankenkasse einen Brief mit der Bitte um Erstattung der Ausgaben von zehn Päckchen Kondomen, fügte ordnungsgemäß den Kassenzettel der Apotheke bei.

Eine Sachbearbeiterin, ein weibliches Wesen also, lehnte diese ab, obwohl gerade sie als Frau meine Argumentation hätte verstehen müssen. Tat sie nicht! Fehlende Hirnwindungen? Obwohl für meinen männlichen Sachverstand die Sache sonnenklar, meine Begründung stichhaltig war, vielleicht ist dieses Adjektiv hier unangebracht. Ich argumentierte nämlich, sie zu begleichen, käme sie billiger als die Kosten für eine Entbindung zu erstatten samt Arzthonorar und Aufenthalt im Krankenhaus.

Schiffbruch erlitt ich auch bei meiner Hausratversicherung. Das Wort Schiffbruch stimmt nicht ganz, denn es ging kein Schiff zu Bruch, aber fast unsere gesamte Schlafzimmereinrichtung.

Meine Frau ist manchmal ein bisschen ungeschickt, der Vergleich mit einem Trampeltier wäre übertrieben, zumindest zumeist. Während der Vorbereitung für einen Beischlaf kam dies deutlich ans Tageslicht. Weil das vergangen war, brannte die Deckenlampe. Die schaltete sie aus und zündete dafür eine Kerze an, abgestellt auf dem Nachtisch unmittelbar neben unserem Liebeslaken. Das sei romantischer, meinte sie. Wir Männer sind in dieser Beziehung einfacher gestrickt, dafür zielstrebiger. Im Betrieb kann ich auch nicht lange um den Brei herumreden, sonst werden wir nie fertig. Das liegt unter anderem daran, dass unser Großhirn zu mehr Sachlichkeit neigt. Jedenfalls geriet, als mich ihre Hand berührte, wie von Zauberhand nicht nur ich, auch das Laken in Brand.

Unsere Herzen brannten noch immer für einander, aber nach dreißig Jahren Ehe nicht mehr so lichterloh, dass sich davon irgendetwas hätte entzünden können. Die Ursache musste die Kerze gewesen sein. Es kam zum Petting Interruptus. Es erinnerte mich an frühere Zeiten, wenn die gestrenge zukünftige Schwiegermutter zur falschen Zeit plötzlich im Türrahmen wie ein feuerspuckender Drache auftauchte.

Eine andere Handlung war jetzt notwendiger als die beabsichtigte. Die leichte Erregung legte sich, senkte sich hinab. Ich kenne aber kein Ehepaar, das einen Feuerlöscher im Schlafzimmer neben sich griffbereit hat, wenigstens nicht nach so vielen Ehejahren. Darum rannte ich in den Keller, um ihn zu holen, während meine Frau versuchte, das Schlimmste zu verhindern. Aber das machte die Sache noch schlimmer. Sie versuchte das Feuer mit einer Decke zu ersticken, warf dabei das Nachtschränkchen um, riss den Spiegel von der Wand. Der fiel auf einen kleinen Hocker, was diesen nicht gerade verschönerte. Sie besann sich dann und versuchte es doch mit Wasser. Aber unsere Zahnbecher bewirkten nicht viel. Mit meinem Feuerlöscher brachte ich den Brand unter Kontrolle, mehr noch, ich löschte ihn. Außer Puste hielt ich inne, konnte beim Verschnaufen den Schaden begutachten. Wie gesagt, meine Frau ist manchmal ein Trampeltier, das sind zweihöckrige domestizierte Nutztiere. Von Nutzen ist sie nicht immer.

Darum liebe ich sie so. Sie meint es immer nur gut. Hatte sie auch, als sie das grelle Deckenlicht ausschaltete. Ich zürnte ihr nicht, wenn auch an einen Beischlaf jetzt keiner von uns beiden mehr dachte. Auch hier war situationsbedingt das Feuer gelöscht. Das Schöne ist doch, aufgeschoben ist nicht aufgehoben.

Die Sachbearbeiterin der Versicherung, wieder eine Frau, lehnte ab, die gesamten Kosten der Renovierung zu erstatten. Die Gründe gehen niemanden etwas an. Meine ich!

Nicht gut!

Beate ist ein Pfundsweib, gleicht einem Pinguin, mit ihren kurzen Beinen, dem watschelnden Gang, der kleinen Fettschicht. Sie ist einfach süß. Das Beste, sie hat Humor, lacht viel, redet gern und kümmert sich gemäß dem Gebot der Nächstenliebe um die Mitmenschen und deren Probleme, kann sie ihnen abnehmen, denn im Abnehmen ist sie geübt. Sie verzichtet liebend gern auf alles, was dick macht, Spiegel, Waagen, Selfies.

Wie bei allen ihren Artgenossinnen, so sind auch in ihrem Kleiderschrank sämtliche Klamotten im Laufe der Jahre mächtig geschrumpft. Aber der Schal passt ihr immer noch. Öfter jedoch stellt sie sich nicht die Frage, was ziehe ich an, sondern wie komme ich da hinein. Mit etwas Geduld und viel Mühe hat sie das denn doch immer noch geschafft, auch wenn sie mit ihrer Hose das eine oder andere Mal eine offene Beziehung eingeht. Aber wofür gibt es denn so schöne, lange, weite Überzieher in allen Größen auch für Menschen, die regelmäßig feste Nahrung zu sich nehmen.

Apropos Nahrung: Sie ist eine Meganerin, isst alles, was mega-gut-schmeckt, und eine eingefleischte Sekundärveganerin, das heißt, sie verachtet kein Lebewesen auf ihrem Teller, das sich pflanzlich ernährt hat. So behält sie ihre gute Figur, ersetzt stets den Winterspeck durch Frühlingsrollen. Schließlich erweitert alles, was sie isst, ihr Spektrum. Was ihr Gewicht angeht, hat sie Glück. Immer wenn sie ein paar Pfunde verloren hat, findet sie sie kurz darauf wieder, zumeist im Kühlschrank.

Glückliche Menschen sind die, die Musik hören können, ohne dabei zu joggen. Zu denen gehört sie! Wenn sie schon einmal ihre Beine bewegt, wäre ihr idealer Trainingspartner eine Schnecke. Sie hat es auch schon mit Liegestützen versucht. Liegen kann sie schon. Man muss klein anfangen, sagt sie sich. Kommt Zeit, kommt Höhe!

Wie ausgeführt, Beate ist keine Kostverächterin. Alles, was sie heimlich isst, trägt sie öffentlich zur Schau. Sie hat schon Affenhirn, Bullenhoden, sogar Hühnersuppe verzehrt. Sie ist aber noch nie auf die Idee gekommen, ihren Chef nackt wie

Gott ihn schuf, in einen großen Kochtopf zu stecken, um aus ihm eine leckere Fleischsuppe zuzubereiten. Auch wenn er wie die meisten Bosse streng und ungerecht, geldgierig und knauserig ist. Einen Magenkrampf bekommt oder einen Ohnmachtsanfall vortäuscht, wenn jemand aus dem Betrieb ihn um eine Gehaltserhöhung bittet. Noch weniger wäre sie auf den Gedanken gekommen, diese Suppe in der Kantine aufzutischen, um dann die Kollegen zu bitten, *jeder isst so viel er kann.* Noch hinzuzufügen, lasst es euch schmecken!

In den deutschen Kitas, in den staatlichen, sogar in den christlichen, fassen sich die Kinder jeden Mittag an den Händen und sprechen ihr „Tischgebet": *„Jeder isst so viel er kann, nur nicht seinen Nebenmann."* Gottlob haben sich die Kleinen an diesen Ernährungstipp von den Großen bisher alle gehalten und konsequent befolgt.

Nicht gut, Kinder auf solche Gedanken zu bringen! Gar nicht gut, liebe Erzieher/innen.

Lobende Worte reichen

Der Marktleiter bat seinen Auszubildenden zu sich in sein Büro. Er tadelte ihn: „So wirst du nie ein guter Verkäufer. Ich habe gesehen, dass du nur eine Sonnenbrille verkauft und als Gratisgeschenk eine Tube Sonnencreme dazu gegeben hast."

„Aber, aber, Herr Chef!"

„Nichts, aber, aber. So wird das nichts. Ein guter Verkäufer bringt nicht nur eine Kuckucksuhr an den Mann oder die Frau, nein, dazu auch gleich noch zwei Säcke Vogelfutter. Ich habe einmal einen Kollegen gekannt, der brachte es fertig, kaltes Wasser im großen Eimer zu verscherbeln, das er als getaute Schneemänner anpries. Das ist hohe Kunst, perfektes verkaufsstrategisches Handeln."

„Chef, ich arbeite diese Woche doch gar nicht in der Brillenabteilung. Ich bin doch in der Drogerie eingesetzt."

„Das wird ja immer schöner. Und warum tummelst du dich in fremden Gewässern?"

„Das war so. Der Mann kam zu mir und wollte eine Packung Tampons für seine Frau kaufen. Ich sagte ihm: ‚Das wird kein schönes Wochenende, dabei herrscht Samstag und Sonntag Bilderbuchwetter. Ich kenne das von meiner Freundin. Sie ist während ihrer Tage immer missgelaunt, verdrießlich, unausstehlich. Ich riet ihm, unternehmen Sie etwas allein, ansonsten fällt Ihnen, wenn Sie nur zuhause sitzen, die Decke auf den Kopf'."

„Und weiter!"

„Ich schlug ihm vor, da er im häuslichen Bett nicht aktiv sein kann, sich in der frischen Luft auszutoben, seine Kräfte dort walten zu lassen, sich auf ein Fahrrad zu setzen und Gottes schöne Natur zu erleben, still und lustvoll zu genießen. Er wisse doch, Radfahren ist gesund und man sieht mehr von der Umgebung als beim Wandern. Ich empfahl ihm unser Sonderangebot, das stark reduzierte Elektrorad, drängte ihn, schnell zuzugreifen, weil von dem nur noch zwei Stück auf Lager seien. Habe ich zumindest behauptet. Ein Schnäppchen, das er sich nicht entgehen lassen sollte! Ohne ihm Zeit zum Überlegen zu geben, zerrte ich ihn in die Fahrradabteilung."

„Gut gemacht!"

„Der Kunde war begeistert von dem Modell, dem brandneuen, versteht sich, auch ohne eine Probefahrt. Ich sagte ihm, ich sei selbst ein passionierter Mountainbikefahrer und wüsste, was man alles für eine sichere und stressfreie Fahrt benötigt. Wie jedermann weiß, es ist nicht damit getan, sich einfach auf das Rad zu schwingen und los geht's."

„Kluge Wortwahl! Sehr gut, immer sich selbst einbringen, immer seine Erfahrung betonen."

„Ich bauchpinselte ihn zudem: ‚Sie sind doch ein kluger und umsichtiger Mann und werden nicht auf die allernotwendigste Ausrüstung verzichten'."

„Gekonnt, schon wie ein Verkaufsprofi!"

„Er erwarb aus freien Stücken Stück für Stück: eine Fahrradhose, die entsprechenden Handschuhe, natürlich einen Helm für seine Sicherheit und das obligatorische Werkzeugtäschchen. Ich empfahl ihm aber dringend, neben der Standardausrüstung noch einen Hammer und eine Zange dort hineinzulegen, die wir später in der Abteilung „Für Haus und Hof" erwarben. Bevor wir uns zur Kasse begaben, eilten wir noch einmal zurück, um einen gepolsterten Bezug für den Sattel auszusuchen. Ich wüsste aus eigener Erfahrung, der sei dringend notwendig, sonst bekäme man Schwielen am Allerwertesten."

Der Azubi sah seinen Chef an, der mit offenem Mund staunend nickte. Dann aber fragte: „Warum landetest du dann noch in der Brillenabteilung?"

„Ach, ja! Ich erklärte ihm, beim schnellen Fahren können einem leicht kleine Tierchen in die Augen fliegen, was ich selbst schon des Öfteren erlebt habe und das dies sehr unangenehm sei, oft eine schmerzhafte Sache. Dort gab ich ihm die Sonnencreme für seine Frau. Ein Geschenk des Hauses! Ich riet ihm, er solle seiner Liebsten vorschlagen, sich in die Sonne zu legen, sich auszuruhen, von der körperlichen Unpässlichkeit zu erholen und sie damit einzucremen. In der Regel funktioniert das. Er wird eine sehr zufriedene Frau haben und das Wochenende wird für alle Beteiligten wunderschön."

„Sehr gut!", lobte ihn der Marktleiter. Eine Gehaltserhöhung erwähnte er mit keinem Wort. Lobende Worte reichten - seiner Meinung nach - völlig aus. Chefs haben oft andere Vorstellungen als Azubis.

Auf den Kopf gefallen

Die Kelten hatten vor nichts Angst. Sie befürchteten nur eins, dass ihnen der Himmel auf den Kopf fällt. Es gibt Menschen, die haben panische Angst davor, dass einmal ein Dachziegel auf ihrem Haupt landet. In der Coronazeit beim monatelangen Lockdown ist vielen Mitbürgern die Decke auf den Kopf gefallen.

Bekannt ist das missliche Ereignis eines Seemannes, der an der Reling stand, sich des Lebens freute, bis ihm eine Möwe auf seinen Scheitel schiss. Er war ein guter, frommer Mann, erhob seine Augen zum Himmel und sagte: „Gütiger Vater, ich danke dir, dass Schweine, Pferde, vor allem Kühe nicht fliegen können."

Weniger bekannt ist die Geschichte des Tragödienschreibers Aeschylus, der 455 v. Chr. starb. Was ihm passierte, war eine Tragikomödie: für Außenstehende eine Komödie, für ihn eine Tragödie. Er hielt sich nämlich im Freien auf, damit ihm nichts auf den Kopf fallen konnte. Und zerbrach sich diesen, wie man sich am besten vor herabfallenden Gegenständen schützen könnte, als eine Schildkröte, die vom Himmel fiel, ihm den Schädel zertrümmerte und ihn für immer von diesem Problem erlöste.

Ein Greifvogel hatte den Denkerkopf, der glatt war wie ein Kinderpopo, mit einem Felsbrocken verwechselt. Um Schildkröten aufzuknacken, lassen die Herrscher der Lüfte sie aus großer Höhe auf einen Felsen fallen, damit diese beim Aufprall zerbrechen, um dann das Innere des Tieres genüsslich zu verspeisen. Die Glatze leistete dieselben Dienste.

Fast gar nicht bekannt ist der Fall von Mrs. Hewlett Hodges. Sie hatte Pech, was sie in Insiderkreisen weltbekannt machte. „Pech haben" oder „auf den Leim gehen" geht auf das 15. Jahrhundert zurück. Vogelfänger bestrichen den Rastplatz der Vögel mit Pech oder Leim, so dass die Tiere mit ihren Krallen dort kleben blieben. Man übertrug das auf den Menschen, der ein Missgeschick erlitt und so entstanden der *Pechvogel* oder *auf den Leim gehen.*

Mrs. Hewlett Hodges ist keinem auf den Leim gegangen, hatte trotzdem Pech, die goldene Arschkarte gezogen.

Nach einem arbeitsreichen Tag fläzte sie sich auf ihrem Sofa herum, hatte die Beine hochgelegt und knabberte Chips, trank Wein und ließ den lieben Gott einen guten Mann sein. Kurzum, sie dachte an nichts Böses, als aus heiterem Himmel ihr ein Stein auf den Kopf fiel, der durch das Dach ihres Hauses geschossen kam. Vorbei war es mit der Gemütlichkeit.

Als sie sich von ihrem Schrecken erholt hatte und den Brocken aufhob, war ihr noch nicht klar, was sie dort in ihren Händen hielt. Sie holte ihre Küchenwaage und ermittelte ein Gewicht von neun Pfund. Angesichts der Schwere war die Beule auf ihrem Kopf relativ klein, weil der Fall durch das Dach gebremst worden war. Trotzdem kühlte sie diese noch eine Weile mit kalten Tüchern.

Sie hatte Glück, nicht wegen der glimpflich verlaufenden Beschädigung ihres Daches oder ihres Haupt, nein, wegen des Steines. Wie sich später herausstellte, handelte es sich nicht um einen gewöhnlichen Stein. Es war ein Meteorit. Sie war der erste Mensch auf unserem Globus, der von einem Himmelskörper getroffen wurde.

Sie hatte Pech. Jetzt schaltete sich die US-Airforce ein und beanspruchte das außerirdische Geschoss. Ein langer Rechtsstreit entbrannte. Wem gehörte nun dieses außergewöhnliche Objekt? Den staatlichen Organen, dem Hausbesitzer oder ihr, den der Himmel ihr quasi in den Schoß fallen ließ, wie im Märchen dem Kind die goldenen Sterne, besser gesagt, ihr auf dem Haupt servierte. Es war leider kein goldener Himmelskörper, nur ein Stein, der sich nicht vergolden, für sie durch die

Medien in bare Münze verwandeln ließ. Entnervt vom Gerangel, dem entmutigenden Rechtsstreit, spendete sie ihn dem Alabama Museum of Natural History, wo er heute noch liegt. Die Beule durfte sie behalten.

Keine Sondermarken

Man staunt, was alles in einem Buggy transportiert wird. Frau Kluge ist einiges gewöhnt. An ihrer Kasse sind schon die lustigsten Dinge passiert. Eine ältere Dame kutschierte einen Igel mit Schal in einer solchen Säuglingskutsche durch den Laden. In dem Fahrzeug eines Humoristen lag in der Weihnachtszeit ein Karpfen, aus dessen Maul zwei kleine Puppenbeine schauten. „Sehen Sie, fangfrisch!", sagte er zu der Kassiererin, „wenn ich ihn aufs Band lege, hüpft er runter." Bezahlen musste er trotzdem, bekam aber fünf Wertmarken extra. Auch eine Seniorin kam nicht herum, ihr Portmonee zu zücken. In ihrem Buggy saß eine Minigans mit Schleifchen um den Hals, auf ihren großen Schwimmfüßen lag eine kleine Dose Gänsepastete. „Schöner Gag", meinte Frau Kluge, sammelte trotzdem Geld ein, vergab wiederum Wertmarken.

An einem frühen Morgen kam eine junge Frau mit einem Kinderwagen zum Förderband. „Können Sie Ihr Baby nicht beruhigen?", fragte Frau Kluge, selbst Mutter von zwei Kindern. „Warten Sie! Ich helfe Ihnen!"

„Nein, nein! Bleiben Sie sitzen! Ich schaukle den Wagen selbst. Das schaffe ich schon!"

Die junge Mutter gab sich viel Mühe, doch das Geschrei hörte nicht auf. Eine ältere Dame, die hinter ihr stand, gab ihr den Rat: „Nehmen Sie das Baby heraus und halten Sie es auf Ihrem Arm! Dann wird es sich beruhigen. Ich lege Ihre Waren inzwischen auf das Band."

„Bloß nicht! Lassen Sie mich in Ruhe!"

„Sorgen Sie lieber dafür, dass Ihr Kind Ruhe gibt!", forderte nun energisch die alte Dame die ganz offensichtlich herzlose Mutter auf.

„Okay!"
Sie griff in den Wagen und augenblicklich herrschte Totenstille.
„Wie haben Sie denn das gemacht?", wunderte sich die zweifache Mutter. „So etwas ist mir bei meinen Kindern so schnell noch nie gelungen."
„Ich habe das Gebrüll abgestellt."
„Sie haben was?"
„Abgestellt!"
Jetzt wurde selbst die ältere Dame flink, ließ ihren Krückstock fallen und starrte in den Kinderwagen. Frau Kluge beugte sich vor, weit über das Förderband, fiel fast in den Kinderwagen. Passierte nicht, aber bei dem, was sie sah, fielen ihr die Augen aus dem Kopf. Auf einem Kopfkissen lag ein kleiner Kassettenrekorder, ganz offensichtlich die Quelle für das Geschrei. Unter der Bettdecke lagen ein Schinken in Babygröße, zwei Salamis, die Kinderarmen glichen und Bananen, krumm wie Säuglingsbeine. Liebevoll war dieses besondere Kleinkind zugedeckt mit Wurst- und Käseaufschnitt, verziert mit Tomaten, Radieschen und Weintrauben.
Sondermarken für diesen Geniestreich gab es nicht. Dafür eine Anzeige.

Man kann alles so oder so sehen

„Ist das Kunst oder kann das weg?", fragt sich so manche Reinigungskraft schon mal. Sie haben nicht immer ein glückliches Händchen, wenn sie Hand anlegen. Eine Putzfrau in der Mannheimer Philippuskirche hat sich mächtig angestrengt, viel Kraft und Reinigungsmittel gebraucht, um das Kunstwerk „Behausung 6/2016 von Romana Menze-Kuhn vom Boden zu entfernen. In einem Fernsehinterview meinte die Künstlerin: „Man muss doch sehen, was Kunst ist." Die Fleißige sah das nicht in ihrem Eifer. In der Mülltonne heißt das Werk, oder heißt es Machwerk, jetzt „Behausung 6a/2016".

Eine andere Fachfrau für Raumpflege erkannte ebenfalls ein Meisterwerk nicht. Sie hat im Dortmunder Ostwall-Museum energisch durchgegriffen bei dem Holzgerüst mit dem Titel „Wenn es anfängt durch die Decke zu tropfen" von Martin Kippenberger. Wehret den Anfängen, muss sie sich gedacht haben, kein nasser Museumsboden. In dem mannshohen Turm aus Holzplatten stand ein Trog. Sie entfernte die weißlich-kalkige Schicht, damit die Regentropfen in ein sauberes Auffangbecken fielen. Sie fiel aus allen Regenwolken, als sie hörte, sie habe ein Kunstwerk vernichtet, die Museumsleitung sogar der Meinung war, es sei für immer zerstört, obwohl es jetzt doch so blitzsauber aussah.

Auch SPD-Mitglieder bewiesen leider nicht viel mehr Kunstverstand. Sie vergriffen sich sogar an dem Kunstwerk „Badewanne" von keinem Geringeren als Joseph Beuys. Bei einem Fest im Schloss Morsbroich fanden sie nichts anderes als diese Wanne, um Geschirr und Gläser zu spülen. Pflaster, Müllbinden machten sich dort gar nicht gut, störten sie bei ihrer Arbeit, da sie ja gerade Teller und Gläser spülen wollten. Also, weg damit! 80.000 DM waren im Eimer, im Mülleimer!

Nur 40.000 DM musste das Land Nordrhein-Westfalen bezahlen für die Entfernung der berühmten „Fettecke" vom selben Künstler in der Düsseldorfer Kunstakademie durch den Hausmeister. Der teuerste Fettfleck in der Landesgeschichte, der je weggeschrubbt wurde und durch die Kanalisation floss!

Auch die Männer vom Kasseler Straßenbauamt machten ganze Arbeit und entfernten die weißen Klebstreifen, die die Fahrbahnmarkierungen in Kreuze verwandelten und nach deren Meinung den Straßenverkehr gefährdeten. Die chilenische Künstlerin Lotty Rosenfeld hatte kein Verständnis für so viel Vandalismus. Sie fühlte sich „verachtet".

Missachtet hat eine 90-Jährige aus Nürnberg das Werk von Arthur Köpcke nun ganz und gar nicht. Frau Annegret K. liebt Kreuzworträtsel, ist geradezu besessen von ihnen. Ist im Ratefieber! Ob beim Friseur oder in Wartezimmern, selbst in den Cafés fällt sie über sie her wie eine Hyäne über ihre Beute. Vor dem Werk „Insert words" eines Fluxus-Künstlers im Neuen Nürnberger Museum, das ein nicht ausgefülltes Kreuzworträtsel zeigte, stand sie voller Tatendrang. An dem oberen Bildrand hatte der Autodidakt sie unmissverständlich dazu aufgefordert, es zu vervollständigen. Diese Aufforderung ließ sie sich nicht zweimal sagen, zumal sie der englischen Sprache mächtig war und sich den Satz ins Deutsche übersetzte: Setz Wörter ein!

Ein Jammer, sie hatte keinen Stift zur Hand. Da sah sie einen Wächter, der am Ende des Ganges stand und Löcher in die Luft starrte. Sie bat ihm um einen Kugelschreiber. Der hilfsbereite Mann tat der Seniorin gern den Gefallen und lieh ihr seinen. Annegret K. setzte gekonnt die fehlenden Wörter in das 150 mal 80 Zentimeter große Bild ein. Vervollständigte das Werk des Meisters und beschädigte es nicht, wie es später hieß, zumal ganz offensichtlich der Meister nicht in der Lage war, einige Felder auszufüllen, sei es aus Unwissenheit oder weil er gestört wurde. Ungestört vollendete sie sein Werk, signierte es nicht, trat aber einen Schritt zurück, um ihre Tat zu bewundern. Wundern musste sich der Aufpasser, der erst jetzt die Untat bemerkte. Schließlich war das Bild mit 80.000 Euro versichert. Mehr noch, er war entsetzt, ihm fiel der Unterkiefer herunter.

Den offenen Mund wiederum verstand die gute Frau nicht, denn das Motto des Objekt- und Aktionskünstlers war doch: „Kunst und Alltag erfinderisch begegnen". Dem hatte sie entsprochen, mehr noch, der Kunst einen Platz in ihrem Alltag gegeben. Statt Lob und Anerkennung erntete sie furchtbar böse Worte, dazu eine Strafanzeige und eine polizeiliche Ermittlung.

Sie wurde abgeführt und noch am selben Tag vernommen. Ihr Anwalt beteuerte ihre Unschuld, sah die Schuld bei der Museumsleitung, die das Werk mit einem solchen Aufforderungscharakter nicht abgesperrt hatte oder „gefälligst Schilder hätte aufstellen müssen, dass dieses Kunstwerk nicht beschriftet werden darf, obwohl der Schöpfer ausdrücklich und unmissverständlich den Betrachter dazu aufgefordert hat". Zudem sei ein vollständiges Bild wertvoller als ein Fragment. Das Handeln seiner Mandantin war somit ganz im Sinne des verstorbenen Künstlers gewesen, der wohl nicht mehr dazu gekommen war, sein Werk zu vollenden. Der Staatsanwalt sah das alles nicht so, sah alles anders, stellte „einen gemeinschädlichen Sachverhalt" fest.

Im Übrigen handelt es sich bei Fluxus um eine Kunstrichtung, bei der es nicht auf das Werk ankommt, sondern auf die schöpferische Idee. Der, dachte die 90-Jährige, habe sie in vollem Umfang entsprochen. Überhaupt fragte sie sich, wer kennt sich in der Kunst denn noch aus. Bei der Moderne weiß man nicht, ob der Hydrant, der Feuerlöscher oder Wischeimer zum Kunstwerk gehört oder es selbst sogar ist. Auf die fülligen fleischigen, vollbusigen Weiber vom Meister Rubens ist sie nicht scharf, korrekt muss es heißen, versessen. Da ist der 90-Jährigen doch schon ein griechischer Adonis lieber. Ein solcher darf gut gebaut, plastisch und splitterfasernackt sein. Damit man ihn von allen Seiten betrachten kann, auch von hinten.

Langfinger drehen Däumchen

Erwin und Ottokar, zwei Kleinkriminelle, hatten es faustdick hinter den Ohren. Erwin wurde schon als 11-Jähriger beim Ladendiebstahl erwischt, Ottokar mit dreizehn als Drogendealer festgenommen. Ihr Strafregister liest sich wie ein hundertseitiger Groschenroman. Wegen ihrer Delikte saßen beide diverse Jugendstrafen ab oder leisteten Sozialdienste, mehr oder weniger eifrig, hingebungsvoll schon gar nicht.

Wie gesagt, sie hatten es faustdick hinter den Ohren. Aber beim letzten Bruch hätten sie sich beide selbst ohrfeigen können. Erwin fragte seinen Freund und Arbeitskollegen: „Nehmen wir heute den Bus?" Ottokar erwiderte: „Wer soll uns denn den abkaufen?"

„Dummkopf, ich meine als Fluchtauto. Wir wollen doch eine Bank überfallen, unsere leeren Kassen auffüllen. Wir können uns nicht einmal mehr ein Sixpack leisten, ohne zu stehlen. Und wer klaut schon gern?"

Sie entschieden, die Flucht zu Fuß anzutreten, so schnell wie möglich im Getümmel der Großstadt unterzutauchen.

Gegen Mittag stürmten sie in eine Bankfiliale. Sie war menschenleer bis auf einen Angestellten, der hinter einer Glaswand an der Kasse stand.

Erwin eilte mit Maske, die ihn wie eine aufrecht gehende Ratte aussehen ließ, zum Schalter und sagte: „Ich bin arm, habe nichts außer dieser Pistole. Sie soll mir helfen, meine Not zu lindern."

Der Kassierer sah ihn mitleidig an und meinte: „Du bist wirklich ein armes Schwein!" Dann lächelte er und fügte hinzu: „Und bleibst auch weiterhin arm wie eine Kirchenmaus! Oder glaubst du wirklich, ich habe vor einer Wasserpistole Angst?"

Erwins und Ottokars Devise war: nie echte Schusswaffen benutzen. Ein bewaffneter Überfall bringt in jedem Fall viele Jahre Knast ein und zu leicht könnte auch etwas Schlimmes passieren.

Dann schlug ihnen der Angestellte gönnerhaft vor, ihre Gesichtsmasken abzunehmen und es sich gemütlich zu machen. Die Tür zu seinem Schalter habe er in diesem Augenblick per Knopfdruck verriegelt, ebenso seien jetzt auch alle Ein- und Ausgänge verschlossen und das nächste Polizeirevier alarmiert. Die Glasscheibe vor Erwins verdeckter Nase sei aus Panzerglas. Das habe sich sein Chef ausgedacht. Er sei nur ein kleiner Angestellter und müsse machen, was der Boss befiehlt. Das bedauere er sehr. Er trüge Trauer für sie in seinem Herzen.

Er sah den völlig verdutzten Erwin an und sagte: „Es tut mir wirklich leid. Du bist nicht nur eine arme Kirchenmaus und bleibst es, du bist sogar eine arme Hausmaus und sitzt wie diese in der Falle, weil sie gierig auf den Speck war, der in dieser lag, wie du gierig auf das Geld bist, das sich in diesen Kassenfächern befindet. Du siehst, wie wichtig es ist, wenn man nur den Umgang mit Katzen gewohnt ist, sich nicht mit einem Löwen anzulegen."

Erwins Kehle war ganz trocken geworden. Er steckte sich die Pistole in den Hals, um Wasser zu trinken. Ottokar überzeugte sich von der Richtigkeit der Worte des Triumphierenden. Er stellte fest, alles war verriegelt und verrammelt.

Als Triumphator betrat nun Oberwachtmeister Schulze die Bank mit sichtlicher Genugtuung. Die beiden hatten ihn schon seit Jahren mit ihren Untaten genervt und waren ihm bisher immer durch Flucht entwischt oder - seiner Meinung nach - mit zu geringer Strafe davon gekommen. Er wusste, diesmal werden ihm diese Lumpen nicht durch die Lappen gehen. Sie werden sich für längere Zeit ihren Po breit sitzen und ihre gerechte Strafe absitzen müssen. Diese Langfinger werden jetzt viel Zeit zum Däumchen drehen haben.

Man kann nicht immer nur Glück haben

Eine jugoslawische Zeitung schrieb: Frane Selak, der größte Pechvogel aller Zeiten. Das kann man so nicht sagen. Gewiss, seine Geburt war ungewöhnlich. Er kam auf hoher See in einem kleinen Fischerboot zur Welt. Sein Vater war in diesem Moment Hebamme und Arzt zugleich, beförderte ihn ans Licht der Welt und durchschnitt mit einem Messer, das dort herumlag, die Nabelschnur. Seine Kindheit und Jugend verliefen ohne nennenswerte Vorfälle. Er wurde, als er zehn Jahre alt war, von einem Esel getreten, fiel, als er zwölf war, vom Pferd und brach sich dabei ein Bein, nicht das Genick, und wurde später mehrfach von Schlangen gebissen, ungiftigen. Alle diese kleinen Unfälle überlebte er im Großen und Ganzen unbeschadet.

Den ersten größeren hatte er 1957 auf einer Klassenfahrt. Er saß mit seinen Schülern in einem Reisebus und sie sangen wohlgemut alte Volkslieder. Der Fahrer sang nicht mit, nicht  weil er unmusikalisch war, sondern weil er im betrunkenen Kopf weder den Text auf die Reihe bekam noch den Ton halten konnte. Halten konnte er auch die Spur nicht, verließ in einer Kurve die Straße und landete mit dem Reisebus im Fluss, nicht nur mit ihm allein, auch mit allen Insassen. Dieser war nicht tief! Darum überlebten alle, auch der Fahrer. Nur seinen Führerschein musste er abgeben.

Man sagt, in dein Haus wird nur einmal eingebrochen, so wie dich ein schwerer Unfall auch nur einmal trifft im Leben, natürlich nur, wenn du ihn überlebst. Für Frane galten solche Volksweisheiten nicht.

Das nächste Unglück ereilte ihm nicht im Bus, sondern im Zug. Er war auf einer Dienstreise von Sarajevo nach Dubrovnik entlang der grünen Neretva. Der Himmel war verfinstert. Nur Blitze erhellten ihn. Der starke Regen nahm dem Lokführer die Sicht. So sah er auch nicht den dicken Stein, der auf die Schienen gerollt war. Der Zug entgleiste und stürzte in das eiskalte Wasser. 17 Menschen starben. Unter den Lebenden befand sich Frane Selak. Ein Wunder? Wen wundert das?

Nicht Bus noch Bahn konnten dem Guten das Leben nehmen. Dann bestimmt ein Flugzeug, denn einen Absturz überlebt in der Regel selten ein Passagier. 1962 flog er von Zagreb nach Rijeka, nicht um die malerische Altstadt zu besichtigen, sondern um seine kranke Mutter zu besuchen. Er unterhielt sich gerade mit der Stewardess, die ihm dabei Tee einschüttete. Sie scherzten und lachten. Zum Lachen war es beiden kurze Zeit

später nicht mehr zumute, denn neben ihnen öffnete sich plötzlich bei der DC-8 die Tür.
Warum, das konnte später nicht mehr geklärt werden, denn die Maschine zerschellte beim Absturz. Die beiden wurden von dem Sog an die frische Luft befördert. Glück im Unglück! Die

Flugbegleiterin verfing sich in den Ästen einer Kiefer, der Fluggast landete sanft in einem riesengroßen Heuhaufen.
Nun könnte man meinen, Frane habe alle Fahrzeuge mit einigermaßen heiler Haut verlassen, es reicht. Ach nein, da wäre doch noch das eigene Auto. Mit ihm ereignete sich sein letzter Unfall auf einer kroatischen Küstenstraße auf dem Weg in den Urlaub. Auf ihr kam ihm ein Lastwagen der UNO-Schutztruppe entgegen. Der drängte ihn von der kurvenreichen Fahrbahn und beförderte das Fahrzeug 150 Meter in die Tiefe. Das Auto, nicht Frane! Zum Glück war der Pechvogel nicht angeschnallt, wurde hinausgeschleudert und kam mit nur wenigen Schürfwunden davon. Wieder einmal!

Eine Anhäufung derartiger schrecklicher Ereignisse in einem Leben lenkt unweigerlich die Aufmerksamkeit der Öffentlichkeit auf einen. So auch die des Filmemachers David Ransom auf das Leben von Frane Selak. Er sicherte sich die Rechte an dem Stoff, die ihm dieser bereitwillig und kostenlos abtrat, weil er davon überzeugt war, dass kein Mensch, kein Schwein oder sonst kein vernünftiges Wesen sich dafür interessieren würde. Bisher lag er immer richtig, diesmal falsch. Der Trickfilm wurde ein Riesenerfolg und machte Ransom steinreich. Selak schaute in die Röhre, denn der Amerikaner war nicht bereit, ihm auch nur einen Cent abzugeben. Musste er auch nicht! Der vom Glück verfolgte war in diesem Fall wirklich ein Unglücksrabe, denn er musste sich weiterhin mit seiner kleinen Rente begnügen. Man kann nicht immer nur Glück haben.

Moralisch verpflichtet

Sehr geehrte Herren!

Betr. Kfz- Haftpflicht meines Sohnes Heiko Straf Versicherungsnr. C 566/789

Ich kündige hiermit die Haftpflichtversicherung meines Sohnes, da er sich in Haft befindet und sie aus gegebenem Anlass darum nicht mehr benötigt. Das Gleiche gilt auch für sein Auto, da es zurzeit nur in der Garage steht. Ich bitte Sie aber, ihm den Schaden zu ersetzen, der ihm durch seinen Unfall entstanden ist, da er zu diesem Zeitpunkt noch bei Ihnen unter Vertrag stand.

Ich möchte noch einmal den Hergang schildern, um Ihnen zu zeigen, was für eine großzügige Regelung dieser Angelegenheit spricht.

Ich bin versicherungsmäßig nicht vorgebildet und kann darum nur wahrheitsgemäß den Hergang schildern.

Mein Sohn legte mir überzeugend dar, dass er davon ausging, dass der alte Mann nie und nimmer die andere Straßenseite erreichen würde. Darum konnte er auch nicht verhindern, ihn leicht zu touchieren. Von Fahrerflucht kann nicht die Rede sein, denn viele Fußgänger und die Polizei waren in der Nähe und konnten sich um den Gestürzten kümmern.

Das taten die Ordnungshüter aber nicht, wie er hoffte, auch dachte, dass dies ihre Pflicht gewesen wäre, sondern nahmen stattdessen gleich die Verfolgung auf. Das Blaulicht und das ständige Tatütata erschreckten zunächst meinen armen Heiko so sehr, dass er aufs Gaspedal drückte. Als braver Staatsbürger besann er sich dann doch sehr schnell eines Besseren und beschloss, der Aufforderung der Beamten, anzuhalten, Folge zu leisten, und wählte einen Brückenpfeiler aus.

Mein Sohn, ein guter Junge, hat aber auch immer nur Pech. Dass es ein Richter war, den er zu Fall gebracht hatte, machte die Sache nicht besser. Sein Kollege berücksichtigte bei seinem Urteil nicht, dass mein Heiko eine blütenreine Weste hat. Bis auf wenige Jugendsünden, ein paar unüberlegte Ladendiebstähle, drei dumme Einbrüche und eine Schlägerei hat er sich bisher nichts zu Schulden kommen lassen. Er hat nicht einmal einen Eintrag in der Flensburger Verkehrssünderkartei.

Der verunfallte Richter konnte schon nach wenigen Tagen das Krankenhaus wieder verlassen. Es war also alles halb so schlimm. Er hat auch nur ein paar malerische blau-gelb-grüne Flecken, die sich über den ganzen Körper dekorativ verteilen und zwei gebrochene Rippen. Nur zwei! Sie sehen, niemand ist erwähnenswert zu Schaden gekommen. Das hat aber der zuständige Richter nicht berücksichtigt. Es ist menschlich, dass ein solcher Mann, ein Kollege!, nicht objektiv sein konnte und sich darum im Ton vergriff, wenn er mein liebes Kind als einen Rowdy im Straßenverkehr bezeichnete und die Strafe nicht zur Bewährung aussetzte.

Ich meine, er ist damit genug gestraft. Darum muss er nicht auch noch auf den Reparaturkosten seines Autos sitzenbleiben. Ich weiß, Sie regulieren nur den Schaden, den die gegnerische Partei erlitten hat. Aber die gibt es gar nicht, der Brückenpfeiler ist unbeschädigt. Da Ihnen sonst keine Kosten entstanden sind, wäre es doch mehr als fair, wenn Sie die Kosten für die Reparatur des Fahrzeuges meines Sohnes übernehmen würden.

Ich wäre glücklich, ihm diese erfreuliche Nachricht ins Gefängnis bringen zu können, die dem Pechvogel ein Lichtblick in dieser tristen Zeit sein würde. Zeigen Sie Ihre menschliche Seite! Ich hatte Ihnen anfangs gesagt, dass ich keine Erfahrungen mit Versicherern habe und darum mir Ihres Großmuts und Ihres Gerechtigkeitssinnes sicher bin.

Ich hoffe auf Ihren positiven Bescheid

ein besorgter Vater

Petri heil!

Das weiß doch jeder, das weiß auch Kunibert Künzel. In eine Bewerbungsmappe gehört der Lebenslauf, der die persönlichen Daten, alle schulischen Abschlüsse und beruflichen Positionen, erworbene Zertifikate und Nachweise über erfolgreiche Weiterbildung nach Datum geordnet aufschlüsselt. Üblich ist es, mit der letzten Arbeitsstelle zu beginnen, um dann chronologisch rückwärts zu den früheren Jobs zu kommen. Das letzte Zeugnis liegt stets ganz oben. Zusammenfassend heißt das für ihn, er muss darlegen: Wer bin ich? Was kann ich? Warum eigne gerade ich mich für diese Stelle?

Künzel aber sagte sich, in der Kürze liegt die Würze. Sein Bewerbungsschreiben sollte darum klar und knapp sein. Er berücksichtigte, die Personalverantwortlichen lieben keinen langen Sermon, sich selbst beweihräuchernde Worte, übliche Standardformulierungen, schon gar keine Darlegung über das Familienverhältnis, noch weniger über das zur eigenen Frau oder anderen Hobbys. Er wollte sein Können und seine Kenntnisse erkennbar machen, aber nicht zu dick auftragen.

Immer wieder wird in allen Informationen zu diesem Thema darauf hingewiesen, dass ein Foto dazugehört, ist zumeist das A und O, denn der erste Eindruck entscheidet oft. Das befolgte er.

Diese Schreiben sind eine ernste Angelegenheit, bei der sich jeder im besten Licht zeigt. Das tat er, versuchte dem Ernst der Lage gerecht zu werden, sich aus der Masse herauszuheben und das Interesse seines zukünftigen Arbeitgebers zu wecken.

Darum schrieb er:

Ich heiße Kunibert Künzel, bin 23 Jahre alt und des Lesens und Schreibens kundig, darum vielfältig einsetzbar. Weil ich täglich jogge und viel schwimme, bin ich körperlich fit, also schweren Arbeiten gewachsen. Ich wohne noch bei einem älteren Ehepaar, bin folglich auch nicht ortsgebunden.

Natürlich fügte er diesen klaren und präzisen Ausführungen, wie stets empfohlen wird, auch ein Foto von sich bei. Es zeigte keine Porträtaufnahme, sondern ihn in voller Größe in einer Badehose, einer hübschen, mit einem dicken Fisch an der Angel.

Dazu vermerkte er: Ich bin in der Lage, für Sie zahlungskräftige Käufer zu angeln, große Fische zu fangen, gute Abschlüsse an Land zu ziehen.

Er fragte: Was haben Sie zu bieten? Wollt Ihr mich, schreibt mir!

Der Personalchef selbst beantwortete das Bewerbungsschreiben: Es tut mir leid, dass ich erst jetzt dazu komme, Ihre ausführlichen und aufschlussreichen Darstellungen zu beantworten. Es ist Ihnen vielleicht entgangen, dass wir unsere Kunden nicht ködern, an den Haken nehmen, um sie dann ausnehmen. Wir versuchen die Kunden mit unseren Produkten durch deren Güte und Qualität vom Kauf zu überzeugen. Wir sind in Ihren Augen bestimmt sehr rückständig und konservativ, vielleicht auch unmodern und reaktionär. Das allein macht die Zusammenarbeit mit Ihnen und uns sehr schwer. Unmöglich aber, weil Sie dermaßen überqualifiziert sind. Denn Sie können nicht nur lesen, auch noch schreiben. Das findet man heutzutage selten. Ihre bescheidene Frage, was wir Ihnen zu bieten haben, können wir nur mit einem Wort beantworten: Nichts!

Wir sind aber sicher, dass ein solch fähiger Kopf, ein so guter Angler, nicht lange im Trüben fischen und schon bald aus einem anderen Gewässer an Land gezogen wird.

Dazu wünsche ich Ihnen, wie unter Anglern üblich: Petri Heil!

Herzlich
Ihr Eddi Fischer

Wer den Schaden hat ...

Die heutige Generation der Senioren und Seniorinnen ist geistig und körperlich fitter denn je zuvor. Dank der Pharmaindustrie, der Fortschritte der Medizin, der vielen Ernährungstipps und der zahlreichen Bewegungsangebote.

Michael Menge aus Neubrandenburg ist dafür ein Paradebeispiel. Ein Prachtstück! Obwohl Mitte Sechzig sprüht er immer noch vor Unternehmungsgeist, spürt ständig einen unbändigen Betätigungsdrang und physische wie psychische Unruhe. Die vielen Baumärkte helfen ihm diese auszuleben. Anfang Juni forderte ihn seine Frau auf, sich um einen neuen Hausanstrich zu kümmern. „Selbst ist der Mann! Das erledige ich!", war die Antwort des Rüstigen.

Im Baumarkt kaufte sich Meister Menge ein Gerüst als Bausatz. „Das Aufstellen ist kinderleicht", versicherte ihm der Verkäufer, „eine genaue Anleitung in Bildern ist beigefügt." Dazu brauchte er noch ein paar Töpfe weiße Farbe, zwei Pinsel, einen Farbroller, Kreppband zum Abkleben und der Unternehmungsgierige konnte ans Werk gehen. Und das tat er auch!

Zunächst fasste er das Aufstellen des Gerüstes ins Auge. Rieb sich aber diese während seiner Bemühungen mehrfach, griff sich des Öfteren verzweifelt an den Kopf, strich sich hin und wieder grübelnd über das Kinn. „Kinderleicht, aber nicht seniorengerecht", dachte er und nicht nur einmal. Schließlich waren über fünfzig Teile an den richtigen Stellen zu platzieren. Nicht selten schoss es ihm durch den Kopf, den Notdienst für „Haus und Garten" anzurufen und um Hilfe zu bitten.

Das Fläschchen Bier, das seine Frau ihm brachte, und ihre aufmunternden Worte spornten ihn an, sein Werk fortzusetzen. Was lange währt, wird endlich gut! Gegen Mittag stand das Gerüst! Fast fehlerfrei zusammengesetzt!

Anstrengungen und Alter forderten auch bei dem rüstigen 65-Jährigen ihren Tribut und ein die Lenden erquickender Schlaf war erst einmal angesagt. Aber am späten Nachmittag erfolgte dann die Fortsetzung. Ein Topf Farbe, ein Pinsel und das Kreppband wurden auf die Standfläche befördert. Dann stellte sich der Meister dazu. Seine Frau machte ein Foto und wünschte ihm viel Erfolg. Anzunehmen ist, von ganzem Herzen. Dann ging sie ins Haus.

Sie wäre besser geblieben. Sie verpasste eine filmreife Szene. Ob zu dieser eine Windböe, ein Aufstellungsfehler oder eine Ungeschicklichkeit des Schaffenden führte oder alles zusammen, war hinterher nicht mehr auszumachen. Sicher ist, der ganze Bausatz kam ins Wanken, der „Meister" fiel rücklings herunter und landete im Planschbecken des Enkelkindes. Jetzt folgten in schneller Abfolge nacheinander zunächst der Farbtopf, er stülpte sich über den Kopf des „Badenden", verwandelte ihn mitten im Sommer in einen Schneemann. Dann sah dieser das Gerüst, das komplette, fachmännisch verschraubte, auf sich zu kommen. Das Gestänge zerschlug ihm das Nasenbein, der Pinsel, voller Farbe, verschönerte sein Aussehen. Nur das Kreppband behelligte ihn nicht, landete auf dem grünen Rasen.

Das Gepolter rief seine Holde auf den Plan, ließ sie zur Tür hinausschauen. Statt ihrem Gatten zu Hilfe zu eilen, lief sie zurück und holte das Smartphone. So sind Frauen nun einmal: Sie denken praktisch und logisch. Sie sagte sich zu Recht, ein solches Bild bekomme ich nie wieder, muss ich für die Nachwelt festhalten, aus seiner misslichen Lage kann ich ihn immer noch befreien. Das eilt nicht! Aus künstlerischen Gründen und nur aus diesen, brachte sie eine Mohrrübe mit. Mit einer solchen im Gesicht sieht er in der Tat wie ein Schneemann aus, dachte sie, sagte es ihm aber nicht.

Danach rief sie den Rettungsdienst. Die Pfleger befreiten ihn schnell sachgerecht und ohne Schadenfreude aus dem Durcheinander, aber nicht ohne ein Lächeln um die Mundwinkel. Es ist halt so, wer den Schaden hat, spottet jeder Beschreibung.

Der Oberschenkelhalsbruch, den die Ärzte diagnostizierten, war nicht zum Lachen, zumindest nicht für Herrn Menge. Der Anstrich musste jetzt notgedrungen warten. Zu vermuten ist, dass er das Gerüst nach gründlicher Reparatur noch benutzen kann. Oder sollte er es besser bei ebay versteigern?

Man muss sich zu helfen wissen

Vergesslichkeit nimmt im Alter zu. Mittel zur Heilung dieses Gebrechens gibt es genug, sind zu finden unter dem Sammelbegriff „Müllabfuhr für das Gehirn", sollen das Gedächtnis von unnötigem Wissen, belastenden Erfahrungen, nutzlosen Erinnerungen befreien. Aber was ist unnötig, belastend oder nutzlos? Kann kein Medikament sagen. Es kostet aber viel Geld, hilft nicht.

Ferdinand Finger litt seit seiner Kindheit an Vergesslichkeit. Das hatte nicht nur Nachteile. Wenn seine Mutter ihn fragte, ob er sein Zimmer aufgeräumt habe, dann antwortete er stets mit herzerweichendem Dackelblick: „Hab ich vergessen." Der Dackelblick und „Hab ich vergessen" wurden sein Markenzeichen. Wenn in seiner Ehe die Spülmaschine nicht ausgeräumt, der Keller nicht aufgeräumt oder der Müll nicht herausgebracht waren, er spielte bühnenreif das Unschuldslamm. Jeder hatte Nachsicht mit ihm, mit seiner Krankheit.

Diese Rücksichtnahme endete, wenn er vergaß, die Pizza aus dem Ofen zu nehmen (die Küche rabenschwarz war), die Gasflasche abzudrehen (fast das ganze Haus in die Luft geflogen wäre), sich zu duschen (andere es nach drei Wochen ohne Wasser an seinem Leib bei ihm vor Gestank nicht mehr aushielten).

Aber wenn es darauf ankam, baute er sich Eselsbrücken und alles fiel ihm wieder ein. So merkte er sich als Chemie-Student die Formel für Ethanol, C_2H_5OH, umgangssprachlich Alkohol genannt, indem er sie sich rückwärts aufsagte: Herr Ober, 5 Helle, 2 Corn. Bier war für ihn ein gesundes Nahrungsmittel, denn es enthält B-Vitamine, seine Eselsbrücke, Bier-Vitamine.

Sein Freund rief ihn neulich an und fragte: „Wo ward ihr gestern? Ich habe den ganzen Abend versucht, euch zu erreichen."

„Wir sind ausgegangen, waren gepflegt essen."

„Was hat's gegeben?"

„Moment, lass mich überlegen!" Er berücksichtigte stets, Eselsbrücken müssen einfach, eindeutig und einprägsam sein.

Das Wort stammte aus der Landwirtschaft. Die Grautiere laufen nicht gern durchs Wasser, darum bauten Bauern ihnen Brücken. So bleiben ihre Beine trocken.

Darum sagte er: „Beine!"

„Beine?"

„Ich hatte kalte, meine Frau warme."

Der Freund, der ihn gut kannte, schaltete sofort.

„Ich weiß, du hattest ein Eisbein. Aber deine Frau?"

„Hähnchenschenkel!"

„War das Essen gut? Hat alles geschmeckt?"

„Ich sage dir, wunderbar, ein Gedicht und so preiswert."

Ferdinand fuhr sich noch nachträglich genießerisch über die Lippen.

„Ich rate dir, da musst du auch einmal hingehen."

„Wie heißt denn das Restaurant?"

„Einen Moment! Ich habe es gleich. Eine beliebte Schnittblume."

„Rose? Tulpe? Gerbera?"

„Gibt es auch als Gewürz. Steht für Treue!"

„Nelke!"

„Richtig! Elke, wie hieß das Lokal, in dem wir gestern waren?"

Ferdinand lehnte sich zufrieden zurück. Er wusste, wenn es im Leben einmal dumm läuft, muss man sich zu helfen wissen.

Zum Schnäppchenpreis

Dies ist wohl das Unglaublichste, das je einem Menschen an einem Tag widerfahren ist und doch hat sich alles genau so zugetragen. An einem Tag, und nicht einmal an einem Freitag, den 13., obwohl vieles danach aussah.

Eigentlich wollte Willibald Wundersam sich nur einen neuen Fernseher zu einem Schnäppchenpreis besorgen, den ein Supermarkt anbot. Unter der Anzeige stand: „Nur so lange der Vorrat reicht!" Darum hatte sich der Rentner den Wecker gestellt und war früh aufgestanden, zu früh für einen im Ruhestand, wie sich später herausstellte, denn er war wohl noch nicht richtig ausgeschlafen, noch nicht im Vollbesitz seiner geistigen Kräfte. Anders lassen sich die Geschehnisse dieses einen Tages nicht erklären. Was der Gute anrichtete, ging auf keine Kuhhaut.

Angekommen in der Filiale der Kaufhauskette kettete sich nämlich ein Unglück an das nächste. Der Einkauf verlief zunächst reibungslos. Er schnappte sich den Fernseher, den preiswerten. Es war der vorletzte. Glück gehabt!

Aber jetzt! Begierig den Heißbegehrten auszuprobieren, ging ihm alles nicht schnell genug. Der Volksmund sagt: Eile mit Weile. Das hätte sich unser lieber Willibald auch besser gesagt. Er wartete am Service-Point auf einen Angestellten. Ungeduldig! Der kam seiner Meinung nach nicht schnell genug. Rentner haben es immer eilig, Willibald zu diesem Zeitpunkt besonders. Er drückte auf den Knopf, der griffbereit war, um den Angestellten Beine zu machen. Es war der falsche. Der der Brandmeldeanlage! Statt dem Marktleiter hatte er 21 Feuerwehrleuten Beine gemacht. Der Fernseher war preiswert, der Einsatz der Feuerwehr nicht.

Verärgert über die böse Welt, das teure Schnäppchen, fuhr er unter Missachtung der Absperrung auf eine frisch geteerte Straße. Zurufe und Handzeichen der Arbeiter ignorierte er, nicht aber die Anziehungskraft des frischen Teers. Seine Räder klebten nach kurzer Zeit fest. Der Abschleppdienst konnte ihn und sein Auto aus dem heißen Teer befreien. Das Verwarngeld in Höhe von 25 Euro zahlte er aus der Portokasse. Den Einsatz des Abschleppdienstes nicht, brauchte er auch nicht gleich. Man machte ihm klar, dass die Rechnung über die Kosten dafür und die Ausbesserung der Asphaltdecke in Kürze auf ihn zukämen. Und die gingen in die Tausende. Ein erneuter Schlag in sein Gesicht, nein, ins Kontor.

Den Kopf voller Ärger fuhr der 69-Jährige noch schnell an eine Tankstelle, an der es nur Automaten gab. Hier machte er den nächsten Fehler. Er tankte statt Benzin Diesel. Ein Irrtum, der bei Männern seltener vorkommt als bei Frauen. Eine Frau jedoch war es, die ihm half. Sie versuchte den falschen Treibstoff abzupumpen. Hierzu benutzte sie - zusammen mit ihm - einen Gartenschlauch. Diesen führten beiden gekonnt in den Tank ein und mit Hilfe eines Staubsaugers versuchten sie, den Diesel anzusaugen und in eine Metallwanne umzufüllen. Der Plan schlug fehl. Es kam zu einer Verpuffung, durch die erst der Staubsauger und dann das Fahrzeug in Flammen gerieten.

Den Fernseher und seine Aktentasche konnte Willibald gerade noch retten. Glück muss man bei all dem Pech auch mal haben.

Ein Taxi brachte ihn nach Hause samt der Flimmerkiste. Er stellte sie auf und dann an. Sie flimmerte nicht.

„Es reicht für heute", schrie er außer sich vor Wut und griff hektisch zum Hörer, rief die Werkstatt des Kaufhauses an. Der Angestellte vom Service-Dienst kam prompt, fast schneller als der Marktleiter zuvor. Noch schneller hatte er den Schaden behoben. Er steckte den Stecker in die Steckdose, wo er hingehörte, und nicht auf den Boden, wo er lag. Danach schrieb er seine Rechnung. Die Arbeitszeit betrug zwar nur zwei Minuten, wurde aber geschäftsüblich auf eine halbe Stunde aufgerundet. Dazu kamen An- und Abfahrtskosten. Der Genervte sagte nur: „Es reicht!", und weigerte sich zu zahlen.

„Kein Problem", sagte der Bedienstete, „das klärt ein Richter." Für diesen war das später ein glasklarer Fall. Der Kunde musste Arbeitszeit und Fahrtkosten bezahlen. Auch die Kosten des Verfahrens trug der Beklagte.

Immerhin der Fernseher blieb dem Herrn Willibald Wundersam zum Schnäppchenpreis. Der Preiswerte!

Freitag der 13.

Freitag der 13. muss nicht immer ein schicksalhafter Unglückstag sein. Manchmal liegt das Misslingen einer Sache auch am selbstverschuldeten Fehlverhalten oder der eigenen Dummheit.

Das musste sich im Nachhinein auch Justus Baum sagen. Der Name ist frei erfunden, die Geschichte aber nicht, hat sich fast wortgetreu so abgespielt.

An einem Freitagmorgen, dem 13., betritt Justus Baum eine Polizeidienststelle, sagen wir in Essen.

„Guten Tag!"

„Guten Tag, was kann ich für Sie tun!", fragt ihn ein älterer etwas beleibter Beamte, dem man ansieht, dass er schon längere Zeit nicht mehr Streife gegangen ist.

„Ich bin Justus Baum und möchte mich nur einmal umschauen, mit dem Revier vertraut machen, denn ich gedenke, mich hier um eine Stelle zu bewerben. Ich möchte Polizist werden."

„Waren Sie denn schon einmal im öffentlichen Dienst tätig?"

„Nein, ich bin ein Neuling. Aber jeder muss einmal anfangen."

„Dann geben Sie mir doch bitte Ihren Personalausweis?"

„Oh, den habe ich nicht bei mir."

„Das sollten Sie aber! Dazu sind Sie verpflichtet, besonders als angehender Ordnungshüter."

„Entschuldigung!"

„Dann zeigen Sie mir mal Ihren Führerschein!"

„Sorry, der liegt auch zu Hause."

„Wie, sagten Sie, war Ihr Name?"

„Justus Baum!"

„Moment!" Das haben wir gleich!" Nach ein paar Minuten: „Da sind Sie! Ach nee! Sie besitzen gar keine Fahrerlaubnis mehr. Die wurde Ihnen vor zehn Jahren entzogen. Und zu einer psychologischen Prüfung sind Sie nie erscheinen. Warum nicht?"

„Ich bin doch kein Idiot. Lass mir doch nicht von einem Seelenklempner dumme Fragen stellen."

Der freundliche Beamte stutzt, lächelt einen Moment. „Aber einen kleinen Gesundheitscheck müssten Sie schon über sich ergehen lassen. Wir machen einen Schnelltest."

„Kein Problem!"

Der Verdachtschöpfende ruft einen seiner Kollegen, der Herrn Baum mit einem Stäbchen durch den Mund fährt.

„Oh", sagt er, „heute ist Ihr Glückstag. Der Drogentest ist positiv." Dann schaut er den Erfreuten an und sagt: „Positiv dem Leben gegenüber stehen ist immer gut."

Mit einem stillen Grinsen schaut er noch einmal auf seinen Computer und meint: „Ihre Glückssträhne reißt gar nicht mehr ab. Wir haben auch ein Bild von Ihnen. Eine Zeichnung!"

Er vergleicht das Phantombild mit der Wirklichkeit und stellt fest: „Sie sind in der Tat gut getroffen. Können Sie sich vorstellen, wer dieses hat anfertigen lassen?"

„Nein! Wer?"

„Eine ältere Dame, der Sie auf der Straße die Handtasche vom Arm gerissen und dann mit ihrer Scheckkarte eingekauft haben, bis sie diese hat sperren lassen."

„Das ist doch schon so lange her, längst verjährt."

„Nicht ganz! Wo steht Ihr Auto?"

„Direkt vor der Polizeiwache!"

„Auf den Plätzen für Dienstfahrzeuge?"

„Ja, ich wollte mich doch nur kurz vorstellen."

„Haben Sie jemanden, der es dort wegfahren kann?"

„Warum fragen Sie?"

„Sie dürfen das nicht. Sie wollen doch gerne zur Polizei. Schön! Wir behalten Sie gleich hier, denn es kommt einiges zusammen, Fahren ohne Führerschein, Drogenmissbrauch, steckbrieflich gesucht wegen Raubes."

Als ein Kollege dem völlig Überraschten Handschellen anlegt, rät der Menschenversteher ihm gönnerhaft: „Viele suchen nach einem idealen Arbeitgeber, der idealste Arbeitnehmer sind Sie gerade nicht. Mit Ihrem Bewerbungsschreiben können Sie sich darum noch etwas Zeit lassen, denn Ihr Lebenslauf bedarf bestimmt einer umfassenden Überarbeitung."

Wie nun? Ist Freitag, der 13. ein Schicksalstag oder doch einer der eigenen Dummheit?

Das tägliche Waterloo

Irre irren sich nicht. Sie sehen die Dinge nur anders. Aber wenn man so manchen „Normalen" erlebt, könnte man meinen, eine Irrenanstalt macht einen Betriebsausflug.

Eine Friseurin zum Beispiel hatte es nicht leicht. Sie musste die Haare einer Kundin fünfmal umfärben, weil sie nach Meinung der Gnädigen nicht den richtigen Ton getroffen hatte. Auch nach sechs Stunden aufopferungsvoller, geduldiger, mühevoller Arbeit der Friseuse verließ die Enttäuschte wütend, erregt, verzweifelt den Laden. Zuhause rief sie die 110 an. Dort wurde sie belehrt, der Notruf der Polizei ist für den Notfall da! Es wurde ihr gesagt, wir helfen immer gern, aber für eine korrekte Friseurbehandlung sind wir nicht die richtigen Ansprechpartner. Die Frau bekam eine Anzeige wegen Missbrauchs des Notrufes und erwartet möglicherweise bei Schadenersatzforderungen noch eine Zivilklage.

Wie wäre es damit? Der Sheriff eines US-Bundesstaates hat seinen Vierbeiner „Rommel" genannt. Als der den zehn Monate alten Jagdhund einmal mit zur Wache brachte und ihn so rief, fanden das einige seiner Kollegen gar nicht lustig. Sie legten Beschwerde bei der übergeordneten Behörde ein. Der kleine Kerl wurde entnazifiziert und in „Scout" umbenannt. Seitdem hört er nicht mehr, wenn man ihn ruft. Pech für den Besitzer. Ein Sheriff, ein ganz normaler Ordnungshüter, mit einem unfolgsamen Hund gibt nun wirklich keine gute Figur ab.

Bei Covid-19 hat man es, wie es in der Amtssprache heißt, oft mit Uneinsichtigen zu tun. Der Volksmund bezeichnet diese Mitbürger Covidioten. Sie leugnen die Epidemie, erklären sie zu einer Erfindung der Reichen und Mächtigen, und das bei weltweit Millionen Kranken und unzähligen Toten. Sie lehnen die angeordneten Vorsichtsmaßnahmen der Behörden ab, gefährden damit sich und andere, treiben unzählige Unternehmen in den Ruin und so manchen Bürger in den Suizid.

Da ist Frau Johanna Kläger schon besser dran. Ihr Mann treibt keinen in den Ruin, missachtet keine Gesetze, denn er macht sie selbst, führt auch keine Kriege gegen niemanden auf der Welt. Und doch ist er Napoleon. Für den Hausgebrauch!

Dass er den ganzen Tag im Zimmer auf- und abgeht in einer schmucken Uniform, mit einer Hand in der Weste und einem mehr oder weniger gelungenen Abbild des markanten

Hutes des Herrschers auf dem Kopf, stört sie nicht. An den Fingernägeln kaute der große Feldherr des Öfteren, ein Zeichen des Nachdenkens und der Ungeduld. Ungeduldig ist ihr Ludwig nicht und mit dem Nachdenken hat er es schon gar nicht. Darum kaut er auch nicht an seinen Nägeln. Es ärgert sie auch nicht, dass er ständig Papier bekritzelt mit neuen Verordnungen und Gesetzen, von denen die meisten in den Papierkorb wandern, nur wenige fein säuberlich abgeheftet werden. An die Anrede Josephine hat sie sich gewöhnt. Schlimmer für sie würde es sein, wenn ihr Mann nicht französischer Kaiser, sondern der letzte amerikanische Präsident oder gar der venezianische Casanova wäre.

Sein Zimmer ist sein Reich, nicht ganz Europa. Johanna nimmt wie Josephine die Marotten ihres Mannes als kindisches Gehabe hin. Sie beobachtete einmal, wie er mit der Gießkanne vor Strohblumen stand. Sie fragte ihn: „Weißt du, dass man Strohblumen nicht gießt?"

„Ja", antwortete ihr Liebster seelenruhig, „deshalb habe ich auch kein Wasser in der Kanne." Er war eben nicht der große Bonaparte aus Korsika, sondern der kleine Ludwig aus Krefeld, hatte nicht dessen unstillbaren Machthunger, ja Machtwahn, dem auf seinem Höhepunkt alle Fürsten, Regenten und Untertanen gehorchten, sondern folgte den Anweisungen seiner Frau. Nur in einem Punkt nicht. Er weigerte sich, mit Zinnsoldaten zu spielen.

Gern saß er wie viele ältere Menschen am Fenster, beobachtete die Vorbeiziehenden, wunderte sich über deren irres Verhalten. Einmal fragte er einen Bio-Bauern, der mit einem Leiterwagen vorbeifuhr: „Was machst du?"

„Ich transportiere Mist, um ihn auf den Erdbeeren zu verteilen", erklärte ihm dieser. „Komisch", wunderte sich Ludwig, „wir tun immer Sahne darauf."

Ein niedergelassener Vertragsarzt hat eine „Einweisung" zur stationären Behandlung in die Psychiatrie ausgestellt. Sein Leben sollte kein Waterloo werden. Hier könne man ihm wahrscheinlich helfen und ihn heilen. Manche angesprochenen Zeitgenossen laufen frei herum, erleben täglich ein Waterloo, oft mehrere am Tag. Sie merken davon nichts. Sie sind ja nicht irre.

Bloßgestellt

Florian Silbermann war schon als Schüler sehr selbstbewusst und nicht auf den Mund gefallen. Sein Lehrer hatte einmal unter seinen Aufsatz eine Bemerkung geschrieben. Er stand auf, trat ans Pult und fragte: „Ich kann Ihre Klaue nicht lesen, was steht dort?" Als der Pädagogen antwortete: „Ich habe dich gebeten, deutlicher zu schreiben", sagte er nur: „Aha, so, so! Das soll das Gekritzel heißen. Deutlich zu lesen aber ist doch meine Anmerkung: Copyright Florian Silbermann. Alle Rechte vorbehalten, auch die der Übersetzung und Verfilmung wie der Übertragung auf Tonträger."

Der Lehrer meinte pikiert: „Dann solltest du wenigstens meine Korrekturen berücksichtigen!"

Florian erwiderte gönnerhaft: „Wenn sie sinnvoll sind, werde ich das tun. Verlangen Sie aber nicht, dass Sie auch nur einen Cent von meinem Honorar abbekommen. Lehrkörper werden bekanntlich überbezahlt, alle, durch die Schulbank."

Schon als 17-Jähriger half er bei der Freiwilligen Feuerwehr. Bei einem Einsatz befreiten sie einmal mehrere Ferkel aus einer brennenden Scheune. Als der Bauer ihnen ein halbes Jahr später als Dank einige Würstchen schickte, die er aus den Tieren gemacht hatte, schrieb der von sich stets Überzeugte zurück: „Die Ferkel, die wir vor dem sicheren Tod bewahrt haben, waren wohlgenährte Schweinchen. Ihr Geschenk in allen Ehren, aber Sie hätten es in der Größe und Anzahl mehr den Geretteten anpassen müssen."

Es nimmt nicht wunder, dass er das Studium der Juristerei absolvierte. Als Anwalt verdreht er nun einmal die Dinge, stellt die Sachverhalte als fake news dar. Es halfen ihm dabei vor Gericht seine Eloquenz, seine Schlagfertigkeit, seine Geistesblitze, aber auch eine gewisse Verschlagenheit und Bauernschläue.

Vor Gericht stand ein 36-Jähriger wegen eines Raubüberfalls auf offener Straße. Florian Silbermann vertrat ihn. Er behauptete, dass sein Mandant gar keine Straftat begangen habe, er habe den Kläger lediglich um einen kleinen Kredit gebeten.

Da dieser aber alles falsch verstanden hätte, sei sein Mandant unschuldig.

Der Richter stellte lakonisch fest: „Das glauben alle."

Anwalt Silbermann fragte ihn schlagfertig: „Wenn das alle glauben, warum Sie nicht?"

Erbost antwortete dieser: „Weil er den Darlehensantrag mit einer gezogenen Pistole gestellt hat."

„Auch das hat der verständlicherweise Aufgeregte wieder in den falschen Hals bekommen", erklärte Silbermann, „mein Mandant hat ihm die Schusswaffe nur als Sicherheit reichen wollen, ihm damit quasi angeboten, er könne die Schulden bei nicht fristgerechter Rückzahlung des Kredites sogar mit Gewalt eintreiben. War doch fair, oder?" Der Richter verlor langsam die Geduld und zürnte: „Und das auf offener Straße?"

Die prompte Antwort des Herrn Silbermann war: „Na klar! Wo denn sonst? Oder meinen Sie, mein Mandant hätte das Geld gehabt, einen Prunksaal zu mieten."

Einmal verschlug es dem cleveren Ausredefreudigen denn doch die Sprache. In einem anderen Prozess fragte der Richter den Kläger: „Erkennen Sie in dem Mann dort auf der Bank den Dieb Ihres Autos wieder?" Darauf antwortete dieser mit erboster Stimme, des die Tatsachen verdrehenden Anwalts überdrüssig, ihn mit den eigenen Waffen schlagend: „Euer Ehren, nach den Darlegungen des Anwaltes bin ich mir nicht mehr sicher, ob ich überhaupt jemals ein Auto besessen habe."

Das verschlug selbst Florian Silbermann die Sprache.

Ein Frustzwerg gegen Frust

Die Beziehungen unter Nachbarn sind nicht immer reibungslos, Streitereien enden zumeist vor Gericht. Zum Zankapfel werden oft auch Gartenzwerge. Die einen lieben die kleinen Gesellen mit den roten Zipfelmützen, den Lederhosen und dem Rauschebart in ihren Vorgärten, für andere sind diese Wichte eine Ausgeburt der Hässlichkeit, des Spießertums, der grenzenlosen Geschmacklosigkeit.

Man hat sich in der Juristerei zu einer Zwei-Klassen-Ordnung hinreißen lassen. Gartenzwerge sind dabei in der Regel als gut und schützenswert einzuordnen, Frustzwerge sind gewollt hässlich und bewusst beleidigend und erfahren weniger Schutz von den Richtern.

Einer Hamburgerin, sehr bemüht mit ihrem Mann in Frieden zu leben, indem sie seine Marotten stets tolerierte, verhielt sich toleranter als die hohen Herren. Ihr standen zwar die Haare zu Berge, als ihre bessere Hälfte solche anschleppte und für jeden Vorbeigehenden gut sichtbar im Vorgarten verteilte. Ganz vorne zwei dieser hässlichen Kreaturen, einer mit Stinkefinger, der andere mit entblößtem Allerwertesten. Direkt vor

der Haustür positionierte er eine Domina mit schwingender Peitsche und einem knienden Wicht in devoter Haltung. Sie fand alle abstoßend, schämte sich ihrer sogar. Er hielt sie für lustig, für jedermann ein Hingucker. Die engelsgeduldige Ehefrau sagte sich, der Klügere gibt nach. Sie war die Klügere und wahrte damit den häuslichen Frieden.

Hamburg ist eine Hafenstadt, in der sich viele Seeleute tummeln. Manche von ihnen sind oft tagelang zur See gefahren und haben darum männliche Bedürfnisse. Das Haus der auf Harmonie bedachten Ehefrau lag nicht unweit von dem Viertel, in dem Damen diese Bedürfnisse befriedigen. Je nachdem wie die Freier sich der Oase der Verlustierung näherten, kamen sie auch an diesem Vorgarten vorbei.

Eines Tages, der Göttergatte hatte gerade ein paar dringende Geschäfte in der City zu erledigen, schellte es an der Tür der Gnädigen. Als sie öffnete, standen vor ihr zwei schmucke Matrosen. Nach nur kurzem Gruß drängten sie sich in den Flur, waren frohgemut und zeigten immer wieder auf die Domina, die ihr Mann ja gut sichtbar aufgestellt hatte.

Die ehrbare Hausfrau verstand zunächst nicht, was man von ihr wollte. Erst als die beiden ihr einen Hunderter, jeder, in die Hand drückten, fiel es ihr wie Schuppen von den Augen. Sie protestierte, versuchte zu erklären, dass sie eine anständige Hausfrau sei und kein leichtes Mädchen. Das machte die beiden Freier nur noch mehr an. Sie wurden dann aber ungehalten, als ihr Sträuben länger dauerte, erklärten ihr unmissverständlich, dass sie das übliche Entgelt entrichtet hätten und sie solle nun keine weiteren Zicken machen.

Die Hausfrau reagierte jetzt blitzschnell. Mit dem Geld in der Hand und der baldigen Rückkehr ihres Mannes im Nacken, traf sie eine kluge Entscheidung, denn sie musste um jeden Preis die beiden Eindringlinge loswerden, und zwar so schnell wie möglich. Ihrer Devise folgend gab sie nach, handelte der Notsituation entsprechend klug und verschwand mit ihnen im Schlafzimmer. Alles dauerte nicht lange, denn die feschen Kerle waren wirklich ausgehungert, hatten mächtigen Druck. Sie bedankten sich beim Hinausgehen herzlich, lobten sie, weil sie so voll und ganz bei der Sache gewesen sei, was man bei anderen ihrer Zunft so nicht mehr erlebt und versprachen, baldmöglichst wiederzukommen.

Sie verkürzte diese Dankesrede, drängelte die Zufriedenen hinaus, froh, dass sie diese noch vor der Rückkehr ihres Mannes loswurde.

Bei einem Blick auf den Frustzwerg lächelte sie und sagte sich: „Sie sind gut für frustrierte Ehefrauen." Und stellte die Domina noch sichtbarer auf, denn ihr Mann war oft auf Geschäftsreise.

Laufen Sie bloß nicht weg!

„Entschuldigen Sie bitte, dass ich Ihnen keinen Kaffee anbieten kann, aber wir haben seit Großmutters Tod keine Schnabeltasse mehr im Haus und unsere Enkelkinder sind schon so groß, dass sie keine mehr brauchen", sagte Herr König zu dem Mann, der wie eine Galionsfigur im Küchenfenster steckte.

„Ich sehe, ein warmes Getränk würde Ihnen gut tun. Aber ohne eine solche kann ich Ihnen in Ihrer verzwickten Lage Flüssigkeit nicht zukommen lassen. Hoffen Sie auch nicht auf Babynahrung, die ist auch nicht im Haus. Warten Sie ab, wir finden eine Lösung, haben Sie nur ein bisschen Geduld!" Herrn Königs ironischer und schadenfreudiger Unterton war unüberhörbar. So genoss er eben allein sein Getränk und sein Marmeladenbrötchen, vertiefte sich dann schweigend in seine Morgenzeitung. Das verzweifelte Stöhnen, affenähnliche Urwaldlaute, die wie ah, hä, ah hä, häm häm klangen, überhörte er.

Mitten in der Nacht, gegen drei Uhr etwa, hatte der Dieb das Küchenfenster, so groß wie das Bullauge eines Schiffes, aufgebrochen, um bei Familie König einzubrechen. Der Durchmesser schien ihm ausreichend groß genug zu sein, um in das Haus zu gelangen. War er auch! Zunächst! Der Räuber, nicht gerade ein tapezierter Knochen, auch nicht eine fette Mastgans, wohl aber von stattlicher Figur, eher einem Bierfass ähnlich, hing dort. Zunächst schien seine Annahme zu stimmen, denn er kam gut voran. Er lag aber nur so lange richtig, bis er plötzlich feststeckte, bombenfest. Der Kopf war drin, die Beine draußen. Mit den Händen an der Hosennaht hatte er sich langsam, aber stetig vorangeschoben, geschickt seine Zehenspitzen benutzt, sich mit ihnen vom Boden abgedrückt und war so Zentimeter für Zentimeter vorangerobbt. Mühsam, aber erfolgreich, einen lohnenden Raub dabei fest im Auge gehabt. Und dann das! Die Ernüchterung! Nichts ging mehr! Er bewegte sich nicht einen Millimeter voran. Dumm nur, man kann sich mit den Zehenspitzen zwar vorwärts schieben, aber sich nicht rückwärts ziehen. Diese Erkenntnis kam zu spät.

Was nun? Was tun? Verschnürt, wie in einen Schraubstock gespannt, hätte er nichts anderes machen können, als Hilfe zu erbitten, besser laut zu schreien. Aber was sollte er denn sagen? Entschuldigen Sie, ich wollte bei Ihnen einbrechen, Sie nur ein bisschen beklauen. Nur ein bisschen!

Welcher Einbrecher macht denn schon gern auf sich aufmerksam beim Beutezug? Also schwieg er, um in Ruhe zu überlegen, seine Lage genauestens zu analysieren. Doch kein rettender Gedankenblitz fuhr ihm durch den Kopf, erhellte weder Groß- noch Kleinhirn. Die winterliche Kälte lähmte die grauen Zellen, dahingegen wuchs der Druck, Wasser zu lassen. Erst ein wenig, dann wurde der Zwang, das Geschäft zu verrichten, von Minute zu Minute dringlicher, so dringend, dass alle Dämme brachen und er eine wohltuende Erleichterung spürte. Es erwärmte seine Lenden in der bitteren Kälte. Ein Wohlgefühl leider nur von kurzer Dauer! Denn schon wurde es kalt in seiner Hose, kälter und kälter, bis alles gefror. Die Hose wurde hart, knochenhart. Minuten wurden zu Stunden, Stunden zu Tagen.

Eine Ewigkeit war vergangen, bis jemand kam. Endlich! Zum ersten Mal freute sich ein Einbrecher, erwischt zu werden.

Dieser wimmerte, stöhnte erschöpft, fast lautlos wie schon gesagt: ah, hä, ah hä, häm häm. Ihn interessierte kein Kaffee in einer Schnabeltasse noch Babynahrung. Hilflos wie ein Kleinkind fühlte er sich. Und der Gastgeber las die Zeitung! In aller Seelenruhe. Alle Unglücke der Welt waren ihm wichtiger als die Katastrophe im Küchenfenster. Sie schien ihn nicht die Bohne zu interessieren. Oder doch! Nicht ohne bissigen Unterton zitierte er: „Ein Räuber hat einen Schuhständer leergeräumt, den man vergessen hatte, abends in den Laden zu schieben. Auf dem standen wie üblich nur die linken Schuhe. Wer sollte sie tragen? So viele Einbeinige gibt es doch gar nicht!" Dann nahm er noch einen Schluck aus seiner Tasse, rieb sich genüsslich über den Mund und stellte fest: „Es gibt dumme Räuber!"

Herr König schlug die Zeitung zu, stand auf, lächelte wie ein Kaiser und sagte: „Ich muss zur Arbeit. Laufen Sie mir nicht weg! Bitte!"

Es gibt immer noch etwas Schlimmeres

Kein Mensch legt sich gern ins Krankenhaus, es sei denn, er ist sehr krank. Die meisten aber auch dann nur widerwillig.

Peter Pieper erfreut sich mit seinen 73 Jahren bester Gesundheit. Er treibt gern Sport, ernährt sich gesund, arbeitet viel an der frischen Luft und geht regelmäßig zum Zahnarzt. Nur das Wasserlassen wurde in letzter Zeit immer problematischer. „Ganz normal", meinte der Urologe und erklärte ihm, seine Prostata sei vergrößert, wie bei den meisten Männern über siebzig. Seit der Pubertät wächst sie ständig.

„Da hilft nichts", sagte der Doktor, „eine Operation im Krankenhaus ist vonnöten." Er sieht den besorgten Patienten an, denn dieser war jetzt in Nöten. Darum beruhigte er ihn: „Keine Angst! Das ist keine große Sache, nur ein Routineeingriff." Von „keiner großen Sache" spricht ein Medizinmann sowieso immer, selbst wenn beide Beine abgenommen werden. Dann erklärte er ihm die Vorgehensweise seiner Kollegen: „Stellen Sie sich eine Folienkartoffel vor, die Sie auf dem Markt mit Sauerrahm genießen wollen! Mit einem kleinen Löffel schaben Sie sie aus. Die Vorgehensweise des Ärzteteams ist ähnlich. Ihre Prostata wird auch durch Aushöhlen verkleinert. Sie können danach wieder urinieren wie ein Pubertierender, vielleicht sogar wie ein Baby."

„Vielen Dank! Hört sich gut an!", stammelte Herr Pieper mit gequältem Gesichtsausdruck.

Er war noch nie in einem Krankenhaus, nicht einmal als Besucher, hat als Spaziergänger stets einen großen Bogen um eine solche Anstalt gemacht. Und dann das! Er musste als Patient dorthin, wurde kaserniert.

Und auch das noch! Wie befürchtet, bescherte Peter Pieper das Schicksal keine guten Karten. Nomen est omen. Er hatte den „Schwarzen Peter" erwischt. Seit der Coronakrise wissen wir, dass die Menschen dort großartige Arbeit leisten. Aber Sie sind alle dennoch nur Menschen, haben Schwächen, machen Fehler. Manche der Götter in Weiß sind nur Halbgötter. Er lernte dort, Ärzte können ihren Fehler vertuschen, indem sie ihn nicht unter den Teppich kehren, aber in der Erde vergraben, feierlich beerdigen lassen.

Eine Krankenschwester, die Herr Pieper kennenlernen sollte, war nicht aus dem himmlischen Gestüt, eher Bewacherin der Pforte zur Hölle.

Sein dortiger Aufenthalt fing gleich gut an. Als er ankam, stellte sich heraus, dass er in sein Zimmer nicht einziehen konnte, es hat Komplikationen gegeben, hieß es. Die sind in diesen Häusern an der Tagesordnung, auch nachts, immer. Man riet ihm, sich zu gedulden, ein wenig zu warten. Ein Wenig waren einige Stunden. Ihm nützte in diesem Fall auch nicht, dass er zu seiner gesetzlichen Versicherung noch eine private abgeschlossen hatte und auf bevorzugte Behandlung hoffen durfte.

Ein wenig dann doch! Er bekam trotz allem auf dem schmalen Gang an einem Minitisch, abgeschoben, aber gut aufgehoben, sein Mittagessen. Ein vegetarisches! Man wollte ganz offensichtlich keinen Fehler machen! Das passt immer! Ist auch sehr gesund. Nur es schmeckte nicht dem Metzgersohn.

Überhaupt lief auch in den nächsten Tagen bei seinen Mahlzeiten einiges nicht ganz glücklich. Einmal lag auf seinem Frühstücksteller zwar der obligatorische Zettel, auf dem mehrere Wurstsorten und ein Käsesortiment standen, aber nichts davon lag darauf. Kein Scheibchen Wurst und das angekündigte Käsesortiment bestand aus einer Scheibe Gouda, einer kleinen, dafür einer ganzen. Dazu gab es reichlich Marmelade. Am nächsten Tag wurde sein Mittagsessen mit dem eines Diabetikers vertauscht und beim Abendbrot hatte man ihn völlig vergessen. Oder bewusst ausgelassen? Alles ganz normal! Kann vorkommen! Wir sind alle nur Menschen! Vielleicht dachte man sich auch, jede ausgelassene Mahlzeit ist der Gesundheit dienlich. Und um die ist bekanntlich das Pflegepersonal aller Krankenhäuser in Deutschland besorgt.

Peter nahm das alles nicht mit einem lachenden Gesicht, aber zähneknirschend hin. Als es bei den Fehlern aber um seine Gesundheit ging, sah er rot. Griff nicht wie im Film „Ein Mann sieht rot" gleich zum Maschinengewehr, warf aber die Brocken um sich. Man hatte ihm zu früh wieder Blutverdünner auf seinen Medikamentenplan gesetzt, was auch seinen Urin rot werden ließ. Der vorgesehene Entlassungstermin verzögerte sich dadurch um sieben Tage. Nur ein Wöchlein, wie beschwichtigend die Oberschwester meinte. Der Oberarzt machte keine Aussage. Die Infusion, die er darum am nächsten Tag bekam, brauchte für den Durchlauf einen ganzen Morgen. Der Pfleger hatte ihn zu langsam eingestellt. So starrte er stundenlang zur Zimmerdecke wie eine gelangweilte Ehefrau beim Geschlechtsverkehr. Ihm fiel dabei immer wieder ein Satz aus

Molières Theaterstück „Der eingebildete Kranke" ein: Trotz ärztlicher Hilfe blieb ich am Leben.

Als nun die bärbeißige Oberschwester, die mit dem Oberlippenbart, von der anfangs die Rede war, ihn einen Hasenfuß, ein Weichei, ein Muttersöhnchen nannte, das bei jeder Kleinigkeit den Notruf betätige, verlor er die Nerven, packte ihn die nackte Wut und er seine sieben Sachen, sah sein Heil nur noch in der Flucht, die er auch augenblicklich antrat.

Im Freien unterlief ihm nun seinerseits ein Fehler. Er „borgte" sich zu seiner Rettung den Rettungswagen aus, der mit laufendem Motor vor der Eingangstür stand. Die Polizei fing ihn wieder ein, ihn aufzufinden war keine Meisterleistung der Beamten, denn sein Fahrzeug fiel auf. Die Ordnungshüter sorgten für Ordnung. Sie brachten ihn nicht gleich zurück in sein Bett im Krankenhaus, sondern legten ihn erst einmal auf eine Pritsche in einer Zelle. Sie stand leer. Er brauchte auf seinen Einzug nicht zu warten, wohl aber auf sein Mittagessen. Es gab nicht einmal ein vegetarisches. Man lernt doch nie aus. Er sah ein, es kann einem immer noch schlechter gehen als in einem Krankenhaus.

Die Prophezeiung erfüllen

Manchmal kann einem eine zu schlaue Ausrede auch aufs Butterende schlagen.

Frau Wegmann schaut ihren Mann fassungslos an, zeigt auf den Lippenstift an seinem Hemdkragen, das bekannte Indiz für einen Seitensprung, und fragt entsetzt: „Bist du fremdgegangen?"

„Wie kommst du darauf?", will der Erwischte wissen, mimt das Unschuldslamm.

Er sieht an sich herunter, murmelt: „Ich hab der dummen Kuh doch gesagt, sie soll aufpassen."

„Und du, hast du aufgepasst?"

„Und ob! Unser Geld reicht gerade für unser angenehmes Leben, für zwei Urlaube im Jahr und nicht noch für Alimente."

„Du gibst also zu, du hast mit deiner Sekretärin geschlafen! Ein Schäferstündchen am Arbeitsplatz ist doch sehr beliebt bei jedermann und jedfrau, eine willkommene Abwechslung zur tristen Büroarbeit. Hast du dir also auch gedacht und dich in den Chor der Sünder eingereiht."

„Nein, so war das nicht, gesungen haben wir nicht dabei und geschlafen schon gar nicht. Im Gegenteil sie war putzmunter. Und ich auch."

Er schaut sie mit um Verständnis bittenden Blicken an und stellt fest: „Australische Forscher haben herausgefunden, dass Männer, die fremdgehen, früher sterben als die treuen. Sei doch froh, dann bist du mich bald los und kannst von meiner Rente ein angenehmes Witwendasein genießen."

„Will ich gar nicht!", erwidert sie, „und welch ein Schwachsinn! Ein Augenarzt aus Österreich hat herausgefunden, dass Nasenbohrer länger leben, weil sich Bakterien mit dem Finger besser entfernen lassen als mit dem Taschentuch. Muss ich deswegen ein Popler werden? Sie auch noch genüsslich mit Messer und Gabel verspeisen, weil das zusätzlich das Immunsystem stärkt."

Ihr Mann überhört geflissentlich diese herausfordernde Argumentation, setzt sich auf einen Stuhl und sinniert: „Weißt du, warum Männer eher dahinscheiden als Frauen? Sex schwächt sie ungemein, behaupten wenigstens die Gelehrten der University of New South Wales. Ungerecht! Frauen nicht! Wieso eigentlich nicht?"

„Du verstehst nichts von der weiblichen Anatomie."

„Der liebe Gott ist ungerecht."

„Lass bloß den himmlischen Vater aus dem Spiel! Du allein hast alles zu verantworten und nicht der Allmächtige."

„Das stimmt nicht! Es gibt schicksalhafte Vorprogrammierungen. In Europa gehen nach den Dänen, die zu den glücklichsten Menschen unseres Kontinents gehören, wir Deutsche am häufigsten fremd. Ich bin nun mal ein Deutscher. Männer mit dem Sternzeichen „Fisch" führen die Liste der Seitenspringer zudem an. Mein Los, ich bin nun mal auch so ein munteres Tierchen."

Er betrachtet seine Frau tief erschüttert und meint: „Die Vorhersehung meint es nicht gut mit mir. Gar nicht gut! Alle unheilvollen Dinge sind drei. Zu der Vorbestimmung durch die Sterne kommt hinzu – und das ist von Wissenschaftlern der Bundesrepublik erwiesen - dass Männer mit einem Hochschulabschluss und die dann noch über 75.000 € jährlich verdienen, am stärksten zu einem Techtelmechtel neigen. Meine Bestimmung!"

Mit einem treuen, herzerweichenden Dackelaufschlag, konstatiert er: „Du siehst, im Grunde bin ich unschuldig, sitze schicksalhaft gefangen wie eine Fliege im Netz der Spinne, bedingt durch Herkunft und Zugehörigkeit, Ausbildung und Verdienst. Von einem unabwendbaren Schicksal bestimmt!"

Dann hebt er mahnend den Zeigefinger und sagt beschwörend: „Urteile nicht voreilig! Bei den Frauen treiben es die Jungfrauen, natürlich die in diesem Sternbild geboren sind, am wildesten. So steht es im Buch des Lebens."

„Ich werde es aufschlagen! Da kannst du sicher sein! Deine Prophezeiung wird sich erfüllen", meint sie gelassen und mit einem begierlichen Augenaufschlag. „Das verspreche ich dir als ‚Jungfrau'!"

Gewusst wie!

„Herzlichen Glückwunsch! Sie haben gewonnen! Den Hauptpreis! (Was denn sonst?) Sie brauchen nur noch beim Kreuz zu unterschreiben und Ihr Gewinn geht Ihnen in den nächsten Tagen zu. Alles einfach und kostenlos!"

Kostenlos ist gar nichts. Die Zahlungen können sogar zu enormen Summen ansteigen. Einfach ist auch nichts! Sie können sicher sein, Sie haben einen zwielichtigen Vertrag abgeschlossen, vieles versteckt im Kleingedruckten. Und da wieder herauszukommen, ist bestimmt nicht einfach. Wenn gar ein Abbuchungsvertrag unterschrieben wurde, dann Gnade Ihnen Gott. Organisierte Banden kennen keinen Skrupel, keine Gnade, kein Pardon. Der angebliche „Gewinner" bekommt alles Mögliche, nur keinen Gewinn. Vom Hauptpreis fehlt jede Spur. Geliefert dafür aber werden lauter unnützes Zeug, schön teuer, oder Zeitschriften, bergeweise. Die Spezialisten für schnelle Eigentumsübertragung wie Taschendiebe, Straßenräuber und Wohnungseinbrecher sind gar nichts gegen die „Genialbegabten".

Die Abzocke geht auch anders. Berühmt berüchtigt ist dafür die griechische Insel Mykonos. Sie hat auf diesem Gebiet keinen guten Ruf, sonst ist sie atemberaubend.

Die Luft blieb dem Profi-Boxer Ricky H. weg nach dem Genuss eines Kobe-Steaks, das einzigartige Geschmackserlebnis wurde zu einem unvergesslichen Ferienereignis. Seiner Freundin ging es an diesem Urlaubstag gar nicht gut. Sie schickte ihren Liebsten allein fort, wenigstens er sollte eine Kleinigkeit zu sich nehmen. Hunger hatte sie nicht, dafür Durst. Er sollte etwas „Gescheites" mitbringen. Ein Zeichen für noch einen Rest Lebenselixier.

Das Restaurant unweit ihres Appartements war menschenleer. In der Gewissheit, hier geht es schnell, trat der Hungrige ein, denn er wollte seine Angebetete nicht lange warten lassen. Er bestellte ein Kobe-Steak. Dieses japanische Fleisch zerging ihm auf der Zunge. Als er die Rechnung erhielt, verging ihm nachträglich der Appetit. Es wurde mit 920 Euro berechnet. Im Vergleich dazu waren die Getränke, die noch auf dem Bon standen, preiswert, um nicht zu sagen spottbillig. Die Flasche Champagner kostete nur 500 Euro, geradezu geschenkt, der kleine Prosecco mit lächerlichen 110 € war quasi hinterher geworfen.

Der Gute dachte zunächst an einen schlechten Scherz oder einen Kommafehler. Es war keiner. Ein Irrtum lag auch nicht vor. Der Kellner hielt freundlich die Hand auf. Man war in einem vornehmen Lokal! Er lächelte dabei unentwegt. Das verging ihm schnell. Der Profi-Boxer besann sich auf sein Talent, Reaktionsvermögen und seine Stärke und bezahlte mit einem Fausthieb. Als Trinkgeld reichte er noch einen Schlag in die Magengrube nach. Mit der Linken! Noch voller Zorn schleppte er den Verdroschenen zum Geschäftsführer. Dieser versicherte mit dem ehrlichsten Gesicht der Welt, das wären nun mal ihre Preise, die müsse er akzeptieren oder sich vorher informieren. Der über den Hockergezogene, so fühlte sich der nach Strich und Faden Betrogene, verlangte ruhig und höflich, einen Einblick in die Preisliste nehmen zu dürfen.

Die gab es nicht. Der Höfliche wurde unhöflich. Er gab dem Geschäftsführer nach Bud-Spencer-Art rechts und links ein paar Streicheleinheiten. Der fiel über die Theke, verlor kurz die Besinnung. Das alles brachte ihn aber nicht zur Besinnung und er verlangte nach wie vor sein Geld. Der Profi half nach, die Gehirnwindungen zu aktivieren mit ein paar Schlägen auf den Solarplexus.

Seelenruhig setzte er sich dann an seinen Tisch zurück, trank in aller Ruhe sein Glas leer und forderte die beiden Kleinkriminellen auf, die Polizei zu rufen, ihr zu sagen, hier säße ein Zechpreller. Als Beweis, welcher ihn zur Selbstverteidigung genötigt habe, behielt er die Rechnung. Diese werde er den Ordnungshütern zeigen.

Ein paar Schläge auf den Hinterkopf, schöne Veilchen auf beiden Augen, malerische Flecken am ganzen Körper belebten dann doch das Denkvermögen. Keiner griff zum Telefon. Der Chef aber forderte den nicht zahlungswilligen, aber sehr schlagkräftigen Gast auf, unverzüglich das Lokal zu verlassen. Beim Hinausgehen griff er die halbleere Sektflasche für sich und den Prosecco für seine Freundin, versicherte ihnen, er werde ihr Restaurant weiterempfehlen, hier könne man preiswert speisen. Nur, gewusst wie!

Nur ein Rechenexempel

Dr. Weingarten ist Direktor am Erich-Kästner-Gymnasium. Unterrichtsstunden erteilt er nur wenige, Deutsch in der Unterstufe und Philosophie in der Abschlussklasse. In der sechsten erklärte er seinen Schülern die Bedeutung von Begriffen. „Die Hälfte", sagte er, „bezeichnet die exakte Teilung von Dingen oder die genaue Aufteilung von Lebewesen. Sie besagt, dass sich auf beiden Seiten die gleiche Anzahl oder das gleiche Gewicht befindet. Ansonsten spricht man von ‚Mehrheiten' oder ‚Minderheiten'."

Er schaute frustriert in die gelangweilten Gesichter, schüttelte wiederholt seinen Kopf und meinte: „Ich sehe, die meisten, zumindest die größere Hälfte von euch, hat mir gar nicht richtig zugehört oder nichts verstanden." Da erhob sich doch so ein Pimpf und meinte: „Oh doch, Herr Doktor, nur sagen Sie mir welche Hälfte? Wir sind 28 Schüler in dieser Klasse. Meinen Sie die vierzehn auf dieser oder jener Seite? Welche der größeren?" Bevor er irgendetwas sagen konnte, ergriff schnell ein anderer das Wort und meinte: „Herr Direktor, ich bin sogar davon überzeugt, dass 70% das nicht verstanden haben, obwohl wir gar nicht so viele sind. Wir sind doch nur 28 in der Klasse!"

Herrn Weingarten wurde das zu bunt und er trug beide schwarz auf weiß wegen aufmüpfigen Benehmens ins Klassenbuch ein. Er überlegte, hätte er besser schreiben sollen, wegen provozierender Bemerkungen? Das machte er beim nächsten Frechdachs, der stellte ihm sogar ungefragt eine Rechenaufgabe: „Herr Direktor, lösen Sie diesen mathematischen Sachverhalt. Frau Meyer kauft vier Brötchen, das Stück für 35 Cent. Mit ihrem Rollator brauchte sie für den Weg zum Bäcker neun Minuten. Wie schwer ist ihre Tasche?" Dann setzte er mit verschmitztem Lächeln hinzu und sich hin: „Um das zu lösen, muss man kein Mathematiker, sondern ein Philosoph sein", sprach's und grinste. Aber nicht lange. Er bekam nicht nur einen Eintrag wegen zum Aufstand aufrufenden Verhaltens, sondern musste zudem den Klassenraum verlassen und vor der Tür stehen. Die Höchststrafe!

Wie gesagt, Dr. Wiegand Weingarten unterrichtet die Fächer Deutsch und Philosophie, nicht Mathematik. Seine Frau kann besser rechnen. Das bewies sie ihm in aller Kürze. Er teilte ihr per SMS aus der Schule mit, dass er heute später nach Hause kommen werde, weil das Kollegium nach der Versetzungskonferenz noch einen Umtrunk nehmen wolle. Als Chef sei er verpflichtet, dabei zu sein. Danach beabsichtige er mit der neuen Sekretärin, die das Protokoll führen müsse, noch einen Begrüßungstrunk zu nehmen. Auch dazu sei er als Chef verpflichtet. Sie solle nicht auf ihn warten, sie könne sich schon schlafen legen. Er käme voraussichtlich gegen Mitternacht nach Hause. Sie brauche sich keine Sorgen zu machen.

Seine Frau wusste, die Neue, ein 20-Jährige, war eine flotte Biene und ihr Mann, mit sechzig, immer noch ein forscher Jäger, der trotz seines Alters hin und wieder gern wilderte.

Als er auf leisen Sohlen sich ins Haus schlich, fand er sein Mäuschen nicht vor, dafür eine kurze Notiz auf dem Esstisch.

Mein Lieber, ich hoffe, die Jagd war erfolgreich. Ich bin noch mit meinem 20-jährigen Tennislehrer auf die Pirsch gegangen. Du brauchst Dir auch keine Sorgen zu machen, aber ich bin erst gegen Morgen wieder zurück. Ich weiß als Mathematiklehrerin, dass Rechnen nicht Deine Stärke ist. Rechne dennoch! Sechzig steckt nicht so oft in zwanzig wie zwanzig in sechzig. Das ist nun einmal so. Hat auch etwas mit Stärke zu tun!

Sei stark! Lege Dich doch auch sorglos ins Bett!
Bettina

Schade!

Es gibt Seifen für Babys mit zarter, für Erwachsene mit strapazierfähiger und für Senioren mit älterer, faltiger und trockener Haut. Es gibt Shampoos, Reinigungsmittel und Körperseifen, die flüssigen im Nachfüllbeutel, die harten im 6er Pack.

Sie können je nach Größe und Farbe variieren, werden in runder, rechteckiger oder quadratischer Ausführung angeboten, auch in den Farben Weiß, Blau, Gelb, wie es beliebt. Sie haben eins gemeinsam, sie sollen reinigen. Alle!

Der Bio-Mensch kauft Naturseife, der Vegetarier vegane, weil in denen ätherische Pflanzenöle verwendet werden. Bloß keine tierischen Fette an die Haut lassen!

Die Vielfalt des Seifen-Sortiments ist unbegrenzt. Es können Mandel-, Reis- oder Kuhmilch, auch Babussu-, Avocado- und Sanddornfruchtfleischöl verwendet werden. Wem es gefällt, notfalls auch Kakaobutter oder Oliven. Fürs Aroma eignen sich Rosmarin, Minze, reife Orangen und weitere Gewürze.

Alle streicheln die Haut sauber, ihre Düfte sind dennoch gewaltig, wie ein Kirschbaum in voller Blüte, bringen das Lebensgefühl zum Jauchzen.

Es gibt aber auch Seifen, die riechen und schmecken nach Schokolade, Kirsche, Birne oder Aprikose. Man sollte aber nicht zu viel davon essen. Gut ist, wenn sie Vitamin E enthalten. Seife, bei der zur Herstellung Bier statt Wasser verwendet wurde, sollte man nur in flüssiger Form zu sich nehmen. Dann aber ist sie sehr geeignet für die innere Reinigung. Zum Jauchzen und Frohlocken bringt Jannik Jedermann eine ganz andere Seife. Sie ist normalerweise ein Mittel zur Oberflächenreinigung, zum Waschen der Hände, des Körpers, natürlich auch des Pos, meint man.

Jannik Jedermann ging aufs Ganze, sagt sich, Seife, das ist Sauberkunst, und kaufte sich die Jesus-Seife zum Preis von 9,30 Euro. Der Duft hat ein leicht rauchiges Aroma. Er erinnert an den Weihrauch im Gotteshaus. Die Reinigungswirkung ist sehr gut. Egal welchen Dreck man an den Händen hat, sie wäscht alles rein, und das ist das Schöne an ihr, auch die Seele, gleich wie schwer die Sünden sind, die man auf dem Kerbholz hat. Diese Seife schrubbt sie weg.

Mit Grauen denkt Jannik Jedermann an frühere Zeiten. Damals musste man zur Kirche pilgern, sich in den Beichtstuhl zwängen, manchmal quetschen und Hochwürden seine Vergehen in die Ohrmuschel flüstern, leise, damit draußen keiner etwas mitbekam. Es war schon genug, dass die Sünden den Geistlichen im Geiste erregten, besonders die frivolen, erotischen, die man mit wilder Lust begangen hat, seinem Sexualtrieb freien Lauf lassend.

Weg waren auch die schweren, die Todsünden, obwohl man noch quicklebendig war. Oft musste man zur Strafe zehn Vaterunser beten, gar einen kompletten Rosenkranz. Immer noch besser als Höllenqualen zu erdulden. Die Jesus-Seife ist schon ein enormer Fortschritt, denkt Jannik, einfach waschen und der Schmutz ist beseitigt, außen und innen. Noch einfacher geht das nur beim päpstlichen Segen „Urbi et Orbi". Den versäumte unser guter Jannik nie. Einfach sich bekreuzigen und die Seele ist weiß, weiß wie das Kleid der Braut beim Gang zum Altar, zumindest auf dem Hinweg, nicht nach der Feier, nach der Schlacht am Büffet.

Jannik wünscht sich, hätte es dieses Wundermittel im Mittelalter bloß schon gegeben, denkt an die armen Menschen, die zudem noch einen teuren Ablassbrief kaufen mussten, obwohl sie damals vor lauter Arbeit kaum zum Sündigen kamen.

Immer gibt es einen bitteren Tropfen im Kelch. Die Seife verwandelt nicht Wasser in Wein. Schade! Dann wäre sie perfekt!

Polizisten sind auch Menschen

Nicht jeder Verkehrssünder ist ein solcher. Häufig büßt er auch nur für die Sünden des einen oder anderen Staatsdieners. Sehr viele Angestellte auf den Ämtern haben oft über längere Zeit hinweg mit beiden Händen das Geld zum Rathausfenster hinausgeworfen, zumeist verantwortungs- und gedankenlos, bis die Kassen leer waren. Sie machen sich jetzt notgedrungen Gedanken, wie sie sie wieder auffüllen können.

Wen kann man besser melken, wem das Geld leichter aus der Tasche ziehen als den Autofahrern. Die Sache ist einfach, man baut irgendwo eine Radarfalle auf, am besten in einer Dreißiger-Zone. Nicht vor einem Altersheim oder Krankenhaus, einem Kindergarten oder einer Schule, da fahren die meisten ohnehin langsam. Nein, kurz vor dem Ortsausgangsschild, wo das Wohngebiet längst zu Ende ist und der Fahrer in Gedanken sich schon auf der Landstraße befindet, auf der er hundert fahren darf. Hier schnappt die Falle so richtig zu, hier lässt sich mit dem Blitzer beim Flitzer viel Geld verdienen, kann man ihn ordentlich zur Kasse bitten. Abzocke? Quatsch! Es geschieht alles zum Schutz der Allgemeinheit! Der braven Bürger!

Da nutzte es einem solchen auch nichts, dass er der Behörde mitteilte: Ich beziehe mich auf das im Gesetz verankerte Recht am eigenen Bild. Darum entziehe ich allen Aufstellern von Radarfallen die Erlaubnis, mein Foto zu nutzen, bzw. zu versenden.

Die Polizeibeamten auf der Straße wissen auch, wo sich erfolgreich Geld in großen Mengen abkassieren lässt: in einer Spielstraße. Die es nicht gibt!

Weder für kleine Kinder noch für alte Leute sollte eine Straße ein Spielplatz sein. Das Verkehrszeichen 325.1 auf dem

Groß und Klein mit dem Ball spielen, suggeriert das, heißt aber offiziell „verkehrsberuhigter Bereich". Erlaubt ist, als Fußgänger die Straße zu benutzen. Vorgeschrieben ist Schrittgeschwindigkeit. Wie viel km/h? Das wird im Gesetz nicht definiert! Die Gerichte haben unterschiedliche Meinungen dazu. Wir gehen ja auch alle unterschiedlich schnell.

Wachtmeister Manfred Minter hat seine! Er sagt zu seiner Kollegin an einem Vormittag: „Heute tun wir etwas für unsere Beförderung. Wir stellen uns am Ende einer Spielstraße auf, hinter einer Hecke natürlich. Wenn einer kommt, stürmen wir los und halten ihn an, jeden, denn wer fährt schon Schrittgeschwindigkeit, dann müsste er - seinen Wagen schiebend - uns entgegenkommen. So sammeln wir viele Knöllchen. Jedes bringt Pluspunkte, um die Dienstleiter hinaufzufallen."

Am Nachmittag verfolgt er mit seiner Kollegin einen wirklichen Verkehrssünder. Er ist zu schnell in der geschlossenen Ortschaft. Nicht viel! Aber es reicht, um ihn anzuhalten und zu verwarnen. Ganz offensichtlich bemerkt der Fahrer plötzlich die Ordnungshüter hinter sich. Was macht er? Er verlangsamt nicht seine Fahrt wie alle, die „Bullen" hinter sich entdecken, nein, im Gegenteil, er fährt schneller und schneller. An der nächsten Ausbuchtung hält die Kollegin die Kelle aus dem Fenster und gibt ihm ein Zeichen anzuhalten. Er tut es.

Der Gestoppte steigt aus seinem Fahrzeug, betrachtet den Polizeibeamten von oben bis unten, schüttelt immer wieder seinen Kopf und stottert: „Ich habe mich geirrt. Entschuldigung!" Dann erklärt er: „Ein Kollege von Ihnen ist vor einiger Zeit mit meiner Frau durchgebrannt. Sie hat so lange blonde Haare wie Ihre Kollegin. Mehr konnte ich im Rückspiegel nicht erkennen. Ich habe befürchtet, er bringt sie mir wieder zurück. Darum die Reaktion: Schleunigst beschleunigen."

Manfred Minter ist seine Beförderung auf einmal so etwas von egal. Er drückt beide Augen zu. „Man wäre doch ein Unmensch", sagt er sich, „wenn man das nicht verstehen würde." Polizisten sind auch Menschen!

Viele unnötige Fragen

„Ihr Gatte liegt nach dem Unfall im Krankenhaus. Die technischen Angaben Ihres Fahrzuges habe ich wie Ihre Versicherungsdaten. Ich habe noch ein paar Fragen an Sie als Zeugin."

„Ich stehe Ihnen gern zur Verfügung, Herr Wachtmeister."
„So habe ich das nicht gemeint."
„Ich auch nicht."
„Ihr Alter?"
„Sie sagten es doch gerade. Er liegt im Krankenhaus."
„Ich meinte Ihren Geburtstag?"
„Der ist am 1. September! Ich bin Jungfrau."
„Schön für Sie, weniger für Ihren Mann. Ich meine, in welchem Jahr?"
„In jedem!"
„Ich spreche von Ihrem Geburtsjahr."
„Warum sagen Sie das nicht gleich? 1981!"
„Oh, dann runden Sie ja noch in diesem!"
„Bemerkungen zu meiner Figur verbitte ich mir."
„Ich hatte das anders gemeint. Also zum Hergang des Unfalls. Ein Häschen ist auf die Fahrbahn gelaufen."

„Falsch, es war ein ausgewachsener Hase, ein Langohr wie er im Buche steht, der sich wie eine dumme Kuh verhalten hat. Ohne sich abzusichern, ohne nach rechts und links zu sehen, was schon Kinder lernen, ist er schnurstracks aus dem Wald auf die Straße gerannt."

„Tiere sind nun mal keine Verkehrsteilnehmer und haben kein korrektes Verhalten im Straßenverkehr gelernt."

„Keine Verkehrsteilnehmer? Was war er denn, als er plötzlich auf der Fahrbahn stand?"

„Weiter! Der Airbag Ihres Mannes ist nicht aufgegangen, darum ist sein Brustkorb eingedrückt worden. Zusätzlich hat er sich an seinen Extremitäten verletzt."

„An was?"

„An seinen Extremitäten."

„Nein, Sex haben wir nicht gehabt, nicht die leichteste Berührung."

„Ich meine an Armen und Beinen."

„Warum benutzen Sie dann ein solch hässliches Wort? Sie würden doch auch nicht zu Ihrer Frau sagen, wenn Sie ihr zärtlich die Hände streicheln, lass mich deine Extremitäten küssen. Ich habe gedacht, Sie haben gemeint, er hätte meine Brüste berührt."

Sie schaut den Polizeibeamten eine Weile an und flüstert dann: „Ich habe auf einer das Gesicht meines ersten Liebhabers tätowiert. Das wird im Laufe der Zeit immer länger. Aber das meines Mannes wäre in diesen Schreckminuten noch länger geworden."

„Gnädige Frau, das gehört nicht hierher."

„Wenn Sie meinen. Entspricht aber den Tatsachen."

„Also, der Rammler ist unversehrt im Dickicht verschwunden, hat sich davon gemacht, nicht aber der Baum, der Ihnen dann im Wege stand."

„Mein Mann?"

„Nein, der Hase!"

„Genau so war es!"

„Jetzt kommen wir zur Frage der Schadensregulierung. Wildschäden werden von der Teilkaskoversicherung übernommen. Die Schäden am Auto wie Haare, Blutspuren sollten nicht beseitigt werden, bis ein Gutachten erstellt ist."

„Das haben wir auch nicht."

„Konnten Sie auch gar nicht, denn zu einer Berührung mit Meister Lampe ist es nicht gekommen, weil dieser sich meisterlich aus dem Staub gemacht hat. Wenn der Fahrer dem Tier ausweicht und das Auto dadurch zu Schaden kommt, übernimmt die Versicherung auch diesen."

„Na, sehen Sie! Geht doch!"

„Ja, aber nur soweit es sich um größeres Wild wie Rehe, Hirsche oder Wildscheine handelt. Kleintiere wie Hasen, Kaninchen, Igel sind davon ausgenommen. In diesem Fall bleibt der Fahrer auf seinen Kosten sitzen."

„Sie meinen, wir gehen leer aus?"

„So ist es! Im Nachhinein hätte ich mir die ganze Arbeit sparen können. Darum entschuldigen Sie vielmals die vielen unnötigen Fragen."

„Keine Ursache, ich bin daran gewöhnt, ich bin Kindergärtnerin."

Kein Gerichtsirrtum

„Onkel Wilhelm, du fährst doch in die Stadt, könntest du mich mitnehmen?", fragte ihn sein Neffe Theo. Wer sagt da schon nein? Erbittet ein betrunkener Fremder eine solche Gefälligkeit, sollte man stets Vorsicht walten lassen, bei einem 19-jährigen Verwandten dagegen ist sie doch eine Selbstverständlichkeit.

War es auch für den herzensguten Bruder des Vaters. Wer rechnete damit, dass eine solche gute Tat einen einmal 2.000 € kosten würde. Noch wenn man den fast Erwachsenen hinter sich Platz nehmen lässt, auf dem sichersten Sitz im Auto, und ihn dazu anweist, sich anzuschnallen. Wer ahnt in einem solchen Moment, dass es besser gewesen wäre, ihn zu fesseln und zu knebeln.

Jedenfalls der Onkel fuhr mit den Spätpubertierenden alle Verkehrsregeln beachtend gen City. Er war stolz auf sich, denn er hatte noch nie ein Strafmandat, auch nicht wegen Falschparkens erhalten. Die Fahrt verlief ruhig, ohne besondere Vorkommnisse. Nur das dauernde Treten gegen seine Rückenlehne störte ihn bei der Konzentration auf den Verkehr.

Abrupt, von jetzt auf gleich, hörten die Stöße auf. Sie waren weg! Im Fahrzeug herrschte Totenstille. Der gute Wilhelm blickte in den Rückspiegel. Auch sein Neffe war weg! Er war verschwunden, einfach nicht mehr da. So schnell er konnte, fuhr er an den Straßenrand, schaute nichts Gutes ahnend, sich um. Er hatte sich nicht getäuscht. Der Platz hinter ihm war leer.

Er stieg aus, sah seinen Neffen circa hundert Meter entfernt auf der Fahrbahn liegen. Andere Fahrzeuge waren ihm ausgewichen. Es glich einem Wunder, dass er nicht überfahren worden war. Glück im Unglück hatte er. Unfassbares! Wie sich später herausstellte, hatte sein Neffe das Fenster heruntergekurbelt, sich abgeschnallt und dann, nach frischer Luft schnappend, soweit hinausgelehnt, dass er das Gleichgewicht verlor und hinauspurzelte. Was er auf der Fahrbahn gesucht hatte, konnte er später nicht mehr sagen. Das Gericht stellte fest, „ein derartiger Unfall ist ungewöhnlich und demnach nicht unbedingt zu erwarten". Wohl gemerkt es handelte sich hier nicht um ein Kleinkind, sondern um ein gestandenes Mannsbild.

Werter Leser, Sie denken bestimmt, der Onkel, von dem der Neffe Schmerzensgeld verlangte, wurde freigesprochen. Das sagt Ihnen Ihr gesunder Menschenverstand auch, dass bei dem Ausstieg aus einem fahrenden Fahrzeug aus der Höhe, ohne die Tür zu öffnen, der Betroffene Verletzungen abbekommt. Vielleicht denken Sie sogar, es geschieht dem Bengel recht, der dem Hilfsbereiten einen solchen Schrecken einjagte, dass er einige Prellungen und Abschürfungen erlitt. Noch weniger bedauern Sie bestimmt, dass er sich eine Gehirnerschütterung und traumatische Erlebnisse zuzog, da er sich das alles selbst eingebrockt hatte. Der leichte Hörschaden ist zudem für ihn eine stete Erinnerung, sich dankbar und brav zu verhalten, wenn ihm schon ein Gefallen erwiesen wird. Das sollte er sich für immer und ewig hinter seine Ohren schreiben. Dick!

Wie heißt es doch: „Vor Gericht und auf hoher See ist man stets in Gottes Hand". Und Gottes Wege sind unergründlich, die des Gerichtes oft auch.

Es verurteilte den Onkel für seine gute Tat nach §§ 823, 847 BGB, 1Abs. 2,23 Abs. 1 StVO, 254 BGB zur Zahlung von 2.000 € Schmerzensgeld. Kein Scherz!

Warnwesten sind unverzichtbar

Früher verunfallten viele Straßenarbeiter, weil sie von Verkehrsteilnehmern zu spät gesehen wurden. Darum sind Warnwesten auf Baustellen jeglicher Art jetzt gesetzlich vorgeschrieben, ob beim Straßen-, Brücken- oder Tunnelbau. Durch das fluoreszierende Material der gelb, orange oder rot reflektierenden Streifen ist die Erkennbarkeit von Personen garantiert. Sagt der Hersteller, hoffen die Betroffenen.

Ein Fabrikant sagte sich, was für den Mensch gut ist, müsste auch für Tiere taugen. Es ist bekannt, dass schon so mancher ortskundiger Hase orientierungslos auf die Fahrbahn gelaufen und am Stoßfänger eines Fahrzeuges ums Leben gekommen ist. Zwar gelang es dem einen oder anderen Rehlein diesem Schicksal zu entgehen, weil es rechtzeitig seine Beine unter den Arm genommen hat. Aber andere waren nicht so fix.

Da man nicht alles Wild mit Warnwesten ausrüsten kann, sagte sich der Hersteller Omlet, der Name ist nicht erfunden, so heißt die Firma wirklich, fangen wir erst einmal mit den Hühnern an. Es gibt neben Warnwesten auch Warnjacken und Warnhosen. Die Firmenleitung erkannte schnell, dass Jacken und Hosen für die Eierleger nicht vonnöten sind und beschränkte sich darum auf die Herstellung der ärmellosen Oberteile. Sie waren auch erhältlich in den Ausführungen klein, groß und Einheitsgröße. Die Entscheidung war nicht schwer. Man entschied sich für die letztere. Ohne lange zu überlegen. Einfach so! Die Verantwortlichen lagen damit im Trend der Zeit, denn der Konsument bevorzugt bei seinem Einkauf Eier von freilaufenden Hühnern.

Bauer Karl Kleinvieh, auch das ist sein richtiger Name, legte großen Wert darauf, dass sich sein Federvieh frei bewegen konnte. So manches seiner Hühner, sie lassen sich nun mal nicht dressieren, halten sich auch an keine Stallordnung, darum sagt man ja auch als Schimpfwort „du dummes Huhn", ist dem Gatter entfleucht, auf die Straße gelaufen und bis zur Unkenntlichkeit platt gewalzt worden, taugte nicht mal mehr zum Bio-Burger.

Der clevere Bio-Bauer erwarb von der Firma Omlet Hühnerwarnwesten. Er hatte Westen richtig geschrieben, mit t nicht mit p. Für kleines Geld, für seine Kleinen, das Stück für nur 15 Euro! Bauern sind sparsam und können mit Geld umgehen, die müssen bekanntlich hart dafür arbeiten und erwarb sie gleich im Doppelpack, jetzt kostete der Garant fürs Überleben nur 14,99 €. Die Teile saßen gut, schränkten die Tiere kaum in ihrem Alltagsgeschäft ein. Die Hähne waren in den ersten Tagen etwas skeptisch, haben sich aber auch daran sehr schnell gewöhnt.

Sie schränkten die Hühner nicht ein, stimmt, denn sie liefen weiterhin auf die Straße. Sie warnten Autofahrer, stimmt nicht. Sie wurden nach wie vor von Stoßstangen und Auspuffrohren erfasst, von Vorder- oder Hinterreifen geplättet.

Bauer Kleinvieh mag seitdem kein Omelett mehr und will die Firma mit diesem Namen verklagen. Das Urteil steht noch aus. Es ist abzuwarten, ob er nur dumme Hühner hat oder selbst der Dumme ist.

Zum Fressen gern

Mir ergeht es oft so, ich rede manchmal mit mir selbst und dann lachen wir beide. Dabei beschwere ich mich darüber, dass Minderheiten die Mehrheiten immer mehr ausgrenzen. Darüber kann man meiner Meinung nach nur lachen oder doch eher heulen? Was uns die Mediengötter da vorsetzen, zeugt oft nicht von der Erleuchtung des Heiligen Geistes. Wer die Fernsehberichterstattungen verfolgt, möchte vor Scham in den Boden versinken, schämt sich, dass er nicht schwul oder lesbisch ist oder wenigstens bisexuell. Schon die alten Griechen wussten, was gut ist. Sie verkehrten am liebsten mit Knaben.

Und doch gibt es heute immer noch Männer und Frauen, die einander lieben, und zwar der Mann die Frau und die Frau den Mann. Unglaublich! Sie gehören den eingeräumten Sendezeiten nach einer verschwindend geringen Minderheit an. Rückständige Exoten! Oder hat man über Sie, wenn Sie dann zu diesen gehören, schon einmal stundenlang berichtet? Oder über Ihren Bruder oder Ihre Schwester oder sonst wen, den Sie kennen! Einen langweiligen Monogamen, den es auch in der Welt der Affen geben soll!

Der neueste Trend ist der Vormarsch von Vegetariern und Veganern. Erfolgsmeldungen häufen sich in den Medien: Immer mehr Deutsche essen weniger Fleisch! Die Bundesbürger verzichten häufiger auf Wurst. Gott sei Dank! Sie ernähren sich jetzt bewusst bewusster. Könnte es sein, dass Fleisch auch hochwertige Nährstoffe wie Proteine und Eisen, Zink und Selen enthält, „wichtig für den Erhalt unseres Körpers" (Gesundheitslexikon)? Gar gesund ist? Undenkbar! Entschuldigung! Ein hirnloser Anflug von Irrungen und Wirrungen.

Neulich gab es bei uns Kartoffelsalat ohne Fleischwurst, nur mit Kartoffeln. Darum heißt er auch so. Ein paar Scheiben Gurken und Tomaten aus dem Bioanbau durften dabei sein. Mit einem kleinen Löffel Joghurt „verfeinert" und einer Prise Salz und Pfeffer war er essbar. Eine Beschwerde wäre geschmacklos gewesen. Man bekam ihn, wenn man sich Mühe gab, herunter ohne bei jedem Happen würgen zu müssen. In Chorgesängen und Lobeshymnen für meine Frau, eine eingefleischte Vegetarierin, sind mein Freund und ich nicht ausgebrochen. Der durfte auch an diesem feudalen Mahl teilhaben.

Wer von der Familie und den Gästen, das waren mein Freund und seine Frau, partout darauf bestand, bekam auch ein Bockwürstchen, ein kleines. Wer nur ein halbes bestellte, zauberte ein Lächeln in das Gesicht der Köchin, meiner Liebsten. Ich bat um ein halbes, aber die größere Hälfte.

Mein Freund, der dies alles mit Argusaugen beobachtete, fragte mich unverblümt mit einem Hauch von Unverschämtheit: „Wirst du von deiner Frau dominiert?"

„Nein, wird er nicht!", war ihre kurze und klare Antwort. Sie servierte mir das Essen mit einem Gesicht wie sieben Tage Regenwetter.

Und jetzt kam es. Mein Freund hatte es doch tatsächlich gewagt, ein ganzes Würstchen zu ordern, quasi eine Extra-Wurst verlangt. Da hatten wir den Salat. Wir beide mussten unser Mahl, ein Drei-Gänge-Menü, denn wir bekamen tatsächlich noch Senf dazu, draußen am Stehtisch essen, in der Ecke, in der unsere abendlichen Besucher ihre Zigaretten rauchen dürfen. Wir pflanzten uns dort brav und folgsam wie Schuljungen auf, die in der Ecke stehen müssen, weil sie dem Lehrer die Zunge herausgestreckt oder sich sonst wie daneben benommen haben. Das hatten wir denn ja auch, besonders mein Freund. Ich mit meinem halben Würstchen hatte wenigstens ein bisschen Einsicht gezeigt. Kein Fall von Dominanz! Ganz sicher nicht! Wir hatten uns aber demonstrativ ein Glas Wasser aus dem Hahn mitgenommen. Aus dem Hahn!

Es stimmt! Manchmal rede ich mit mir selber, damit ich etwas zu lachen habe, das ist mir bei mancher vegetarischer Zurichtung, Verzeihung Zubereitung vergangen. Darum habe ich alle Vegetarier, auch meine Frau, zum Fressen gern.

In dem Biergarten, in dem wir freiwillig ein vegetarisches Gericht zu uns nahmen, nämlich ein kaltes Schaumsüppchen aus Hopfen und Malz, serviert auf einem Bierdeckel, fragte ich meinen Freund: „Kennst du den Unterschied zwischen Vegetariern und Veganern?" Er antwortete ohne auch nur eine Sekunde zu überlegen: „Für mich gibt es keinen. Ich mag sie beide nicht. Sie sind für mich wie ihr Essen. Einfach ungenießbar!"

Besser als nichts

Essen, im Juli 2015

Liebe Mutti,

Du wunderst Dich vielleicht, dass Du von mir aus dem schönen Florida einen langen Brief erhältst. Aber ich habe dir mehr zu berichten als auf eine Postkarte passen würde. Du glaubst gar nicht, wie entspannend und erholsam alles ist, besonders weil die neunmalklugen Sprüche meines Willis mir jetzt nicht auf den Geist gehen. Unser gemeinsamer Urlaub ist nämlich ins Wasser gefallen. Willi sitzt zu Hause im strömenden Regen und ich hier in der wärmenden Sonne. Eine dumme Antwort raubt ihm dafür die letzten Nerven, quält ihn vier Wochen lang, denn ihm wurde eine Lehrstunde erteilt.

Du kennst ja meinen Mann, zu allem muss er seinen Senf dazugeben, mit spitzer Zunge nicht gerade kluge Fragen beantworten. Neulich war ich mit ihm in der Stadt und danach heilfroh, dass wir unversehrt zu Hause angekommen sind.

Im Kaufhaus standen wir vor einem Fahrstuhl. Ein älterer Herr fragte ihn: „Warten Sie auf den Aufzug?"

„Nein, ich hoffe, die vierte Etage kommt herunter", war seine nicht gerade freundliche Antwort.

An der Fleischtheke wollte eine Seniorin wissen: „Ist dies das Ende der Schlange?"

Seine hilfreiche Auskunft: „Nein, der Anfang! Wir stehen alle falsch herum. Wir drehen uns gleich um, dann stehen Sie ganz vorn."

Ich war froh, dass wir auf dem Markt nur noch ein paar Eier kaufen mussten. Du weißt, ich nehme immer die frischen vom Bauern Kattewitz. Was dort geschah, hätte beinahe zu einer Schlägerei geführt. Ein junger Mann, kräftig und gut gebaut, fragte die Bäuerin: „Sind die Eier frisch?" Natürlich eine dumme Frage und ich hoffte, Willi hält sich daraus. Er konnte aber wieder einmal seine große Klappe nicht halten. Er klopfte dem Mann auf die Schulter und sagte: „Natürlich nicht! Hier gibt es die gereiften, gut abgehangen wie drei Monate alte Salami."

Ich dachte, es reicht und er missbraucht nicht weiterhin sein vorlautes Mundwerk. Nein, er setzte noch einen oben drauf. „Manche sind zwei Jahre alt, wie guter schottischer Whisky. Die frischen Eier verkauft man nebenan."

Wenn nicht der gutmütige Kattewitz eingegriffen hätte, läge er bestimmt im Krankenhaus.

Liebe Mutti, wie gesagt, ich war froh, mit meinem nicht beschädigten Willi wieder daheim zu sein. Aber hier benimmt er sich auch nicht viel besser. Als ein Versicherungsvertreter mit uns etwas besprochen hatte, dieser zwischendurch fragte: „Haben Sie eine Toilette?", erwiderte mein Guter: „Nein, wir erledigen unser Geschäft immer im Garten. Das ist auch viel gesünder und erfreut die Nachbarn." Als er wichtige Daten in sein Notebook tippte, zugegeben langsam, schlug Willi ihm gönnerhaft auf die Schulter und meinte: „Ach, Sie tippen alles nach dem Adlersuchsystem, mit dem Zeigefinger."

Du hast es selbst diverse Male erlebt. Mein Liebster ist nicht artig, eher unartig, um nicht zu sagen manchmal bösartig.

Also zurück zu meinem erholsamen Urlaub in Florida. Wir waren also mit dem Gepäck am Flughafen Frankfurt, hielten unsere Reiseunterlagen in der Hand, da fragte ihn ein Bediensteter: „Was beabsichtigen Sie in Florida zu machen?" Gewiss eine dumme Frage und sicher geht ihn das überhaupt nichts an. Ich bete zum Allmächtigen, er solle seine Macht gebrauchen und meinem Mann einen Funken Verstand geben. Er hat mein Flehen nicht erhört. Vielleicht habe ich zu leise gebetet oder er ist in seinem hohen Alter etwas schwerhörig. Jedenfalls antwortete mein Willi: „Wir wollen einen bombigen Urlaub verbringen." Mir fiel die peinliche Situation beim Bauern Kattewitz ein. Der Düpierte hier antwortete nicht mit Schlägen, nein, er blieb seelenruhig, reichte meinem Mann die Unterlagen zurück, verweigerte ihm das Besteigen des Flugzeuges und lachte ihm frech ins Gesicht: „Bomben dulden wir nicht an Bord eines Langstreckenfluges." Mein Konsternierter versuchte zu retten, was noch zu retten war. Vergeblich! Zum ersten Mal sah ich den Dummschwätzer sprachlos.

Der Flughafenangestellte bot mir aber an, ich dürfte in den Flieger einsteigen. Ich habe nicht einen Moment gezögert, meinen Koffer aufs Band gestellt, das Ticket geschnappt und dem Erstaunten, Entsetzten, Entgeisterten einen Abschiedskuss gegeben. Er stammelte nur: „Du wirst doch nicht!" Ich drehte mich frohgemut um und sagte nur: „Ich werde!" Zum Abschied winkte ich ihm noch einmal mit der Bordkarte zu.

Und jetzt kommt's. Aus einem Telefongespräch mit ihm habe ich erfahren, dass Willi den vierwöchigen Urlaub rückgängig machen und sich die freien Tage für später aufheben wollte. Für einen gemeinsamen Urlaub! Sein Chef verweigerte ihm dies, mit der Begründung, er habe für diese Zeit einen Ersatzmann eingestellt. Doch er tröstete ihn aufmunternd, daheim sei es doch auch bombig und er könne jeden Tag an seine Frau denken. Das wäre doch auch sehr schön. Besser als nichts!

Alles relativ

Besonders im Frühjahr setzen Allergikern Pollen zu. Es kommt zu Niesattacken. Früher glaubte man, sie seien Vorboten der Pest und durch sie können die Augen herausfallen. So weit ist es aber bei einer 63-Jährigen nicht gekommen.

Jedoch hat sich bei den oft 5- oder 10-minütigen Anfällen wie bei allen anderen Leidensgenossinnen auch bei ihr das Gaumensegel geschlossen, haben sich Bauch und Brustkorb zusammengezogen. Die Augen sind nicht aus dem Kopf geplumpst, haben sich aber instinktiv geschlossen. Nicht gerade ein Vorteil, wenn man mit 60 km/h unterwegs ist, kann eher verheerende Folgen haben. Hatte es auch!

Herr Wohlfromm lamentierte gerade am Küchentisch über das Frühstücksei, das ihm seine Frau liebevoll zubereitet hatte: „Ich habe es dir schon tausend Mal gesagt, du musst das Ei ins siedende Wasser legen und auf niedriger Stufe fünf Minuten kochen. Dann ist es gut, butterweich."

Da traf ihn ein harter Schlag, ein ohrenbetäubender Lärm bereicherte seine Belehrungen, erfüllte den ganzen Raum. Frau Kleinschmidt war unangemeldet in ihr Wohnzimmer eingedrungen. Nicht allein! Mit ihrem fahrbaren Untersatz! Ihr Elektrofahrzeug, das sich völlig geräuschlos fortbewegt, war so durch den gepflegten Vorgarten des Einfamilienhauses gefahren, dann aber mit lautem Gepolter durch die Fensterfront gedonnert.

Der Osnabrücker Polizeisprecher sprach von keinem größeren Schaden. Alles ist relativ. Gut, zum Glück war das Ei hart gekocht, ein weiches hätte mehr Schaden angerichtet, ein flüssiger Dotter hätte sich unweigerlich über Hemd und Hose des Hausherrn verbreitet und sie gelb dekoriert. Freundlich begrüßt hat dieser den ungebetenen Gast nicht, lud ihn schon gar nicht zum gemeinsamen gemütlichen Frühstück ein. Das ist sicher! Sicher ist auch, dass die Bergung des nicht mehr

fahrtüchtigen Untersatzes durch einen Kranwagen einige Umstände bereitet hat, so steht es zumindest im polizeilichen Unfallbericht. Das Mauerwerk musste abgestützt werden, weil das Haus ansonsten vermutlich eingestürzt wäre. Es war zudem nicht sehr einfach, das Fahrzeug aus dem Wohnzimmer zu ziehen, ohne dort ein größeres Chaos anzurichten.

Als das Auto wieder auf der Fahrbahn stand, von der es vorübergehend abgekommen war, wäre es der Bezeichnung „ganz ansehnlich" noch gerecht geworden. Das Wohnzimmer dagegen nicht, glich eher einem Schlachtfeld. Bilder waren von der Wand gefallen, Geschirr zu Bruch gegangen, das Klavier unbespielbar geworden. Wenn man es so sehen will, ist kein größerer Schaden entstanden. Alles ist immer relativ. Ein Erdbeben auf der Richterskala 10 hinterlässt eine größere Verwüstung.

Herr und Frau Wohlfromm waren sich jetzt in einem einig: sie waren beide missgestimmt, gelinde ausgedrückt. Es ist zu vermuten, dass die Konsistenz des Eies jetzt nur noch eine untergeordnete Rolle spielte. Wie wichtig eine Sache ist, ist - wie gesagt - eben immer relativ. Alle sind schließlich unbeschadet davongekommen, bis auf das Ei, ach ja, und das Haus.

Ein Mann fürs Leben

Im antiken Griechenland zierte die Sandalen der Prostituierten ein Relief auf der Sohle, so dass mit jedem Schritt die Wörter: „Folge mir!" in den sandigen Boden getreten wurden.

Im Venedig des 16. Jahrhunderts unterstützten Behörden diese Signoras mit einer Brücke, wo sie stehen konnten und ihre Brüste den potenziellen Kunden zeigen durften.

Christiane Schöne gehört nicht zu den Damen des horizontalen Gewerbes. Sie ist eine anständige Frau, schön, intelligent und lebensfroh. Einer Beziehung war sie auch nie abgeneigt. In ihrem Lebenswandel entsprach sie im Großen und Ganzen den Studien der Sexualforscher. Danach küsst die durchschnittliche Frau fünfzehn Männer. Ob es bei ihr fünfzehn waren, weiß sie nicht genau, hat nicht mitgezählt. Ein gestandenes Weibsbild hat zwei lange Beziehungen. Das trifft auf sie zu. Eine mit Johannes, einem verheirateten Mann, einem lustigen Tunichtgut und eine mit Edwin, einem biederen Prokuristen. Beide Verhältnisse dauerten fünf und sechs Jahre. Mit beiden hatte sie eine schöne Zeit, mit dem letzteren sogar einen gemeinsamen Freundeskreis.

Am Ende dieser Beziehungen stand auch bei ihr, wie die Wissenschaftler herausgefunden haben, ein gebrochenes Herz, weil der erste sich letztlich für seine Frau entschied, der letztere fremdgegangen ist. Besser bekannt! Er hat es mit ihrer Freundin getrieben und nicht nur einmal. Wie in den Studien herausgefunden wurde, hat die durchschnittliche Frau vier one-night-stands. Sie hatte nur zwei, einen mit ihrem Chef im Anschluss einer Betriebsfeier und einen mit einem Zirkusclown direkt nach der Aufführung. Laut Studie trifft die Frau dann den Mann ihres Lebens.

Studien stimmen manchmal. Genau so war es bei Christiane. Auf der oben erwähnten Brücke, der Ponte delle Tette, die auf Deutsch „Brücke der Brüste" heißt, und noch heute existiert, kam es zur schicksalhaften Begegnung. Es war Sommer, es war heiß. Die Mädchen und Damen in ihrer lockeren Bekleidung ließen es den Männern noch heißer werden, auf dieser weltbekannten Brücke. Christiane sah auch sehr sexy aus. Sie trug eine dünne Bluse ohne BH darunter und ein kurzes Röckchen mit etwas darunter. Leicht bekleidet kann man nicht sagen, eher den ungewöhnlich hohen Temperaturen angemessen.

Sie schwitzte dennoch. Von der schweißbedeckten Nase rutschte ihre Sonnenbrille und fiel zu Boden. Wo sollte sie denn auch sonst hinfallen?! Gentlemen gibt es heute noch. Ein junger Mann, ebenfalls luftig bekleidet mit einer Lederhose, war zur Stelle, hob sie auf und reichte sie ihr.

Und dann war er da, dieser magische Moment: Liebe auf den ersten Blick, keine Augenkrankheit, nein, amore a prima vista. Das Gefühl, ich war noch nie so verliebt.

Die Lagunenstadt ist die Stadt der Romantik. Sie durchqverten diese kreuz und quer. Auf dem Markusplatz dachten sie weniger an den Apostel Markus, mehr an zärtliche Berührungen. Sie warfen sich liebevolle Blicke zu. Einen Blick auf die Seufzerbrücke machten sie von dem gegenüberliegenden Steg und seufzten schwer, sich der Mächtigkeit ihres Schicksalsschlages bewusst. Den Kaffee am Canal Grande erlebten sie dann unbeschwert. Während der Gondelfahrt, die für alle Liebenden Pflicht ist, kam es zu den ersten Küssen, erst zärtlichen, dann dem Wetter entsprechend.

In diesem Augenblick wusste Christiane, ihr Leben entsprach jetzt voll und ganz der Studie. Der letzte Schritt war getan. Der Neue war weder verheiratet noch Prokurist, ein bayrischer Beamter im mittleren Dienst mit Aufstiegschancen. Ein Mann fürs Leben eben!

A Kölsch is sauguad

Sepp hat allen Mut zusammengenommen und sich über die Mainlinie getraut. Er wollte den weltberühmten Kölner Dom besichtigen.
Mit der Mentalität der Norddeutschen, für ihn sind alle Bundesbürger außerhalb Bayerns „Preußen", musste er sich erst noch vertraut machen. Es waren für ihn recht merkwürdige Wesen, die kein Helles kannten und keine Haxe, sondern einen halven Hahn über alles schätzten. Zudem war die Verständigung mit ihnen nicht gerade einfach. Bei den ersten Begegnungen jenseits des Mainäquators in Hessen lernte er, dass man hier Kürzel verwendet. So sagte man für: „Entschuldigung, ich habe das, was Sie gerade gesagt haben, rein akustisch nicht verstanden. Können Sie das bitte noch einmal wiederholen?" Kurz und knapp: „Hää?" Gesprochen mit weit aufgerissenem Mund.

Im Ruhrgebiet sprach man mit einem besonderen Kauderwelsch zueinander, das ihm die Haare zu Berge stehen ließ. Diese Zweibeiner bildeten Sätze aus „hamsamsam und hattatta". Da sagte der einer zu dem anderen: „Ham Se am Samstag dat Fußballspiel gesehen? Hat tat ta geregnet."

Der Höhepunkt aber war die Dombesichtigung in Köln. Dieses Weltkulturerbe gleicht einer Symphonie aus 300.000 Tonnen Stein und 10.000 Quadratmetern Glas. Hier wurde eine Vision Wirklichkeit. Die steinernen Wände lösen sich im Licht auf und die Türme verschmelzen mit dem Himmel. Den Grundstein legte im Jahr 1248 Konrad von Hochstaden, Erzbischof von Köln. Aber erst 1880 wird der „Wunderbau" vollendet. Sepp war benommen von der überirdischen Welt aus

Licht und Schönheit. Tief ergriffen stand er vor dem Schrein mit den Reliquien der Heiligen Drei Könige, eine Begegnung, die ihm Segen für sein ganzes Leben versprach.

Kurz bevor die Tore der Kathedrale sich schlossen, wurde über Lautsprecher dazu aufgerufen:

„In e paar Minute weed d'r Dom avjeschlosse. Sit esu jot un joht jetz nohm Usjang. Schön, dat ehr do wort - und kutt baal widder."

Das brachte den an sprachliches Unvermögen der Preußen Gewöhnte aus seiner friedvollen Stimmung denn doch auf die Palme, obwohl keine da war, und er stellte einen Aufseher zur Rede: „Was will man von mir? Was wurde gesagt?"

Dieser bewahrte stoische Ruhe, die den Norddeutschen nun einmal zu eigen ist und übersetzte in ein für einen Bayern verständliches Hochdeutsch: „In ein paar Minuten schließt der Dom. Seid so gut und geht jetzt zum Ausgang. Schön, dass ihr da ward - und kommt bald wieder."

Dann sah er den Sepp mit seiner Lederhose und dem Gamsbart am Hut an und sagte zu ihm: „Du bajuwarischer Granthuaba, ihr sprecht doch auch kein besseres Deutsch als wir Preußen. Als ich mit meiner Frau bei euch zu Besuch war, hörte ich, wie einer deiner Landsleute einem anderen zurief: „A marmsladaama hamwa a daham." Meine Frau, die lange in einem Zoo als Tierpflegerin bei den Affen und Orang-Utans gearbeitet hat, verstand ihn sofort und erklärte mir, was er gesagt hat: ‚Einen Marmeladeneimer haben wir auch daheim'. Und jetzt rate ich dir, scher dich, du Haumdaucha! Host mi!"

Dann fügte er mit einem Lächeln hinzu: „Lass dir ein Kölsch munden! Is sauguad!"

Ein Telefongespräch

„Hallo Mutti,
dies wird ein längeres Telefongespräch, denn ich habe dir viel zu berichten, muss mir meinen Kummer von der Seele reden. Hast du Zeit?"

„Natürlich, für dich immer, erzähl mal!"

„Also, die schönen Feiertage sind vorbei und der tägliche Ärger beginnt. Am Tag, bevor der Räumdienst die alten Weihnachtsbäume von den Straßenrändern abholt, wollten Herbert und ich noch einmal unseren Christbaum genießen. Mein Guter hatte extra neue Kerzen, schöne lange, aus dem Keller geholt, um noch mit mir am späten Nachmittag ein paar besinnliche Stunden in aller Ruhe vor Baum und Krippe zu verbringen."

Die Tochter macht eine Pause und fährt dann fort: „Daraus wurde nichts! Unsere Tanne, eine teure Nordmanntanne, stand plötzlich in Flammen. Gut, sie war etwas trocken, denn Herbert hatte sie schon Ende November besorgt. Die Nadeln, die sie in letzter Zeit jeden Tag hat fallen lassen, habe ich immer gleich aufgekehrt. Wie ein gerupftes Huhn sah sie dennoch nicht aus."

„Das glaube ich dir aufs Wort."

„Die Tanne brannte also lichterloh und nicht nur die, auch unsere Gardine. Mein Mann ist ein Fuchs, das weißt du, und er reagierte blitzschnell, rannte gleich zu unserem Wohnzimmerschrank und suchte die Police der Hausratversicherung, mit der wir auch gegen Brandschäden abgesichert sind. Weil er immer alle Rechnungen über Jahre aufbewahrt, dauerte die Kramerei seine Zeit."

Sie atmet tief durch und stöhnt: „Nun ja, der Ordentlichste ist er nicht."

Dann fährt sie fort: „Auch ich war nicht untätig und habe inzwischen die Feuerwehr verständigt. Das war auch besser so, denn die hellen Flammen hatten sich in einen Schwelbrand verwandelt und es qualmte mächtig in unserem Wohnzimmer.

Weil ich mit meinen Schülern Wegbeschreibungen fleißig geübt habe, konnte ich den Feuerwehrleuten eine präzise geben. Du weißt, ein Lehrer lernt mit seinen Schülern. Genauigkeit braucht nun einmal Zeit. Aber dann sind die eifrigen Helfer aber auch gleich mit Blaulicht losgebraust. Inzwischen hatte mein lieber Mann auch das Wohnzimmer verlassen, nach Luft ringend, schwarz wie ein Mohr, aber mit der Police in der Hand, glücklich winkend."

„Hauptsache, niemandem ist etwas passiert."

„Nein, keinem ist etwas geschehen, auch den Feuerwehrleuten nicht. Sie hatten auch sehr schnell alles unter Kontrolle.

Nur unser Wohnzimmer war ein wenig in Mitleidenschaft gezogen worden. Auf unserem geblümten Sofa blühte keine Rose mehr. Der Couchtisch sah aus wie das Meer, wenn sich nach einem heftigen Sturm die Wellen langsam legen. Der Farbfernseher war farblos und gab keinen Mucks mehr von sich. Und der Rest der Wohnung? Es wird dich sicher nicht überraschen, wenn ich dir sage, dass wir den Fußboden neu verlegen, die Decke streichen und die Wände tapezieren müssen."

„Zum Glück seid ihr versichert."

„Das glaubten wir auch. Aber jetzt kommt's! Die Versicherung will nicht zahlen. Sie hat die Angelegenheit ihrer Rechtsabteilung übergeben."

„Und warum? Ihr habt doch alles richtig gemacht."

„Dachten wir auch. Aber diese Kissenpupser meinen, wir hätten uns erst um einen Feuerlöscher bemühen müssen. Der wäre in allen Häusern vorgeschrieben. Bis Herbert den gefunden hätte, wäre unser Haus abgebrannt. Komplett! Bis auf die Grundmauern!

Der steht nämlich in der hintersten Ecke unseres Abstellkellers, der proppenvoll ist mit Gerümpel, weil Herbert nichts wegwerfen kann, wie ich schon erwähnt habe. Du kennst ihn doch. Da steht noch unser erstes völlig durchgesessenes Sofa, die Kaffeemühle, die wir von Tante Sofie zur Hochzeit bekommen haben und was nicht noch alles, Hängeschränke aus unserer zweiten Wohnung, Bilder, die wir einmal auf dem Flohmarkt erstanden haben, sogar noch ein uralter Webstuhl lagert dort. Und der Feuerlöscher befindet sich an der hintersten Wand hinter den zwanzig Bohnenstangen für den Garten, den Skiern für unserem Winterurlaub und dem langen, sehr langen Tapeziertisch, den wir jetzt bestimmt gebrauchen werden.

Wie gesagt, da war es schon besser, nach dem Versicherungsschein zu suchen und die Feuerwehr zu alarmieren. Das leuchtet doch ein."

„Und was jetzt?"

„Gute Frage! Wir sind versichert. Das haben wir schwarz auf weiß. Herbert wird den hohen Herren schon die Leviten lesen. Als Gerichtsvollzieher kennt er sich mit säumigen Zahlern aus."

Gewonnen und doch verloren

Die Wettsucht der Menschen ist groß. Dabei kommt es zu sehr kuriosen Abschlüssen. Bei der WM 2014 in Brasilien wurde darauf gewettet, dass Luis Suárez, Stürmer von Uruguay, mindestens einen Gegenspieler während des Turniers beißt. Er hat sogar zwei angeknabbert. Die Quote lag bei 175:1. Bei einem Formel-1-Rennen haben zwei Manager verschiedener Teams darauf gesetzt, dass am Ende ihre Mannschaft die bessere sein wird. Der Verlierer musste bei Lotus/Air Asia in Stöckelschuhen seinen Dienst antreten. Er tat es. Britische Buchmacher spekulierten kurz vor dem Amtsantritt von Donald Trump, dass dieser Mann der nächste James Bond sein wird.

In der Firma Funke & Söhne kam es zwischen dem Buchhalter Richard Radelmacher und einem Allesbesserwisser aus der Einkaufsabteilung zu einer ungewöhnlichen Wette, die vor dem kompletten Team mit einem Handschlag besiegelt wurde. Es ging um eine Tasse Kaffee.

Viele Amerikaner leiden an Bulimie und sind darum übergewichtig, die meisten Verheirateten fettleibig. Esssüchtige oder Binge-Eater (Binge = Fressgelage) sind krank, ist auch als Krankheit in den USA anerkannt. Viele Deutsche leiden an Coffeinismus. Auch Richard Radelmacher. Er gehört zu denen, die ohne Kaffee am Morgen „nicht richtig in die Gänge kommen". Er ist ein Vieltrinker. Das zeigt sich daran, sein erster Gedanke am Morgen ist stets: Kaffee. Er glaubt, nein, er weiß, für ihn ist Kaffee ein echter Wachmacher. Wie seine Leidensgenossen hofft auch er, durch den Genuss des Bohnengetränks seine Konzentrations- und Leistungsfähigkeit zu steigern. Er fürchtet, ohne dieses Heißgetränk den beruflichen Anforderungen nicht genügen zu können. Auch an seinem Schreibtisch steht von diesem Gesöff immer eine Tasse griffbereit. An einen gesunden Büroschlaf ist bei der Menge nicht zu denken.

In seinem letzten Urlaub in der Türkei, ausgerechnet in dem Land, in dem Kaffee eine lange Tradition hat, versuchte er von seiner Sucht loszukommen. Schon die Derwische begingen seit 1500 ihre religiösen Rituale mit diesem Getränk. Noch heute gehört der Mokka in den Bars und Straßencafés zu jeder Plauderei, jedem Brettspiel und jeder Wasserpfeife wie die Luft zum Atmen.

Die Folgeerscheinungen für unseren armen Buchhalter waren verheerend. Sie glichen den Symptomen jeden Drogenentzugs. Das waren Lethargie und Müdigkeit, Appetitsteigerung und Schlaflosigkeit Das Verlangen nach stimulierenden Substanzen wuchs täglich. Seine Frau litt unter seiner Reizbarkeit und der niedergeschlagenen Stimmung. Die Stimmung in diesem Urlaub war am Boden, die Holde am Boden zerstört.

Darum bat sie ihre bessere Hälfte, beschwor sie, flehte sie, wieder zu der schwarz-braunen Brühe zu greifen. Er tat ihr den Gefallen schweren Herzens.

Daheim unternahm er hin und wieder verschiedene Anläufe, sich von dieser Sucht zu befreien. Bei jedem Entzug des Kaffeegenusses kam es zu Kopfschmerzen. Bei zu viel Koffein aber auch. Er befand sich in einer Zwickmühle. Darum suchte der Besserungswillige seinen Hausarzt auf. Dieser diagnostizierte messerscharf: „Fünf bis zehn Tassen Kaffee am Tag sind zu viel, schaden dem Körper. Die Hälfte wäre schon mehr als genug."

Darum kam es zu dieser verhängnisvollen Wette in seiner Firma. Richard Radelmacher behauptete in einer Frühstückspause, er würde mit einer Tasse Kaffee am Tag auskommen. Das löste bei seinen Kollegen ein schallendes Gelächter aus, und der arrogante Besserwisser aus der anderen Abteilung bot ihm eine Wette an. Er würde ein Jahr lang die Kaffeekasse mit Geld auffüllen, wenn er verliert. Wenn Richard nicht durchhielte, müsste er ebenso handeln. Sie schlossen den Deal. Die Kollegen aber verlangten, man müsse seine Frau mit einbinden. Sie solle darauf achten, dass er nicht schon vor der Arbeit sich reichlich mit Koffein eindecke. Richard war einverstanden. Die Wette galt: nur eine Tasse Kaffee am Tag.

Gegen neun Uhr gönnte er sich diesen Hochgenuss. Das ging drei Tage gut. Dann setzten die ersten Entzugserscheinungen ein wie in seinem Türkeiurlaub. Schlimmer noch, ständiger Harndrang und Durchfall plagten ihn, ließen ihn zum Dauerläufer werden. Dies alles führte zur Erhöhung der Herztätigkeit, des Blutdruckes und des Pulsschlages.

Der Notleidende sann auf Abhilfe, wollte auf keinen Fall die Zeche bezahlen, die Kaffeekasse auffüllen. Am vierten Tag betrat er sein Büro mit einer neuen Tasse, die ihm das Einhalten der Wette entscheidend erleichterte und er sich nicht mehr so oft erleichtern musste. Sie hatte die Maße 32x17x 25, hatte somit ein Fassungsvermögen von fast vier Litern. Der einzige Nachteil, er konnte die 3-Kilo-Tasse nicht mit einer Hand tragen. So war sie nicht zu halten und das Gefäß zu einem Preis von 63,22 € wäre futsch. Er handelte dementsprechend.

Den Kollegen nervte gewaltig, was jetzt im Betrieb ablief. Beim ersten Mal ließen sie ihn sich seinen Kaffee holen. Aber den Fehler machten sie nur einmal. Jeder versuchte am nächsten Tag noch schnell vor ihm die Kaffeekanne zu erreichen. Die Eingangstür zur Küche wurde zum Schlachtfeld. Lieber später einen kalten Kaffee schlürfen als leer ausgehen, sagte man sich.

Nach einer Woche Spießrutenlaufen redeten alle auf den Besserwisser ein, er solle zugeben, die Wette verloren zu haben. Er tat es zähneknirschend, obwohl er sich als Sieger sah, ein Pyrrhussieg eben.

Lehrstunde für Teutonen

Das Ehepaar Eisberg, der Name täuscht, denn es verbringt gern seinen Urlaub im sonnigen Süden, vornehmlich auf Mykonos, ist sehr tolerant. Es stören sie nicht die vielen Schwulen und Lesben auf dieser Ferieninsel, deren beliebtes Reiseziel. Tolerant eben! Am Strand hat Erich Eisberg auch nichts gegen Einheimische, wenn sie nicht seinen Weg kreuzen. Am Pool lässt er den Nachbarn auch zu Worte kommen, wenn er ihn lange genug voll gesabbelt hat. Am Büffet gewährt er älteren Gästen den Vortritt, wenn sie schneller sind als er.

Als es aber um sein erstes Frühstück ging, war er doch sehr ungehalten, verlor beinahe seine tolerante Zurückhaltung. Gottlob beinahe! Es war angegeben, man kann es in der Zeit von 7 bis 10 Uhr zu sich nehmen. Als er mit seiner Liebsten gegen 9.15 Uhr den Saal betrat, war dieser menschenleer, das Buffet abgeräumt, die Stühle hochgestellt. Die Erstaunten setzten sich und schauten verdutzt aus den T-Shirts, dachten nach. Sie rekonstruierten den gestrigen Tag: Wir sind am späten Nachmittag auf Mykonos gelandet, nach dem Transfer und dem Einchecken haben wir unsere Zimmer bezogen, die Sachen ausgepackt, Körperpflege betrieben, keine Katzenwäsche, und sind dann zum Essen gegangen. Zuvor haben wir noch ein paar Drinks an der Bar genommen. Nach dem Abendbrot haben wir uns einige Getränke im Clubraum gegönnt, immer schön abwechselnd. Variatio delectat! Zu Deutsch: Abwechslung erfreut. Bier und Wein schön der Reihe nach, dazwischen „Sex on the Beach" (Das ist ein Getränk! Okay?) oder „Gin & Tonic" getrunken. Dem Pflichtprogramm für All-inclusive-Bucher genüge getan.

Immer wieder und wieder den Schlager gehört: *Es war der Wein von Mykonos, den der Franz sich in die Rübe goss, der ihm in sein Gedächtnis Lücken schoss. Schuld war der Wein von Griechenland, dass er nach Hause nur mehr kriechend fand.* Wir haben uns dabei zugeprostet und einen schönen Urlaub gewünscht. Um drei Uhr hat das Bett gerufen, nachdrücklich und vehement, und dann haben wir uns nicht kriechend wie der Franz mit einem Absacker in jeder Hand aufs Zimmer begeben, zur Ruhe gelegt, nach Vernichtung des Mitgenommenen. So weit, so gut! Gegen halb neun hat er sie geweckt. Er ist ein Frühaufsteher! Sie zur Eile gedrängt, damit sie zeitgerecht zum Frühstück erscheinen konnten.

Nun sitzen sie hier und fragen sich, wo sind die anderen, warum diese Stille. Und warum dröhnen aus der Bar über ihnen laute Musik, wirre Stimmen und schallendes Gelächter an ihre Ohren?

Verdutzte Gesichter! Ein Verdacht keimt in beiden auf. Sollte das wirklich sein? Gut, dass er seine Uhr von analog auf digital umstellen kann. Er tut es! Der Verdacht erhärtet sich, dort steht hell auf dunklem Ziffernblatt 21.15 Uhr.

„Auch gut!", sagt er, „schreiten wir zur Tat, zum späten Frühstück an der Bar. Dort gibt es etwas zu knabbern, ohne Aufschnitt, ersetzt auch kein Ei, aber immerhin, ein bisschen Festes. Getreu der All-inclusive-Devise, womit man aufgehört hat, soll man auch wieder anfangen. Unverzüglich beginnt die Gestaltung des ersten Urlaubtages, nein, des zweiten Urlaubsabends. Diesmal nicht so lange wie gestern, auch nicht so intensiv.

Denn zum nächsten Frühstück erscheinen beide zu rechten Zeit sogar geduscht, gekämmt und mit geputzten Zähnen. Der letzte Tag war anstrengend, darum beginnt der neue mit Ausruhen am Pool. Keiner will im Urlaub vor lauter Hetze einen Herzinfarkt bekommen. Den bekommt sie, fast! Beim Griff in ihre Handtasche stellt sie fest: Der Safeschlüssel ist weg. Das bedeutet, dieser Urlaubstag ist hin, die gestrige Erholung auch. Die Suche beginnt, erst im Zimmer, dann an der Bar, am und im Pool, im ganzen Hotel und in der Umgebung, obwohl sie dort nie gewesen sind. Man kann nie wissen. Und dann das Ganze noch einmal in umgekehrter Reihenfolge. Dann alles wieder von vorn. Zuletzt bleibt: resignieren, ausruhen und Bier trinken. Dann das Ach-ja! Letzter Ausweg, die Direktion informieren, um Rat fragen, Hilfe erbitten.

Kein Problem, für den Gast tut man alles, man ruft den Haustechniker. Für ein Trinkgeld gibt der sein Bestes, bricht zwei Bohrer ab, schlägt wiederholt auf das Schloss, genauso oft auf seinen Daumen. Die Insel Mykonos besteht aus Granit, auf das beißt er. Der Safe lässt sich nicht öffnen und darum befördert er das gesamte Werkzeug im hohen Bogen wutentbrannt aus dem Fenster. Nach verzweifeltem Auf- und Abgehen, drei Bier von der Bar, fällt ihm eine Lösung ein. Er ruft seinen Vorgänger an. Der kommt prompt. Lächelt, zieht den Safe aus der Wand, zerstört die Rückseite, denn sie ist aus Pappe und entnimmt die Wertsachen.

„Eine Sonderanfertigung, gekauft vom Senior des Hauses vor Jahren", erklärt er, „ein Schnäppchen, nur die Front ist massiv, alles andere nur Attrappe. Mehr braucht man nicht, denn kein Dieb der Welt kommt auf die Idee, den Safe aus der Wand zu ziehen."

Er lacht seinem Nachfolger ins Gesicht: „Jeder dumme Räuber quält sich wie du. Erfolglos! Der Chef hat viel Geld gespart."

Dann wendet er sich den Gästen zu und grinst: „Nicht nur ihr Teutonen seid clever, auch wir. Könnt von uns noch viel lernen."

Im Kaufrausch

„Können Sie mir ein Bier verschreiben, Herr Doktor?" Das ist kein Kneipenwitz. Patienten mit urologischen Beschwerden ist der Gerstensaft behilflich, die Nieren zu spülen und Gifte auszuschwemmen. Eine häufige Bitte, die auch erfüllt wird, aber leider nicht bei uns in Deutschland, wohl aber in Tschechien und Polen. Schade eigentlich! Oder?

Bedauernswert besonders bei den ständig steigenden Bierpreisen. Denn auch bei uns wird gern und oft getrunken. Aber Weltmeister im Bierkonsum sind wir nicht. Weit vor uns liegen die Tschechen, danach kommen die Namibier, dann die Österreicher und erst an vierter Stelle stehen wir, die Deutschen.

Aber auf Feiern wird viel geschluckt. Manchmal zu viel. Der ein oder andere hat dann schon einmal nach einer durchzechten Nacht einen „Kater" gehabt, eine Bezeichnung für alkoholbedingte Übelkeit. Das Wort stammt aus der studentischen Umgangssprache des 19. Jahrhunderts und leitet sich von Katarrh ab. Eine Krankheit mit großer Müdigkeit, heftigen Kopfschmerzen und grenzenloser Appetitlosigkeit. Irgendwie bekannt? Schon erlebt? Darum trinken Mäuse auch überhaupt keinen Alkohol. Sie haben Angst vor dem Kater. Scherz beiseite!

Ein richtiger Rausch kostet Geld. Um das zu sparen, greifen viele zu einem Kurzen. Zum großen Bier gehören für Rauschsüchtige ein kleiner Schnaps und noch einer und noch einer. Fusel ist nicht teuer! Hat aber große Wirkung, enorme Durchschlagskraft!

Das teuerste Bier der Welt ist nicht eine Maß auf dem Oktoberfest, zurzeit zwischen elf und zwölf Euro. Auch nicht die 0,375-Liter-Flasche von Carlsberg für nur 270 Euro. Nicht einmal das 603 Euro teure Schorschbock, der Literpreis, versteht sich. Es stammt aus der mittelfränkischen Brauerei Schorschbräu in Gunzenhausen und hat 57% Alkohol. Wenn man sich einen Rausch antrinken will, wiederum Kosten sparend. Mehr als fünf Liter schaffen die Wenigsten, sonst hebt man ab. Sehr gut soll ein Gezapftes in der Eckkneipe für 3,50 Euro aber auch schmecken.

Das sind alles Peanuts, was eine Flasche Bier einen Briten gekostet hat. Eine gute! Nicht trinkbare! Er ersteigerte sie auf einer Auktion in Großbritannien und bezahlte dafür 11.000 Euro. In Worten: elftausend, zwei Einser mit drei Nullen. Für eine Flasche Bier, Inhalt 0,5 Liter!

Seine Frau hielt ihren Göttergatten nicht für eine Flasche, sondern für eine Null. Sie meinte, er habe nicht alle Tassen im Schrank und wollte ihn gleich in die Psychiatrie bringen lassen, dort für immer abliefern. Da half auch nicht, dass er lammbrav beteuerte, es sei eine besondere Flasche. Sie stamme aus dem Jahre 1937.

„Dann trink doch einen Schluck davon!", schlug ihm seine Gnädigste vor, außer sich vor Wut über so viel Geldverschwendung: „Lass dir das Gesöff auf der Zunge zergehen, vielleicht überlebst du es nicht! Ich aber wäre zumindest dann eine glückliche Witwe." Es nützte auch nichts, dass er der Zornigen erklärte: „Das Besondere an ihr: Sie hat den Absturz des Zeppelins am 6. Mai 1937 in Lakehurst, nahe New York, überlebt." Seinen Absturz, den Schnäppchenkauf, hätte er beinahe nicht überlebt. Die Herzensgute ging mit geballten Fäusten auf ihn los, nannte ihn einen Hallodri und Verschwender, Dummdackel und Vollidioten. Und weiß nicht noch was.

Als sie erfuhr, dass der Feuerwehrmann Leroy Smith insgesamt sechs Flaschen gefunden hatte, der Verbleib der restlichen fünf bisher nicht geklärt werden konnte, fiel sie auf die Knie und bat den großen Manitu, sie für immer den ewigen Jagdgründen zu überlassen.

Dann holte sie zum Tiefschlag aus und drohte ihm: „Wenn du noch einmal über meinen Schuhkäufe lästert, packe ich unser Schlafzimmer voll mit wirklich teuren Paaren und du kannst sehen, wo du bleibst. Dich am Anblick deines Kaufs ergötzen, Göttliches von mir erlebst du nimmermehr. Das garantiere ich dir."

Schlecht gelaufen!

Nichts dergleichen

Die meisten Unfälle in unserem Land passieren nicht während der Arbeit oder auf den Straßen, wie viele meinen, nein, im Haushalt, mehr als 11.000 jährlich. Am häufigsten kommen Verbrennungen ersten, zweiten, dritten Grades vor, dann Schnittwunden, kleine an der Hautoberfläche, große bis auf den Knochen, aber auch Stürze vom Stuhl, von der Leiter und vom Barhocker, oft im beschwipsten Zustand. Mit der Coronapandemie stieg diese Zahl an.

Es geschehen auch Unfälle ganz anderer Art im Haushalt, zum Beispiel wenn der Mann seiner Frau widerspricht. Sie kann das Wort Dummkopf auf dreißig Weisen buchstabieren. „Zu verschenken" ist die erste und schönste. Drei davon sind tödlich.

Svenja und Inge klagen sich gegenseitig ihr Leid über die Missgeschicke in ihrer Familie. Svenja berichtet: „Seit mein Vater zu unserem Nachbarschaftsgrillfest Nudelsalat, seinen selbstgemachten, mitgebracht hat, lädt uns keiner mehr ein. Seitdem grillt er für uns."

„Auf eurem kleinen Balkon?"

„Ja! Mit einem Gas- oder Elektrogrill ging das zur Not. Es gab kaum Rauchentwicklung und die Geruchsbelästigung hielt sich in Grenzen. Aber neulich behauptete er, Wurst und Fleisch auf Kohle gegrillt, schmecken tausend Mal besser als auf Gas. Er hat Grillanzünder verwendet. Das ging ja noch. Unser Nachbar schaute beim ersten Mal von seinem Balkon um die Ecke. Er ist ein humorvoller und geduldiger Mann und fragte, ob er in der komischen Opferschale irgendwelchen Göttern ein Gnadengeschenk bringe oder ob es sich um eine milde Gabe an die Überirdischen handle.

„Sonst hat er nichts unternommen?"

„Nein, er hat eine Engelsgeduld! Sie verwandelte sich in teuflischen Zorn, als mein Vater Benzin über die glimmende Kohle schüttete. Es gab eine riesige Stichflamme und dann eine unglaubliche Rauchentwicklung. Sie löste einen Feuerwehreinsatz aus, weil der Nachbar die 112 angerufen hatte. Er musste vorübergehend evakuiert werden."

„Und dein Vater?"

„Er wurde mit schweren Verbrennungen ins Krankenhaus eingeliefert. Von seinem Grillwahn ist er erst einmal geheilt. Alles andere wird dauern. Vielleicht muss er für immer einen Schnutenpulli tragen und nicht nur in der Coronazeit."

Inge erzählt von ihrer Mutter: „Mama ist gestern in unserem Wohnzimmer ohnmächtig zusammengebrochen. Sie wurde auch mit dem Rettungswagen ins Krankenhaus gefahren."

„Warum? Was ist geschehen? Ist sie gestürzt? Hat sie etwas Falsches gegessen oder getrunken?

„Nein, nichts dergleichen! Sie hat nur mein Tagebuch gefunden und es gelesen."

Pfote drauf!

Ein Sommertag wie er im Buche steht. Nicht in der Bibel, in dem Alten Testament, in dem Teil mit der Arche Noah. Nein! Die Sonne lacht vom Himmel. Unentwegt! Die Kinder sagen in der Schule zum Pädagogen: „Der Himmel ist blau, das Wetter ist schön, Herr Lehrer, wir wollen spazieren gehen, doch nicht um die Ecke, eine weitere Strecke." Die Menschen zieht es hinaus in die Natur, ins Grüne, ins Freie. Nicht nur die Hundebesitzer, die immer, auch bei Arche-Noah-Wetter, hinaus müssen.

Bruno Bärchen nimmt seinen Wanderstock und marschiert los. Sein Stock geht immer brav bei Fuß, was man von den meisten Vierbeinern nicht behaupten kann. Für viele heißt es: Leine los. Die Sechsbeiner - Menschen mit Hund - sind gut vertreten mit ihren großen und kleinen, fetten und frechen, bissigen und braven Begleitern. Bei manchen Vierbeinern wirken die Erziehungsmethoden, sie gehen entweder rechts oder links vom Herrchen, bei anderen nicht, sie gehen kreuz und quer.

Ein Mann mit einem nach oben gezwirbelten Schnäuzer joggt an Bärchen vorbei. Sein Schnauzer folgt ihm, dessen Maulbart hängt nach unten. Er läuft weder rechts noch links, sondern frei herum. Das Schild mit dem Hinweis: „Hunde sind an der Leine zu führen", ignorieren beide. Der Hund kann nicht lesen, das Herrchen hat es ganz offensichtlich verlernt.

Da gibt es noch etwas. Ein Geheimnis der Natur! Die meisten Hunde gehen ihres Weges, belästigen nicht Spaziergänger. Bruno Bärchen zieht sie magisch an, wie der Unrat die Fliegen. Alle beschnüffeln ihn. Das mag er nicht, darf nicht einmal seine Frau. Der Jogger bleibt stehen. Hoch anständig! Er gehört zu der Sorte Hundebesitzer, die immer sagen „Der-tut-doch-keinem-was" oder „Der-will-doch-nur-spielen". Das ist keine Entschuldigung, eher ein Vorwurf im Sinne, *stell dich nicht so an!* oder *bist du kein Tierfreund?* Bruno spielt nicht gern mit Vierbeinern. Er ist kein Hundekumpel zum Toben. Dann geschieht etwas, was den Genervten sich fragen lässt, macht Joggen blöd?

Der große Tierfreund wirft ein Stöckchen. Das geht eine ganze Weile so, der Jogger kapiert nicht, dass der Hund ihn immer wieder findet, er damit aufhören, sich die Mühe sparen kann. Der Hund hat viel Menschenkenntnis, bringt ihn immer zurück, lässt dem Herrchen sein Vergnügen. Als Bruno weitergehen will, streift der Knüppel Brunos Hose. Unabsichtlich! Einen Riss im Beinkleid verursacht er trotzdem. Bärchen ist not amused, im Gegenteil, er wird zum wilden Bären.  In null Komma nichts greift er den Stock und versteckt ihn hinter seinem Rücken. Hund und Herrchen verbrüdern sich. Der eine kläfft, der andere schreit: „Gib ihm sofort sein Stöckchen zurück!" Der Zappelnde beißt zu. Es fließt Blut. Der Friedvolle sieht rot. Er wirft das Holz zurück. Das trifft den Kopf seines Gegenübers, den mit dem gezwirbelten Schnauzbart. Unabsichtlich! Ehrlich! Das haut diesen um. Im wahrsten Sinne des Wortes, denn er geht zu Boden.
Bärchen setzt seinen Weg fort.  Schnäuzer und Schnauzer holen ihn ein. Einer von ihnen blutet. Richtig! Der Große, nicht der Mittelgroße. Ausgleichende Gerechtigkeit? Herr Bärchen sagt nur: „Entschuldigung! Ich mache es nie wieder. Pfote darauf!"

Zu keinem Interview bereit

Wissen ist Macht. Bildung tut Not. Dem Wahlslogan des CDU-Stadtverbandes Eberswalde in Brandenburg „Gute Bildung für die Zukunft" kann man nur aus vollem Herzen zustimmen. Besonders wenn man über die Medien erfährt, dass Donald Trump, der mit seiner Bildung und seinem Wissen, seiner Klugheit und Weitsicht die Geschicke unseres Planeten maßgeblich bestimmt hat, dass dieser Mann Finnland für ein Teilgebiet Russlands hält. Wenn der einst mächtigste Mann der Welt glaubt, Belgien sei eine sehr schöne Stadt und Laos eine wunderbare Blume.

Es fällt ihm sogar schwer, sich in seinem riesigen Land zurechtzufinden. Na ja, ein Präsident ist doch auch nur ein Mensch. Darum kann das passieren. Nach dem 31:20 Sieg der Kansas City Chiefs über San Fransisco twitterte er: „Ihr habt das Bundesland Kansas gut vertreten." Kann vorkommen, dass man die Bundesstaaten Kansas und Missouri verwechselt, vor allem, wenn man den freimütigen Umgang mit der Wahrheit gewöhnt ist. Und das kann Donald Trump nun wirklich nicht wissen, wissen auch viele seiner Wähler nicht. Darum verzeihlich, wenn er die Freiheitsstatue nach New York verlegt, liegt auch nicht in New Jersey, wie viele seiner Berater annehmen. Sie ist eine Enklave, die der amerikanischen Bundesregierung unterstellt ist. Herr Präsident, in diesem Fall sind Sie aus dem Schneider. Blöde Redensart aus dem Spiel *Schafskopf.*

Dr. Edmund Schreiber, Studienrat für Geologie und Deutsch, blieb am späten Abend mitten auf der Straße stehen, las die oben genannte Überschrift der Volkspartei, betrachtete lange ihr Wahlplakat, das einen Globus zeigte. Der Hinweis, dass dies eine globale Aufgabe sein wird, war unübersehbar. Manchmal ist es aber auch notwendig, vor der eigenen Haustür zu kehren.

Am nächsten Morgen betrat er die Klasse 10b, forderte seine Schüler auf, ihre Atlanten herauszunehmen, sie aufzuschlagen und sich die Weltkugel gut einzuprägen. Dann bat er die Jugendlichen, ihn zu begleiten. Da es ein schöner Tag war, folgten sie ihm freudigen Herzens. Unterricht im Freien gefällt allen Schülern, besonders, wenn sie mit einer leichten Suchaufgabe verbunden ist. Sie postierten sich vor dem Wahlplakat.

Vom Nord- bis zum Südende ihrer Stadt sind es nur 7,7 Kilometer. Den Horizont zu erweitern ist da angebracht, wegen der Begrenztheit notwendig, durch Reisen bis zur Wende unmöglich, denn den Bürgern der DDR waren nur kleinere Ausflüge gestattet. Fahrten auf und ab auf dem Finowkanal trugen auch nicht viel dazu bei. Was die Schüler aus den Stadtteilen Kupferhammer, Eisenspalterei und Messingwerk sahen, war der Hammer, ihre Feststellung keine Haarspalterei und die Arbeit der Politiker kein Meisterwerk. Selbst Schüler entdeckten sofort, dass hier etwas nicht stimmt. Die Anden waren leicht verrückt, so als wenn man die Alpen auf Sizilien packen würde. Sie lagen dort an der Ost- und nicht da, wo sie hätten hingehört, an der Westküste.

Die 10b twitterte noch am gleichen Tag: Eine Volkspartei verändert die Welt! Gute Bildung für alle! Lernt mehr von der CDU!

Die Kreisgeschäftsstelle war zu keinem Interview bereit. Warum eigentlich?

Sofortiger Rückflug

Sepp Winterhuber war Sonderschüler, aber ein guter. Auch bei der Baufirma, bei der er angestellt war, nicht gerade als Vorarbeiter, waren alle mit ihm zufrieden, war er also auch ein Guter. Bei Verwandten und Freunden war er sehr beliebt. Alle schätzten seine Freundlichkeit und seine Hilfsbereitschaft. Nicht so gut lief es mit dem anderen Geschlecht. Weil er nicht sehr eloquent war, eine Quasselstrippe schon gar nicht, hatte er mit seinen fast zwanzig Jahren noch nie eine Freundin gehabt, geschweige denn eine feste Beziehung.

Nicht ganz richtig! Seine Mutter hat ihn mit einer Brieffreundin verkuppelt, eine in Sydney, weit weg, so weit, dass sie ihrem Sohn nicht an die Wäsche gehen konnte. Wollte diese auch gar nicht, dachte nicht einmal im Traum daran. Sie wollte nur ihre Deutschkenntnisse verbessern mit Hilfe einer ständigen Korrespondenz. Das hatte einen Haken, man könnte sagen, sie hat aufs falsche Pferd gesetzt. Was die bayrische Frohnatur ihr mitteilen wollte, brachte sie zu Papier. Aber nicht fehlerfrei! Nicht so ganz fehlerfrei!

Seine Mutter musste jedes Mal vorm Zukleben des Briefes die eine oder andere Korrektur vornehmen, Kleinarbeit wäre nicht die richtige Wortwahl gewesen, eher ein Mammutprogramm absolvieren. Manchmal, wenn es ihr zu viel wurde, zog sie es vor, sich den Brief diktieren zu lassen, dann fielen die Verbesserungen nicht so ins Auge. Zudem war das eine enorme Arbeitserleichterung.

Nach dem Tod der Mutter übernahm ein Freund diese Arbeit, einer mit Hauptschulabschluss. Was dieser niederschrieb, war rechtschriftlich auch nicht vollständig korrekt, dafür gut leserlich. Gäbe es die Note Schönschrift noch, hätte er in diesem Fach bestimmt immer ein „Sehr gut" bekommen. Und dazu noch tausend Mal korrekter als Sepps Geschreibsel.

Die Briefpartner tauschten nicht nur Nettigkeiten aus, erzählten von ihrer Arbeit, berichteten aus ihrem Alltag, sie legten auch hin und wieder ein paar Fotos von sich dazu. So entstand im Laufe der Zeit auch der Wunsch, sich einmal live zu sehen, sich zu begegnen. Sepp war nach dem Tod der Mutter sehr selbstständig geworden und versicherte seiner Freundin schriftlich: „Das krig ich hinn."

Er suchte ein Reisebüro auf und buchte einen Flug nach Sidney. Die junge Dame dort war sehr hilfsbereit und besonders freundlich, als sie den Grund für seine lange Reise erfuhr. Nach zwei Tagen konnte er sich sein Ticket abholen. Man erklärte ihm noch einmal ausführlich, wie er mit dem Zug zum Frankfurter Airport kommt. Da sie gemerkt hatte, dass der Kunde nicht das hellste Licht auf der Geburtstagstorte war, schrieb sie ihm alles haargenau auf, fügte sicherheitshalber noch einige Skizzen hinzu. So konnte eigentlich nichts mehr schiefgehen, dachte sie.

Der Brieffreundin teilte Sepp den Reisetermin und die Ankunftszeit mit. Gewissenhaft war er auch! Sie versprach, sie würde ihn abholen, sie habe ein Gästezimmer, in dem könne er nächtigen, selbstverständlich würde sie für ihn sorgen und noch lieber mit ihm ausgehen. Vor allem freue sie sich riesig, ihn einmal in die Arme nehmen zu können. Eine Landung wie in Abrahams, nein Evas Schoß, stand ihm bevor.

Die Landung, auch der Flug zuvor, verliefen reibungslos, ohne Turbulenzen.

Turbulent wurde es aber doch auf festem Boden. Als er die Kontrollen passiert hatte, staunte er nicht schlecht. Er sah keine Arme, die sich ihm entgegenstreckten. Keine Frau winkte ihm zu. Nicht eine! Er zog wiederholt das Foto der Brieffreundin aus der Tasche und verglich ihr Gesicht mit denen der wartenden Damen. Keine glich dem im Entferntesten. Begrüßende Arme, die sich ihm um den Hals warfen, waren auch in meilenweiter Ferne.

Sepp, ein Guter, stellte sich neben seine Koffer und wartete geduldig. Er kannte sich wie gesagt mit dem anderen Geschlecht nicht besonders aus, wusste aber von seiner Mutter, dass man ihm viel Geduld entgegenbringen muss. Geduld war seine Stärke. Nach drei Stunden wurde er aber ungeduldig, erst ein wenig, dann geriet er in Panik, wusste nicht, was er machen sollte. Weil er ständig auf und ab und dann wieder um seine Koffer lief, wurde ein Passant auf ihn aufmerksam und bot ihm seine Hilfe an. Die Verständigung war schwierig, denn Englisch ist nicht gerade ein Hauptfach in der Sonderschule. Zum Glück hatte der bayrische Bub einen Brief eingesteckt. Der

Absender fehlte! Der Hilfsbereite konnte den Stempel auf der Briefmarke entziffern. Dort stand Sydney.

Dieser lächelte. Dann meinte er entsetzt: „Sorry, Sir, you are in Sidney."

Sydney liegt in Australien, Sidney in der Vereinigten Staaten, jeweils auf der anderen Seite der Erdkugel, 13.383 Kilometer voneinander entfernt. Zum Glück hatte der Legastheniker den Rückflug schon gebucht.

Familientreffen sind etwas Besonderes

Familientreffen sind immer etwas Besonderes, besonders wenn ein runder Geburtstag ansteht. Onkel Raimund ist siebzig geworden und er beging diesen Ehrentag mit seiner ganzen Sippe. Dazu gehörten seine beiden Schwestern, die 73-jährige Hilde und deren Sohn und die 68-jährige Sonja und deren Mann. Dazu kamen noch die drei munteren Kinder des Paares und deren Nachwuchs. Alle sind gekommen und wollten ausgelassen feiern.

Wenn da nicht die ältere Schwester Hilde gewesen wäre, die etwas missmutige und vergrämte Witwe. Schon ihr Geburtstagsgeschenk war eine Anspielung auf die häufigen Depressionen ihres Bruders. Sie überreichte ihm einen stabilen Kleiderbügel, auf dem stand: Kein Grund zum Aufhängen!

Ihr gegenüber saß Viktoria, die 33-jährige Tochter ihrer jüngeren Schwester. Mit einem Stück Kuchen in ihrem gierigen Rachen fragte die Spaßtöterin sie bissig: „Was treibst du so?" Sie wusste genau, dass diese sich zurzeit als Putzfrau verdingen musste, um Geld zu verdienen, weil ihr Mann arbeitslos war. „Ich arbeite bei einer großen Firma als Reinigungskraft, mache aber nebenbei eine Ausbildung als Altenpflegerin, habe Aussicht auf eine Anstellung im hiesigen Seniorenheim, dem einzigen in unserem Ort." Dann fügte sie süffisant hinzu: „Man sieht sich immer zweimal."

Ihr sechs Jahre alter Sohn, ein ganz Pfiffiger, sehr altklug für sein Alter, nutzte die peinliche Pause, um wieder Frohsinn zu verbreiten und sagte zu seiner Großtante: „Ich habe gehört, Antifaltencremes wirken am besten, wenn man sie ganz dick auf den Spiegel schmiert." Oder war er nicht nur altklug, sondern auch klug? Die angesprochene Person, schwer beleidigt, drohte mit einer Ohrfeige.

Familienfeste sind so schön, wenn Kindermund Wahrheiten kundtun oder hinter vorgehaltener Hand gemachte Bemerkungen ausplaudern. „Onkel Raimund sagt immer", verriet die 5-jährige Enkelin Emma, „wenn du auf die Waage steigst, wüte nicht selten ein Unwetter, ja sogar ein Tsunami." Sie wand sich dem Uronkel zu, der sie entsetzt anstarrte: „Ich weiß gar nicht, was ein Tsunami ist. Ist das etwas Schönes?"

„Etwas Wunderschönes!", entfuhr es der jüngeren Schwester.

Für den meisten Spott und Hohn aber sorgte nicht Tante Hilde, sondern ihr Sohn Friedrich. Alle wussten von seinem Missgeschick und spielten auch immer wieder darauf an. Er war einer von der Sorte Zeitgenossen, die vom Winterschlaf direkt in die Frühjahrsmüdigkeit übergehen. Ihn überholten beim Laufen sogar Schnecken. Darum fand er nicht einmal eine Beschäftigung als Hilfsarbeiter. Obwohl er immer knapp bei Kasse war, wurde er seiner Geldbörse mit wenig Inhalt beraubt. Auf der Wache gab er zu Protokoll: „Wer mir das Portmonee gestohlen hat, kann ich nicht sagen, weil aus meiner Verwandtschaft niemand in der Nähe war."

Er wäre beinahe steinreich geworden. Wäre! Er war mit seinem Freund, der hatte die Reise bezahlt, nach Thailand geflogen. Nicht unbedingt als Sextouristen. Aber gegen ein Abenteuer mit Asiatinnen hatten sie nichts. Friedrich flirtete während des gesamten Urlaubs mit der Hotelbesitzerin, sie hatte ihm auch schöne Augen gemacht. In ihrer letzten Nacht war es so weit. Er schlich in der Dunkelheit in ihr Zimmer und sie empfing ihn mit offenen Armen. Sie verbrachten die ganze Nacht im Liebesrausch, erlebten beide einen Höhepunkt nach dem anderen, auch körperlich. Dann schlich er sich vor Morgengrauen zurück in sein Zimmer.

Kurz vor der Abreise erfasste ihn Panik. Er hatte im Liebeswahn keine Vorsicht walten lassen und jetzt dachte er mit Grauen an mögliche Alimente. Er, der Habenichts, der selbst kaum über die Runden kam! Ein Geistesblitz durchfuhr das sonst nicht sehr helle Hirn. Er zeigte auf seinen Freund und gab der Hotelbesitzerin zu verstehen, dass nicht er der heiße Liebhaber gewesen war, sondern sein Freund, der aber auch ein Auge auf sie geworfen hatte.

Nach einem halben Jahr bekam dieser ein Schreiben, seine Anschrift hatte die Chefin ihrem Computer entnommen. Darum richtete man sich auch an ihn. Es enthielt folgende Nachricht: Die oben genannte Person sei bei einem Autounfall verunglückt und wenige Tage später im Krankenhaus verstorben. Noch vor ihrem Tod verfasste sie ihr Testament. Darin heißt es, da sie ledig und kinderlos sei, vermache sie ihr Hotel ihm, der ihr die glücklichste, schönste, efüllteste Nacht ihres Lebens bereitet hatte. Er solle sich melden, um sein Erbe anzutreten. Weitere Angaben folgten. Der Glückliche wusste zwar nichts von einer Liebesnacht, trat aber das Erbe mit Freuden an. Das Glück kommt manchmal unverhofft!

Verhältnis beendet

„112, hallo, wer spricht?"
„Brenz!"
„Wo brennt's?"
„Nirgendwo!"
„Sie sagten doch, es brennt."
„Nein, ich sagte Brenz. Ich heiße Bernhard Brenz. Ich mache von meinem Fenster aus eine grausige Entdeckung. In der Elbe schwimmt eine Leiche.
„Was genau sehen Sie?"
„Ein weißes Laken, in dem ein Körper steckt und an dessen Ende zwei Füße herausschauen. Das Bündel hat sich am Uferrand verfangen und dort haben sich auch mittlerweile viele Menschen versammelt."
„Wie können wir zu Ihnen kommen?"
„Ja, haben Sie denn nicht mehr die schönen roten Autos?"
„Ich meine, wo wohnen Sie?"

„In der Lüner Straße in der Nähe der großen Brücke. Da sehen Sie schon den Menschenauflauf. Ich komme dorthin."

„Wir sind gleich da!"

Zuerst kam ein Polizeiauto, aus dem drei Beamte stiegen, einer in Zivil. Ihnen folgten zwei Feuerwehrwagen, besetzt mit kompletter Mannschaft und einem Rettungsboot mit zwei Tauchern. Die Polizisten sperrten den Fundort sofort hermetisch ab und drängten die Gaffer hinter die Gitter. Jeder behauptete sich dort auf seinem ergatterten Platz im dichten Gedränge, während die Froschmänner in die Elbe stiegen. Wenige Minuten später legten sie den „grausigen" Fund auf den Bürgersteig. Dieser stellte sich als harmlos heraus, war nichts weiter als eine riesengroße, lebensechte Sexpuppe aus dem Hause Beate Uhse, vom Typ Carmen, Bianca, Dolly oder sonst eine der Edeldamen. Die Beteiligten staunten nicht schlecht, rissen den Mund so weit auf wie die entsorgte Wonnespenderin. Das Dumme war, es ließ sich nicht feststellen, wer der Besitzer gewesen ist.

Dieser hatte das Verhältnis mit ihr beendet. Verständlicherweise wollte er nicht mehr mit ihr in irgendeine Verbindung gebracht werden. Vielleicht sollte auch seine Frau nichts von ihr erfahren, nicht wissen, dass er hin und wieder „fremdgegangen" ist.

Wie bei einer Scheidung im richtigen Leben hatte der Liebhaber einen endgültigen Strich unter seine Vergangenheit gezogen. Einen dicken! Für immer seine Affäre ad acta gelegt. Das Fräulein wurde entsorgt, nicht beerdigt. Die Sensationslüsternen zogen mit hängenden Köpfen ab. Sie kamen nicht auf ihre Kosten.

Und Herr Brenz? Er gab sich nicht zu erkennen, verschwand mit hochgeschlagenem Kragen in seinen eigenen vier Wänden. Man weiß ja nie.

Mumm in den Knochen

Siegfried Senf gab überall seinen dazu. Er war aber kein Wortklauber, kein Haarspalter, Erbsenzähler, der jede Äußerung auf die Goldwaage legte, aber als Feuerwehrmann musste er sehr auf seine Wortwahl achten, zu Vieles konnte von Mitbürgern falsch verstanden werden. Er durfte nie auf dem Schlauch stehen, musste immer bereit sein, schnell seine Stange zu greifen. Es kam oft auf Minuten an. Zur rechten Zeit abspritzen und im „Puff", so wird unter Feuerwehrleuten der Raum genannt, in dem die Erschöpften eine Pause machen, gelegentlich verschnaufen.

Und doch überkam ihn manchmal die Lust, die Doppeldeutigkeit der Worte auszuleben. An einem frühen Morgen hatte er den Tageseinkauf getätigt. Eine jüngere Frau drängelte sich vor: „Ich habe nur ein winziges Teilchen. Es geht ganz schnell!"

„Ich auch", stellte Siegfried fest, „wollen Sie es sehen?"

Zu Hause meinte seine Frau: „Heute ist ein Bombenwetter." Siegfried sah sie entsetzt an. „Schau nicht so erschrocken! Ich meine, es ist schön und wir gehen dir eine Sommerhose kaufen, eine leichte."

„Ich brauche keine und wenn es heiß ist, ziehe ich Shorts an." Im Nachhinein sagte er sich, wäre ich auf diesem Standpunkt geblieben, hätte auf meiner Meinung beharrt, ich wäre nicht um Jahre gealtert.

Sie eilten zum Kaufhaus in der Stadtmitte, steuerten unverzüglich die Abteilung Herrenoberbekleidung an, in der sie eine nette Verkäuferin mit smartem Lächeln begrüßte. Sie hatte Menschenkenntnis und wandte sich darum gleich an Siegfrieds Frau. Diese erklärte kurz ihr Vorhaben, ihr gemeinsames natürlich, dann plünderten die beiden zusammen den nächsten Warenständer und kehrten nur kurze Zeit später mit einem Dutzend Hosen zurück.

Siegfried setzte sich erst einmal auf den vor der Umkleidekabine stehenden Hocker, um Luft zu holen, um das Zusammengeraffte zu verdauen, obwohl er die Hosen nicht essen, nur anprobieren musste.

„Ich will nur eine Hose, gnädige Frau", sagte er zu der Verkäuferin, „und die auch nur gegen meine innere Überzeugung, bin genötigt, um nicht zu sagen, zu diesem Akt vergewaltigt worden."

„Aber das ist doch das Schöne in einem Kaufhaus, man kann viel anprobieren. Sonst könnten wir die Klamotten gleich im Internet bestellen", erklärte seine Frau dem Hadernden.

Er wurde in die Kabine gestoßen, der Hocker nachgereicht, durch einen Spalt wurde ihm eine blaue Hose angeboten.

„Ich will keine dunkle Sommerhose, die muss hell sein", verhallte im riesengroßen Kaufhaus ungehört.

„Probier diese! Es ist wegen der Größe", beruhigte ihn seine Frau. Eine Alternative hatte er nicht, wollte er nicht in der Unterhose in die Öffentlichkeit treten. Die Abgelegte, nicht die Unterhose, hatten flinke Finger an sich genommen. Ein geschickter Schachzug, der sich während des ganzen Kaufes für ihn noch verheerend auswirken sollte.

Er trat heraus. Die Damen waren begeistert. Er nicht. Sein Gemüt war jetzt noch auf Lachen eingestellt. Darum nahm er auch alles mit Humor. Für die nächste Anprobe wurde ihm wieder keine helle Hose gereicht, sondern er wurde mit einer weiteren - in seinen Augen - Winterhose abgespeist. Bei diesem Wort fiel ihm ein Erlebnis ein, dass er mit seiner Frau einmal in einem Restaurant hatte. Dort sagten sie zum Kellner nach dem Essen: „Wir hätten noch gern einen Nachtisch." Ein Wortklauber wie er selbst brachte ihnen einen neuen Teller und sagte: „Der reicht doch für ein Essen." Die Gedanken munterten Siegfried auf und er zwängte sich in die nächste Hose. Offensichtlich hatten sich die Damen vergriffen, eine oder zwei oder drei Nummern zu klein gewählt, was ihm seine Weichteile fast zerquetschte. Siegfried wurde ungehalten, kann jeder verstehen, der Ähnliches erlebt hat, verließ die Kabine in der Unterhose. Sie war sauber, die Hose natürlich.

„Beruhigen Sie sich", ermunterte ihn die Geschäftsfrau, „und trinken Sie erst einmal einen Kaffee, eine Tasse Kaffee hilft gegen alles, auch gegen schlechte Laune und Umkleidestress."

„Ich weiß", murrte der Genervte, „man muss die Tasse nur mit Schwung werfen. Und jetzt reichen Sie mir endlich eine helle Hose." Die Damen lenkten ein, gaben nach und er erhielt den gewünschten Artikel. Er verschwand wieder hinter dem Vorhang und stand kurz danach strahlend davor. „Sie gefällt mir, passt und nichts malträtiert mich."

„Geh ein Stück!", war der kurze Befehl, der wie aus einem Munde kam. Als er sich umdrehte und feierlich zurückkehrte, empfingen ihn lange Gesichter, sehr lange, fast bis zum Bauchnabel. Dann die kurze, knappe Feststellung wieder in völliger Übereinstimmung. „Du hast keinen Arsch in dieser Hose." Ein Satz, der sich für feine Damen nicht gehört, sich nicht geziemt für Ladies und zudem äußerst geschäftsschädigend ist. Für den Wortfuchs sich wie Hühnergegacker anhörte. „Die nehme ich", war die trotzige Antwort. Die freundliche Erwiderung seiner Holden war: „Komm mir damit bloß nicht zu nahe! So gehe ich mit dir nicht auf die Straße. Verstecke mich mit dir nicht einmal im Zoo hinter einem Paviankäfig. Diese Tiere zeigen mehr Po!"

Obwohl dem Guten gedroht wurde mit Entzug der ehelichen Pflichten, Verdammung zu Quarantäne, Gleichsetzung mit Primaten, er zeigte, dass er Mumm in den Knochen, nein, einen Arsch in der Hose hatte und kaufte trotz weiblichen Widerstandes das Objekt seiner Wahl. Den Gang zur Kasse musste er allein antreten, obwohl er die Hose noch über seinem Arm trug, sie ihn noch nicht verunstaltete. Wenigstens musste er sich nicht anstellen, sich nicht vordrängeln, kein anderer kaufte eine Hose, schon gar nicht so eine.

Auf gute Nachbarschaft

Straßenfeste sind beliebt, dienen der guten Beziehung unter Bekannten und Freunden, vor allem unter Nachbarn. Manche dieser Feierlichkeiten unter Freunden befremden.

So das Fest La Tomatina in Spanien. Erwachsene erfüllen sich hier Kindheitsträume und bewerfen sich nicht mit weichen Wattebäuschchen, sondern mit überreifen und faulen Tomaten. Die Straßen der Stadt, ihre Häuser und vor allem die Kämpfenden färben sich blutrot, obwohl kein Blut fließt. Das finden alle schön, können nicht genug von dem verdorbenen Zeug in die Hand nehmen und „abfeuern".

In Italien, in Ivra, eine Stadt der Provinz Turin, wird eine ähnliche Schlacht geschlagen, nicht mit faulen Tomaten, dafür mit überreifen Orangen. Der offizielle Name: Battagalia delle Orange. Eine Bagatelle ist das nicht. Denn hier ist jeder Treffer ein bisschen schmerzvoller als in Spanien, weil auch unreife, harte Früchte geworfen werden, bereitet dem Werfer größeres Vergnügen als in Spanien. Nicht den Getroffenen!

In Haro, einem anderen Ort der Iberischen Halbinsel, ist man viel gescheiter. Die Bewohner dort bewerfen sich nicht, sie überschütten sich. Mit Rotwein! Auf dem Fest Batella de Vino! Benutzt werden Wasserpistolen, Schläuche, und wenn es sein muss, auch Eimer, nach dem Motto, wenn schon, denn schon. Das Besondere, Einheimische wie Touristen, die dieses Fest mehr als alles mögen, tragen weiße Kleidung, zu Beginn, am Ende sieht sie etwas anders aus. Nur die empfohlene Taucherbrille ändert sich nicht, darf beim Trinken sogar abgenommen werden. Denn getrunken wird reichlich, sehr viel, bis zum Abwinken. Wie gesagt, manche sind gescheiter, schütten sich Rebensaft nicht nur über den Kopf, auch in sich hinein.

Bei einem Straßenfest im schönen „Wiesengrund" ging es zunächst nicht so hoch her, am Ende aber genauso, vielleicht noch schlimmer. Die Anwohner mehrerer Hochhäuser trafen sich zu einem geselligen Beisammensein auf der Grünanlage, die zu allen Wohneinheiten gehört, auf der Tische samt Bänken aufgestellt waren. An verschiedenen Plätzen hatte der Hausmeister Grills aufgebaut. Die Bewohner von Block 8 saßen zusammen, ganz am äußersten Rand. Das war gut so. Man wollte sich besser kennenlernen, über das obligatorische „Guten Morgen", „Guten Abend", oder „Hallo!", „Wie geht's?", „Was macht die Oma? Lebt sie noch?" nette, persönliche, menschliche Worte miteinander wechseln.

So begann der Abend auch sehr friedlich, freundlich, fast familiär. Bis! Bis Herr Neubauer sein Würstchen zu lange auf dem Grill liegen ließ, es schwarz geworden war, einem Stück Holzkohle glich.

Die Frau aus dem dritten Stock riet ihm, er solle es nicht mehr essen, das Schwarzverkohlte könne krebserregend sein. Sie bot ihm sogar eines von ihren an. Der Angesprochene, ein Eigenbrödler, erwiderte barsch: „Ich kann essen, was ich will. Der Krebs ist doch meine Sache." Er fügte noch hinzu, sie brauche keine Angst

zu haben, diese Krankheit sei nicht ansteckend. Dummheit schon!" Betretenes Schweigen und lange Gesichter spiegelten die veränderte Stimmungslage wider. Sie verschlechterte sich noch mehr, als er die besorgte, liebevolle Hausbewohnerin erneut attackierte, ihr „Ich-wollte-doch-nur" überhörte: „Beachten Sie lieber die Hausordnung und werfen Sie nicht ständig Ihre Zigarettenkippen in Gottes schöne Natur." Dann bot er mit sarkastischem Unterton ihr an: „Ich schenke Ihnen einen Aschenbecher, falls Sie sich keinen leisten können."

„Ich bin Nichtraucherin", überhörte er ebenfalls. Die wirkliche Umweltsünderin, ihre Nachbarin, fühlte sich auf den Schlips getreten, obwohl sie gar keinen um hatte, und ging ihrerseits zum Angriff über: „Ich verbitte mir Ihre neunmalklugen Ratschläge, kehren Sie lieber vor der eigenen Wohnungstür und verpesten Sie nicht mit Ihrem Parfüm und Deospray ständig das Treppenhaus." Dann stand sie mit wütenden Blicken auf und drohte ihm: „Wenn Sie nicht schon morgen damit anfangen, werde ich Sie übermorgen verklagen. Es gibt ein Gerichtsurteil, das besagt, keiner im Haus hat das Recht, den Mitbewohnern seinen Geschmack aufzuzwingen. Dann sehen Sie aber alt aus, Sie alter Sack. Der Geruchsverunstalter wurde, weil er sich uneinsichtig zeigte, zu einer Geldstrafe von 500 € verurteilt. Das könnte Ihnen auch passieren." Mit sich zufrieden, erleichtert, setzte sie sich, war losgeworden, was sie schon lange auf dem Herzen hatte.

Eine klitzekleine Flamme, eine verbranntes Würstchen, entfachte ein riesengroßes Feuer. Jetzt eskalierte die gesamte Situation. Auch ein jüngerer Mann aus dem vierten Stock musste sich etwas von der Seele reden. Er drohte dem älteren Herrn aus der fünften Etage ebenfalls mit einer Klage, wenn er sich nachts beim Wasserlassen nicht auf die Toilette setzen würde. Vier- bis fünfmal würde er in der Nacht von dem widerlichen Geplätscher aus dem Schlaf gerissen, weil der Rücksichtslose sein Geschäft stets im Stehen verrichtet. Mitbewohner sind hellhörig wie moderne Hochhäuser. Der Angesprochene lachte höhnisch und entgegnete bockig: „Nur zu! Hat vor Ihnen auch schon jemand versucht und ist beim Richter abgeblitzt. Euer Ehren urteilte nämlich: Männer dürfen im Stehen urinieren. Das gehöre zu ihren freiheitlichen Grundrechten." Und dann stand der Uneinsichtige auf und setzte zynisch hinzu: „Und jetzt werde ich in der Nacht noch öfter gehen. Ich kann ausschlafen, Sie nicht!" Der Jüngere nannte den Älteren daraufhin einen alten, senilen Sturkopf. Dieser bezeichnete den Jüngeren als einen geistig amputierten Panaskopp. Was immer das ist.

Der Zank entfachte eine heftige Diskussion. Der junge Mann wurde unterstützt von allen weiblichen Wesen, ausnahmslos, hatten wohl auch alle schon schlechte Erfahrungen mit Stehpinklern gemacht. Jetzt ließen Spanien und Italien grüßen. Plötzlich flogen nicht Tomaten und Orangen, dafür angebissene Würstchen, abgenagte Knochen, selbst angeknabberte Pizzaböden durch die Luft. Dabei kam so manches ans Licht. Eine ältere Dame warf einer noch älteren Mitbewohnerin nicht nur scharfe Gurken an deren Kopf, sondern auch vor, sie locke ihre Katze in ihre Wohnung, um sie zu mästen, damit sie platze. „Hoffentlich tut sie mir bald den Gefallen!", hat diese entgegnet und nahm in die Hand, was noch auf dem Tisch stand. Die Essensschlacht erreichte ihren Höhepunkt, man bewarf sich mit kalten Fritten, lauwarmen Kartoffeln und Resten vom Nudelsalat. Am Ende ließ die Stadt Haro grüßen. Es wurde nicht nur Bier, kaltes oder lauwarmes, Wein, trockener und halbtrockener, Wasser mit oder ohne Kohlensäure jedwedem ins Gesicht, über den ganzen Körper, auf sein Essen geschüttet.

In dem Wort Nachb*arsch*aft steckt, wie sich manche Zeitgenossen benahmen.

Den Durchblick behalten

Herr Oliver Schönsicht, Besitzer eines Optikerladens, saß auf einer Brille. Nicht in seinem Laden, nein, auf der im stillen Örtchen. Wenn wenig Betrieb ist, gönnt er sich hier gern ein paar Minuten himmlischer Stille, um sein Geschäft zu erledigen, liest dabei in aller Ruhe die Tageszeitung oder irgendeine Fachzeitschrift.

Heute erfuhr er aus dem Blättchen „Natur", dass die Blindschleiche gar keine Schlange, sondern eine Echse ist. Sie gleicht nur einer Schlange mit ihrem beinlosen und langgestreckten Körper und den lautlos schlängelnden Bewegungen. Blind ist sie auch nicht. Sie sieht gut. Die Bezeichnung „blind" kommt in diesem Falle von dem Wort „Blende" und meint ihre bronzefarbene glänzende Oberfläche, die den Betrachter bei Sonnenschein blenden kann.

In den Gedanken versunken, wie oft wir Menschen doch irren, falsch liegen, kam eine 67-Jährige nicht gerade schleichend in seinen Laden, sondern fuhr mit lautem Gescheppper vor. Sie lag auch falsch, unterlag einem kleinen Irrtum. Sie hatte die Pedalen ihres Autos verwechselt, die wie sie später zu ihrer Entlastung feststellte, zu nahe beieinander liegen. Gas und Bremse! Ein Konstruktionsfehler der Ingenieure, ganz ohne Zweifel. Man blickt da oft nicht durch. Ihre Entschuldigung!

Darum schätzt sie Brillengeschäfte. Dort erhält man kostengünstig den Durchblick. In einen war sie gerade mit Volldampf hineingesaust, über die Parklücke auf der Straße hinausgeschossen. Der Besitzer hatte sich blitzartig von seiner Brille erhoben. War senkrecht in die Höhe geschnellt.

Nur gut, dass er zu diesem Zeitpunkt an einem anderen Örtchen weilte als im Laden und der Angestellte in einer anderen Ecke jemanden bediente, sonst hätte der Irrtum der Dame ins Auge gehen können. Die unentschlossene Kundin, die sich schon eine geschlagene Stunde nicht entscheiden konnte, welche Brille sie nehmen sollte, hatte es auf einmal sehr leicht. Der Bestand war auf mehr als die Hälfte reduziert, was die Auswahl verkleinerte, die Entscheidung erleichterte.

Die Beifahrerin der Unfallverursacherin stieg aus dem demolierten Fahrzeug, das allüberall Glassplitter zierten, nahm ihre Brille ab, reichte sie dem Chef und sagte, da sie ihren Humor nicht verloren hatte: „Einmal putzen bitte! Ich bin hier treue Kundin und das gehört zu Ihrem kostenlosen Service. Normalerweise komme ich immer durch die Vordertür. Heute ist eben alles anders."

„Selbstverständlich!", versicherte der Besitzer, holte ein Wischtuch aus der umgekippten, ansonsten kaum beschädigten Ladentheke und begann mit der Reinigung. Er setzte schmunzelnd hinzu: „Wie Sie sagten, unser Service ist kostenlos. Zumindest dieser!"

Er wandte sich gleichzeitig an die leichenblasse Fahrerin mit dem Blick „Schau-mir-in-die-Augen-Kleines" und belehrte sie: „Die Autowerkstatt ist nebenan, falls Sie diese suchen."

Da rief der Angestellte aus der hinteren Ecke: „Mit einer Gleitsichtbrille von uns wäre Ihnen das nicht passiert und ergänzte: „Es ist gut, wenn man immer eine klare Sicht auf die Dinge hat. Dafür sind wir ja da!"

Nach einer kleinen Verschnaufpause stellte der Chef unaufgeregt fest: „Übrigens, dies ist ein Brillengeschäft. Sein Anblick ist im Augenblick nicht gerade ein Augenschmaus. Man verliert jetzt leicht den Durchblick bei dem Durcheinander. Aber wenn Sie nächste Woche vorbeischauen würden, ist hoffentlich alles wieder an Ort und Stelle. Dann bitte durch den Haupteingang."

Schlaflos in London

Viele vom Alltag gestresste Menschen leiden an Schlafstörungen. Häufig treten sie bei Managern während einer Geschäftsreise auf. Die Gründe dafür sind enorme Arbeitsüberlastung, hohe Verantwortung und ständige Hektik. Leider auch bei Urlauben. Bei ihnen bewahrheitet sich die Volksweisheit: In fremden Betten schläft sich schlecht.

Darum kommen auf der ganzen Welt Künstler, Architekten und Hotelbetreiber auf ausgefallene Ideen, auf ungewöhnliche Konstruktionen für einen guten Schlaf in der Fremde. Sie überbieten sich geradezu in ihrem Einfallsreichtum. So gibt es Bauten, die einem Kanalrohr gleichen oder dem Hinterteil eines Hundes, sogar einer Gefängniszelle, auch als Suite zu haben, um den Benutzer an unvergessliche Stunden, Tage, Monate, Jahre zu erinnern, so das Einschlafen zu erleichtern. Mitten in dem berühmten Kakadu National Park Australiens kann man in einem wilden Körper nächtigen, in dem eines Krokodils. Das Hotel hat nur einen Pool, aber 110 Zimmer. In denen soll man schlafen können wie ein Hamster. Warum gerade in einem solch gefräßigen Tier? Eine Parallelität drängt sich auf zu dem habgierigen Vierbeiner und den alles in sich hineinstopfenden Zweibeinern am Buffet, den dicken Backen des Hamsters und den vollen Wangen der Gäste, wenn sie in ihre Zimmer verschwinden.

Das Ehepaar Graf aus Dortmund wollte so weit nicht reisen und dennoch einmal schlafen wie ein Baby. Es wählte darum ein näher gelegenes Ziel, ein Londoner Hotel im Stadtteil Shoreditch. Ausgestattet mit Gebärmutterzimmern! Sie waren aber keine Kleinkinder mehr, die nach einer Gute-Nacht-Geschichte wie auf Kommando selig träumen, sondern stressgeplagte Großstädter mit massiven Schlafproblemen. Das zeigte sich!

Ein Versuch aber war es wert, glaubten sie und begaben sich zeitig in den Mutterleib. Zunächst fielen sie auch beide in einen leichten Schlaf.

Nun muss man wissen, der Ehemann hatte vor zwei Wochen mit dem Rauchen aufgehört. Eine qualvolle Zeit lag hinter ihm, gezeichnet von schmerzvollen Entzugserscheinungen. Die ersten vierzehn Tage waren die schlimmsten und die hatte er dank ihres eisernen Willens geschafft. Kaugummi konnte er für die nächsten vierzehn Jahre nicht mehr sehen. Im Traum aber sah er sich nach einem Glimmstängel greifen und genussvoll daran ziehen.

Ein Angst- und Alptraum! Das Ende des Schlafes! Er saß mit einem Ruck schweißgebadet senkrecht in seinem Bett, nachdem er zuvor mit den Händen abwehrend wild um sich geschlagen hatte. Völlig unbeabsichtigt verprügelte er dabei seine Liebste. Sie glaubte ihm aufs Wort, war dennoch von Hämatomen übersät. Darum erhob sie sich aus den Federn, um die blauen Flecken zu kühlen. Die Nachtruhe war dahin.

Ein erneuter Versuch! Licht aus! In die Gebärmutter kuscheln! Jetzt störten die himmlische Ruhe die Laute, die der noch nicht eingeschlafene Ehepartner vernahm, glichen nicht dem sanften Pusten eines Säuglings, dafür denen eines ausgewachsenen Rhinozeros.

Der Gute versuchte sein Bestes, hielt sich die Ohren zu und zählte Schäfchen. Als er dreimal bis zweitausend gekommen war, versuchte er es mit leichten Schubsern, erfolglos, dann mit kräftigen Stößen, erfolgreich. Die Geliebte erwachte, das Schnarchen endete.
Eine Zeitlang saßen beide hellwach auf der Bettkante, dann im Sessel, wieder dort, wieder hier. Putzmunter! Beim Rotieren

fiel sein Blick auf die Minibar. Ein rettender Gedanke durchzuckte sein Großhirn wie ein Blitz den Nachthimmel. Er schickte tausend Dankgebete zum Firmament, als er die Tür öffnete. Sie hatte das Wort Mini nicht verdient. Sie war gefüllt bis zum Rand, zu welchem, egal, man sagt das so, vornehmlich mit kleinen Flaschen. Günstig!

Weniger Flüssigkeit, dafür mehr Alkohol. Nicht so günstig, wie sich später herausstellte!

Nachdem sie gemeinsam in großer Eintracht die letzte Flasche geleert hatten, fielen sie in einen Tiefschlaf, schliefen nun fest wie Babys in der Gebärmutter.

Am nächsten Morgen, als ihnen die Rechnung präsentiert wurde, kam das jähe Erwachen. Der Ehemann sagte sachlich feststellend zu seiner Frau: „Das hätten wir Zuhause billiger haben können."

Vom Auf und Ab des Lebens

Raimund und Dieter sitzen in ihrer Stammkneipe, genießen den Alkohol und klagen über das Auf und Ab des Lebens. Raimund erzählt seinem Kumpel: „Vor einem Monat hat meine Frau doch tatsächlich gegen meinen Willen eine Lebensversicherung für sich abgeschlossen. Vor zwei Wochen ist sie gestorben. Glück für mich im Unglück. Beim ersten Fenster, das sie zu putzen gedachte, glaubte sie, es sei offen. War es aber nicht. Das stellte sie fest, als sie ihren Kopf hindurch stecken wollte. Beim zweiten sagte sie sich, darauf falle ich nicht noch einmal herein. Es war aber offen und sie schoss durchs Fenster, stürzte auf den Abhang hinter unserem Haus, kullerte mit angezogenen Beinen dort hinunter und brach sich kein Bein, aber dafür das Genick. Pech für sie, Glück für mich, denn ich kam jetzt in den Genuss ihrer Versicherung."

Sie trinken einen Schluck Bier auf die Selige. Dann meint Raimund: „Das Auf und Ab geht weiter. Ich musste jetzt so viele Formulare ausfüllen, dass es mir lieber gewesen wäre, sie wäre nicht gestorben, sie würde noch leben, zumal ich auch im Haushalt nicht der Geschickteste bin."

Er schaut seinen Freund lange und nachdenklich an und meint dann mit sinniger Stimme: „Jetzt verstehe ich erst so richtig, warum sie bei unserer Hochzeit ein weißes Kleid trug."

„Das tun doch alle Bräute."

„Das meiner Frau aber war schneeweiß, weiß wie der Kühlschrank, die Waschmaschine, der Trockner. Alle diese Geräte sind für mich böhmische Dörfer, für sie waren sie es nicht. Das sagt mir heute ihr Brautkleid. Ich muss jetzt anfangen, mich mit dem ganzen Böhmerland vertraut zu machen, sonst verhungere ich oder verkomme im Dreck. Das heißt wieder aus einer Talsohle herausklettern."

„Du hast doch wenigstens noch Glück bei allem", meint Dieter, „ich aber habe immer nur Pech, es verfolgt mich auf Schritt und Tritt. Du kennst doch meine große Angst vor Hunden. Ich schwitze Blut und Wasser, wenn mich einer auch nur anklafft. Ich erleide tausend Tode, wenn beim Spazierengehen eine dieser Bestien um mich herumstreicht oder seine eklige Tatze meinen Körper berührt.

Wenn mich dann einer an meinen Ängsten uninteressierter Halter - oder sagt man Herrchen - mit besänftigender Stimme tröstet mit dem üblichen ‚der will doch nur spielen', könnte ich aus der Haut fahren, ihm an die Gurgel gehen und zubeißen. Kraftvoll! Mein ‚Ich-nicht-mit-ihm' verhallt stets ungehört im Wald, im Wind oder sonst wo.

In einem Augenblick geistiger Umnachtung bin ich doch gestern tatsächlich auf zwei sich raufende Köter zugeeilt und wollte sie trennen. Ein Blackout! Was machen die undankbaren Viecher? Zum Dank beißt mir einer von ihnen in meine Hand, meine rechte. Ich habe sie - jetzt endlich wieder bei Sinnen - ihrem Schicksal überlassen und bin in die nächste Apotheke geeilt. Als ich an dem Hund des Apothekers vorbeistürmte, schreckte dieser wohl dermaßen auf, dass er zuschnappte. Mein linkes Bein erwischte."

Er sieht seinen Freund leidvoll an und fragt: „Weißt du, was der Giftmischer zu mir gesagt hat? ‚Nun haben Sie sich doch nicht so. Es blutet nicht einmal'."

Dieter sieht seinen Freund an und sagt frustriert: „Du siehst vor dir einen potentiellen Serientäter. Dann bin ich wenigstens für einen Augenblick einmal ganz oben. "

Helle Burschen, unsere Polizisten

Diebe stehlen Wertsachen, in der Regel Schmuck, Uhren, Edelsteine, aber auch Ungewöhnliches. So haben amerikanische Teenager einen Streifenwagen der Polizei mitgehen lassen, indem sie mit ihm fortgefahren sind. Einfach so! Die Beamten schauten verdutzt aus ihren Uniformen.

Unklar ist, was Diebe mit einem Gefängnistransporter wollten, der vor einer Wache in Danzig abgestellt war. Für die Ordnungshüter ein Rätsel!

Serbische Kriminelle haben sogar ein komplettes Einfamilienhaus abgebaut und samt Mobiliar abgefahren. Dem Besitzer blieb die grüne Wiese.

Es gibt aber auch Verbrecher, die nur Dinge entwenden, die sie wirklich benötigen. Ein offensichtlich erkälteter Dieb in Münster mit Schweißfüßen und dritten Zähnen hat innerhalb weniger Tage aus verschiedenen Geschäften mengenweise Superhaftcreme, Fußfrischsalbe und Hustenbonbons entwendet. Hoffentlich helfen sie!

Hungrige Kriminelle haben im elsässischen Mülhausen aus einem Kühlhaus einer Nahrungsmittelfirma 186 Weihnachtskuchen gestohlen, alle anderen Leckereien ignoriert. Eine verderbliche Ware, für den Schwarzmarkt nicht geeignet, weil für den baldigen Verzehr vorgesehen. Na dann, guten Appetit!

Mehr Sinn macht ein Diebstahl in Hagen. Die Täter fuhren mit einem Sattelzug davon, der dreißigtausend Liter Rum geladen hatte. Zum Wohle! Prost!

Am Anfang der Coronapandemie kam es ebenfalls zu kuriosen Diebstählen. Es wurden in dieser Zeit drei Dinge knapp und damit wertvoll: Desinfektionsmittel, Mundschutzmasken und Toilettenpapier. Der Kauf von Klopapier wurde zur Panikdemie, in den Discountern, Supermärkten, selbst in Drogeriegeschäften wurden Regale Minuten nach der Auffüllung leergefegt. Die Menschen fielen über die Rollen her schlimmer als Heuschrecken über Plantagen. An Tankstellen, in Buchläden, selbst Metzgereien bekam man als Treuebonus eine Rolle Klopapier. Die Angst, ungesäubert die Hose wieder hochziehen zu müssen, hielt Menschen in einem Würgegriff, schlimmer als Polizisten renitente Schwerverbrecher.

Ein leichtsinniger Autofahrer hat eine, nur eine, Rolle über Nacht in seinem Auto liegen gelassen. Am Morgen war sie verschwunden. Keinen wunderte es, nur den Halter. Das Fenster war eingeschlagen und das Objekt der Begierde entnommen worden. Kein Diebstahl, eher Mundraub, auch falsch, aber so ähnlich. Nicht einmal ein Verlust von 50 Cent, aber ein Schaden von 3.500 Euro! Die Versicherung weigerte sich zu zahlen mit der Begründung, Wertsachen dürfe man nicht offen im Auto herumliegen lassen. Der Geschädigte stellte die Gegenfrage, seit wann denn eine Rolle Poreiniger eine Wertsache sei. Falsch! Die Antwort war leicht, seit Ausbruch der Pandemie!

Das Argument, sie habe gar nicht offen herumgelegen, sie war unter einem Häkelhut versteckt, war ganz falsch. Die Antwort der Versicherer logisch: Jedermann weiß, was sich unter diesen Strickwerken auf der hinteren Ablage verbirgt.

Ein Diebstahl von Klopapier stellte selbst gewiefte Kriminalisten vor einen Berg von Fragen.

Im thüringischen Sonneberg wurde in ein Toilettenhäuschen eingebrochen. Es stand auf einem umzäunten Grundstück. Der Täter hebelte ohne große Schwierigkeit das Fenster aus. Erste Frage: Warum brach er nicht einfach die Tür mit einem Stemmeisen auf? Weder das Fenster noch die Tür entsprachen den modernen Sicherheitsvorkehrungen. Es wäre doch leichter gewesen, mit beiden Füßen ins Haus einzutreten als sich mit dem Kopf voraus durchs Fenster zu hangeln. Es gibt nur eine Erklärung. Es war ein

umsichtiger Dieb. Wenn man ihn erwischen würde, wären die Erstattungskosten für ein kleines Fenster geringer gewesen als für eine große Tür.

Warum nahm er nur eine Rolle mit und ließ die angebrochene hängen? Möglich, dass er selbst in Coronazeiten sich nicht soweit erniedrigen wollte, in Gebrauch befindliche Ware zu stehlen oder er war ein rücksichtsvoller Dieb, die soll es geben, und hat großzügigerweise den Rest dem Besitzer gelassen. Es könnte ja auch seine letzte Rolle gewesen sein.

Noch etwas konnte nicht geklärt werden: Warum schritt er zu dieser ungewöhnlichen Tat? Möglicherweise weil er dringend seine Notdurft verrichten musste und er kein Klopapier zu Hause hatte. Dann kann er auf mildernde Umstände hoffen. Brauchte er aber gar nicht! Er wurde nie gefasst. Die Spurensicherung rückte nicht an, die Polizei stellte die Ermittlungen vorzeitig ein, zum Ärger des Besitzers. Sie sparte sich das Papier, um den Vorgang aktenkundig zu machen. Wie gesagt, Papier in jeder Form war wertvoll in diesen Zeiten. Helle Burschen, unsere Polizisten!

Die Sache ist gegessen

Belgier waren schon immer und sind es bis heute, sparsame, aufrichtige und forschungsfreundliche Menschen. Diese positiven Eigenschaften wurden zwei Köchen im Mittelalter zum Verhängnis.

In Rom herrschte in dieser Zeit Sodom und Gomorra oder wie Martin Luther es ausdrückte, die Stadt ist „der Sitz des Teufels". Rom sehen, hieß vom Glauben abfallen. Kardinäle und Päpste lebten in Saus und Braus, während das gemeine Volk hungerte, viele Menschen verhungerten. Es war die Zeit, in der die Kirchenfürsten sich nicht mit religiösen Fragen beschäftigten, sondern die Päpste darauf bedacht waren, ihren unehelichen Nachkommen lukrative Ämter zu verschaffen, auch wenn sie für diese nicht im Geringsten geeignet waren. Die Kardinäle machten es nicht anders. Andere hohe Geistliche besuchten regelmäßig die Dirnenviertel, ohne ein Hehl daraus zu machen.

Das Schlimmste aber war die Verschwendung von Gottes Gaben, von Nahrungsmitteln. Fressorgien wurden von den hohen Herren fast täglich abgehalten, wertvolle Reste in den Tiber geschüttet, während das gemeine Volk darbte. Nur ein Nahrungsmittel, eine Wurst aus einer bestimmten Metzgerei, wurde von den Fürsten und Kardinälen über alles geschätzt und geachtet, stets bis auf den letzten Zipfel genüsslich verspeist. Der höhere Klerus wollte nur diese spezielle Wurst auf seiner Tafel sehen. Andere Schlachter versuchten vergeblich zu ergründen, auf welcher Rezeptur das Erfolgsgeheimnis beruhte. Vergeblich!

Ein Flame allerdings lüftete es.

Im Winter 1638 wurde ein Hilfskoch abends losgeschickt, um Fleisch zu kaufen. Auf dem Weg dorthin traf er einen Freund aus seiner Heimat Flandern. Die Wiedersehensfreude war riesengroß und die beiden kehrten erst einmal in der Taverne „Zum Stern" ein. Beim Wein erzählte er seinem Vertrauten im Vertrauen, dass der Leibkoch des Kardinals della Queva verschwunden war, ein sehr gut aussehender Mann. Man vermutet, dass er eine bessere Beschäftigung gefunden habe, als am Kochtopf zu stehen.

Große Verwunderung herrschte allerseits, als wenige Tage später sogar der Chefkoch des Abtes Severoli vermisst wurde. Er war wie vom Erdboden verschwunden, nicht mehr auffindbar. Keiner hatte die leiseste Ahnung, wo der treue und pflichtbewusste Diener abgeblieben seien könnte.

Bei diesem Gespräch fiel dem Hilfskoch ein, dass er noch eine Pflicht zu erfüllen hat, nämlich Fleisch zu kaufen, sonst bekäme er großen Ärger. Er stand auf und bat seinen Freund: „Warte hier, ich bin gleich zurück!" Der Gute wartete und wartet und wartete, doch der Freund kam nicht wieder. Darum begab er sich zu der Metzgerei, in der dieser seinen Einkauf tätigen wollte, wo es auch die hochgelobte Wurst gab. Der Laden war längst geschlossen, sein wieder gefundener Amigo war nirgendswo aufzufinden.

Als dieser am nächsten Morgen immer noch nicht auftauchte, schöpfte er einen bösen Verdacht. Wie gesagt, Flamen sind hartnäckig und nachforschungsfreudig. Er kontaktierte die Angehörigen der verschwundenen Köche und sie erreichten bei der Stadtverwaltung, dass sie den Lehrjungen der beiden Metzgermeister befragen durften. Dieser zierte sich zunächst wie eine Jungfrau beim ersten Mal. Aber mit Zuckerbrot und Peitsche brachten sie ihn schließlich zum Reden. Er erzählte, dass auch andere Küchenchefs, die das Geheimnis der besonderen Wurst haben lüften wollten, von seinen Chefs stets bereitwillig in den Keller geführt wurden. Er habe aber nie einen wieder hinaufkommen sehen. Mehr wollte er nicht sagen und Vermutungen schon gar nicht anstellen, das könnte ihn seinen Kopf kosten. Die Befrager hatten aber den leisen Verdacht, dass die Neugierigen in den großen Fleischwolf geraten sein könnten, da der Lehrling auch zugab, laute Schreie hin und wieder gehört zu haben.

Die Polizei nahm die beiden Metzgermeister fest und befragte sie getrennt voneinander. Erst leugneten sie alles, schworen beim Heiligen Antonius, nie einer Fliege etwas zuleide getan zu haben, das könnten sie auch gar nicht. Dann gab der Jüngere zu, weil diese Schnüffler ihnen bei der Arbeit oft im Weg gestanden hätten, was nicht nach ihrem Gusto war, diese mit unfreundlichen Worten und ein paar heftigen Tritten vertrieben zu haben. Das erkläre auch die Schreie, die ihr Hilfskoch gehört haben wollte.

Der Jüngere der beiden hielt die übliche Quälerei der Folter tatsächlich eine halbe Stunde aus, der Ältere legte schon nach einer Viertelstunde der Misshandlung ein umfassendes Geständnis ab. Der Erfolg der Wurst, ihr guter Geschmack hat auch sie auf den Geschmack gebracht, immer mehr Menschenfleisch in der Wurst zu verarbeiten, notfalls auch Hilfsköche.

Am Morgen des 23. Februar 1638 wurde das Täter-Duo auf der Piazza vor dem römischen Pantheon zunächst mit einer Keule geschlagen, aber nicht einer Metzgerei übergeben. Papst Urban VIII. bestand nämlich auf einem „feierlichen Vollzug der Todesstrafe". Damit war für ihn die Sache gegessen, nicht ganz, die Metzgerei wurde geschlossen. Es wird gemunkelt, so mancher vom höheren Klerus bedauerte, dass durch das Schließen ihnen ein Stück Himmel auf Erden verloren gegangen war. Reue zeigte keiner oder ist nicht bekannt.

Für einen Fusel reicht es immer

Zwei Freunde, sich nicht immer grün, planen ein ganz besonderes Ferienerlebnis. Sie wollen einmal etwas Ungewöhnliches, Einmaliges, Abenteuerliches erfahren. Raimund hat sich schlau gemacht und schlägt seinem Freund vor:

„Wir fliegen auf die Insel Big Major Clay, die zu den Bahamas gehört. Schwimmen mit Delfinen, Tauchen nach Korallen, Auffinden versunkener Schätze ist schon von Hinz und Kunz gemacht worden. Wir aber genießen dort etwas ganz Einmaliges, Baden mit Schweinen."

Sein Freund lacht, hält das für einen schlechten Witz. „Kein Grund für dein albernes Gekicher", meint sein Freund. „Das ist ein seltenes Badeerlebnis. Diese Tiere gibt es in dieser Region nirgendwo anders. Sie wurden von zwei Männern bei der vorletzten Jahrtausendwende auf die Insel gebracht, damit sich die Herren im Notfall selber versorgen konnten. Und wer auf der Welt ist schon einmal mit einer dicken Sau geschwommen? Du kannst dich mit der Süßen auch fotografieren lassen, nur knutschen darfst du sie nicht, dann beißt sie zu. Sie frisst gerne Menschenfleisch."

Er schaut seinen Freund an und meint: „In dieser Welt fühlst du dich doch sauwohl. Und das riesengroße Kotelett schmeckt am Abend besonders gut."

Daniel kontert: „Ich schlage eine Gorilla-Trecking-Tour in Uganda vor. Man kann den Regenwald auf eigene Faust erkunden und Gorillas und andere Primaten ausfindig machen. Sie kommunizieren durch lautes Brüllen oder tiefes Grunzen. Damit kennst du dich gut aus. Das Leben mit Primaten ist für dich doch affengeil."

Raimund hat noch ein Ass im Ärmel: „Eisbaden ist in Russland weit verbreitet. Ich kenne einen Ort, dort steigen hunderttausende russisch-orthodoxe Christen am 19. Januar ins kalte Wasser. Sie waschen sich symbolisch die Seele rein."

Er sieht seinen Freund herausfordernd an und ist sich sicher: „Das hättest du bitter nötig. Verleiht dir Seelenfrieden."

„Und du auch. Dich würde ich gleich dreimal hineintreiben", entgegnet Daniel, „selbst mit deinen Herz-Kreislaufproblemen, auch wenn Ärzte davon dringend abraten. Vielleicht kommst du so schneller zu einem himmlischen, ewigen Frieden. Und ich habe meine Ruhe vor dir."

„Was dir aber besonders gefallen wird", beruhigt ihn Raimund, „ist das Aufwärmen mit reichlich Wodka danach. Der heizt dein inneres, morsches Gebälk so richtig auf. Setzt es in Flammen!"

Manchmal kommt es anders, als man plant. Die Coronapandemie erfasste, bevor sie sich entschieden hatten, Europa, die ganze Welt, überall herrschte Ausgeh- und Reiseverbot. Auch an den Orten ihrer „Urlaubsträume". Die beiden traf es noch ärger, sie mussten in Kurzarbeit gegen. Ihr Geld reichte jetzt gerade noch für einen Urlaub in einem Heuhaufen. Auch etwas Besonders! Sie konnten hier gemeinsam ihren Schluckmuskel trainieren und billigen Fusel in vollen Zügen genießen mit Schweinegrunzen im Hintergrund. Vielleicht gestattet ihnen der Bauer sogar, eine Sau, die sich knutschen lässt, mit in ihr Heulager zu nehmen.

Wie im Zirkus

„Ich bestelle für uns einen Tisch", sagte Uwe zum befreundeten Ehepaar. „Wir wollen mal wieder einen gemütlichen Abend zu viert verbringen. Er rief im Gasthof „Zur Post" an.

„Ich möchte für heute Abend einen Tisch reservieren."
„Sie heißen?"
„Zelokowski-Sczrybski!"
„Wie schreibt man das?"

„Mit Bindestrich!"
„Haben Sie auch einen Vornamen?"
„Ja, Oleg!"
„Auf dem Schild Ihres Tisches steht dann „Oleg", Herr Kowski oder wie immer Sie heißen."

Der Abend fing nicht gut an. Der Ober, der keine Augenbrauen, sondern einen Augenbart hatte, wirkte furchterregend, versprühte weder Freundlichkeit noch Eifer. Hätte Uwe ihn gefragt, was können Sie uns empfehlen, er hätte bestimmt geantwortet, ein anderes Lokal. Er müsste dann vier Gäste weniger bedienen.

Die Vorspeise, alle hatten eine Festtagssuppe gewählt, hätten sie verspeisen können, wenn sie wenigstens so warm gewesen wäre wie das Bier. Fairerweise muss man sagen, die Teller waren nass. Die Farbe der Festlichkeit war leberwurstgrau und vom Geschmack her war die Suppe vom Regenwasser nicht zu unterscheiden. Zumindest glaubten das die Vier, obwohl keiner von ihnen bisher aus einer Pfütze getrunken hatte.

Sie bestellten dann vier Steaks, ganz unterschiedlich zubereitet. Olaf wollte seines schön durch, seine Frau Sieglinde englisch und ihre Freunde Veronika und Edmund medium und medium plus. Der Kellner rief in die Küche: „Vier Steaks!" Und so waren sie denn auch alle gut durch. Sie konnten froh sein, dass wenigstens die Messer scharf waren und sie gesunde Zähne hatten. Gebissträger war keiner, der wäre verhungert. Die gute Laune verflog wie Rauch im Wind. Wen wundert's.

Das färbte auch auf die Stimmung ab, spiegelte die Tischgespräche wieder. Veronika ließ ihrem Frust über das verkorkste Essen freien Lauf. Was machen Frauen in diesem Fall, sie ziehen über ihren ihnen Anvertrauten her, sie über ihren Edmund. Er bekam sein Fett weg, das am argentinischen Steak gefehlt hatte. Sie behauptete, Männer können sich nicht von Muttis Schürze lösen, hängen zeitlebens an ihrem Rock. Ihr Edmund sei in allen Belangen ein Muttersöhnchen, ein unselbstständiges Kleinkind, ein verweichlichter Jammerlappen. Bei einer Scheidung, sie stand überhaupt zur Diskussion, haben immer zwei Schuld, der Ehemann und seine Mutter. So wäre es auch in ihrem Falle. Verweichlicht! Während der Geburt ihres ersten Kindes hatte sie derartig starke Schmerzen, dass es ihr möglich war, nachzuempfinden, was Edmund bei einer Erkältung durchsteht.

Unselbstständig! Sie fragte sich oft, wie manche seines Geschlechtes große Erfindungen machen konnten, wohingegen der Ihre nicht einmal den riesigen Kringel Wurst oder die große Packung Käse im Kühlschrank findet.

Ihr Mann konterte: „Eine Krankheit greift immer die schwächste Stelle im Körper an. Darum hast du auch ständig Migräne und Kopfschmerzen."

Jetzt stimmte auch Olafs Frau in die Murrtirade ein. Sie war fest davon überzeugt, dass auch für ihren Mann seine Mutter eine Heilige ist, die alles besser kann als sie. Er kann alles bestens, ist der geschickteste Handwerker im Haus. Nur man muss ihn jeden Monat von Neuem daran erinnern, dass er den Wasserhahn reparieren wollte. Bei der Hausarbeit überschlägt er sich vor Eifer, er hebt doch tatsächlich die Füße hoch, wenn sie Staub saugt. Sie ist froh, dass er sich selbstständig die Zähne putzt.

Es fehlte nur noch ein Zelt, dann wäre der Zirkus komplett gewesen.

Tu doch etwas!

David Dummbacke, er heißt wirklich so, ist kein Dummkopf, eher ein kluger Mann, ein Schreibtischtäter. Er wälzt Akten, stempelt ab, reicht weiter, manchmal schreibt er sogar Bescheide. Beruflich sind sein Großhirn und Kleinhirn im ständigen Einsatz, privat weniger. Bei der Gartenarbeit schaltet er beide Gehirnhälften komplett aus. Könnte man meinen! Natürlich weiß er, dass funktionelle Kleidung und festes Schuhwerk und das Wegräumen von Stolperfallen für die Arbeit im Grünen Pflicht sein müssten. Für ihn sind sie es aber nicht! Meistens verzichtet er auf diese oder jene Vorsichtsmaßnahme und sagt sich stets: „Ich will doch nur schnell!" Dieses *Nur* ist ihm oft schon zum Verhängnis geworden. Er könnte ein Buch darüber schreiben mit dem Titel „Abenteuer Garten". Es würde bestimmt ein Bestseller.

An einem Feierabend wollte er *nur* schnell den Blumen Wasser geben. Er griff in seinen Badeschlappen die Gießkanne und stürmte los. Übersah in der Eile die Harke, die quer über dem Weg lag, trat drauf. Zum Blumengießen kam er nicht mehr. Der blutende Fuß war nicht so schlimm wie das Horn, das der Stiel auf seiner Stirn kunstvoll formte. Seine Frau konnte sich nicht verkneifen, sein Aussehen zu kommentieren: „Du gleichst ein wenig einem Einhorn. Das Fabelwesen steht für Güte, Vorsicht und Achtsamkeit."

Natürlich weiß er auch, dass man eine Leiter sicher aufstellen muss, einen festen Standort wählen sollte. Das Beste wäre, jemanden zu bitten, sie festzuhalten. Das kann auch die eigene Frau sein, wenn man mit ihr in Frieden lebt. Andernfalls sollte man es besser lassen.

Seine Frau war aushäusig. Und er wollte *nur* schnell ein paar Blätter aus der Dachrinne entfernen. Alles ging fix. Leiter ans Haus lehnen, hinaufklettern, oben ankommen. Das wacklige Ding rutschte weg. Einfach so! Zum Glück konnte sich der Reaktionsschnelle an dem Regenlauf festhalten, um Hilfe rufen nicht, denn seine Frau war einkaufen und wollte dann noch ihre Mutter besuchen. „Das kann dauern, bis sie wieder kommt", sagte ihm seine innere Stimme. Nach einiger Zeit aber flüsterten seine Finger ihm zu: „Lange schaffst du das nicht mehr." Sie hatten recht. Er fiel hinunter. Parallelität zur Harke! Die Verletzungen an den Beinen waren nicht so schmerzvoll wie das harte Landung auf dem Allerwertesten und das zertrümmerte Steißbein. In den nächsten Tagen konnte er nur aufrecht stehend essen und bäuchlings liegend fernsehen.

An einem warmen Spätsommernachmittag hatte das Ehepaar mit dem leicht einprägsamen Namen den Gartentisch mit Kaffee und Kuchen gedeckt. Eigentlich wollte es sich einen gemütlichen Nachmittag machen. Eigentlich! Sie erschien in ihrer neuen, gepunkteten Bluse. Statt vor Bewunderung in Ohnmacht zu fallen, stichelte er: „Beabsichtigst du als Clown im Zirkus aufzutreten?" Das verbesserte nicht die Stimmung. Sie verschlechterte sich weiterhin, als sich Wespen dem Kuchen näherten. Manche Menschen nennen sie auch „Zwetschgenkuchenwespen". In Wirklichkeit gibt es bei uns die „Deutsche Wespe" und die „Gemeine Wespe". Es war eine gemeine Wespe, die der Hausherr mit einem Löffel aus dem Saftglas befreite, und sie ihm zum Dank in den Oberarm stach. Wespen können im Gegensatz zu Bienen öfter stechen. Davon machte sie Gebrauch und versprühte ihr Gift der Gerechtigkeit halber auch noch im Nacken der Hausherrin. Darauf schrie sie den Tierretter an: „Nun tu doch etwas!" Das hätte sie besser nicht gesagt.

Der zur Tat Gedrängte ignorierte, dass diese nützlichen Tierchen unter Naturschutz stehen, noch dachte er an ein Umsiedeln ihres Nestes, schon gar nicht wählte er die Nummer 112. Nein, selbst ist er Mann! Er schritt majestätischen Schrittes mit einem Gasbrenner zum Komposthaufen, in dem die fleißigen Tierchen ihr Nest gebaut hatten.

Dieses wabenähnliche Gebilde besteht aus einer papierartigen Masse, die aus morschem, trockenem Holz zu Kügelchen zerkaut, von den Summern kunstvoll gebaut wird. Sie hatten es in dem Kompost versteckt. „Rache ist süß", sagte sich Herr Dummbacke und hielt die Stichflamme daran. Vielleicht dachten sich die Wespen das auch, nahmen auch Rache an dem Übeltäter und stachen zu. Ein ganzer Schwarm fiel über den armen Dummbacke her. Denn sein Agieren jetzt war nicht nur dämlich, sondern saudumm. Je mehr er um sich schlug, umso mehr verschlimmerte er seine Lage. Ihm blieb nur die Flucht ins Haus. Seiner Frau auch! Weil Wespen, aufgescheucht, aufgebracht, auf Verteidigung bedacht, nicht unterscheiden zwischen Männlein und Weiblein, Ruhestörer und Friedvollem.

Aus sicherer Position, hinter der Fensterscheibe, konnte der Gerettete, übersät mit Wespenstichen, beobachten, wie der Komposthaufen in Flammen aufging, das Feuer auf den Zaun übergriff, der aus Holz bestand. Eine mächtige Rauchwolke entwickelte sich. Weil der Gute befürchtete, der Brand könnte auf das Nachbarhaus übergreifen, rief er jetzt doch die Feuerwehr zur Hilfe. Sie rückten mit neun Mann an und retteten, was noch zu retten war.

Angefangen hatte alles mit dem Satz: Nun tu doch etwas!

Wenn man gut zu Fuß ist

Thorsten Donner will sich seinen Sonntagsbraten holen. Wie immer ist der Metzgerladen am Samstag rappelvoll. Nur zwei Verkäuferinnen stehen hinter der Theke. Sie geben ihr Bestes, bedienen die Kunden so schnell sie können. Sind dabei immer freundlich, höflich und zuvorkommend. Aber mehr als arbeiten können sie nicht. Alle Kunden respektieren ihre Leistung, stellen sich geduldig an und warten, bis man an der Reihe ist. Jeder weiß, wer vor ihm da war oder nach ihm gekommen ist.

Als die nette Verkäuferin ruft: „Der Nächste bitte!", tritt Thorsten vor, um seine Bestellung aufzugeben. Er ist weiß, jetzt ist er an der Reihe. Da ist er sich ganz sicher!

Irrtum! Noch sicherer ist sich ein junger Mann, groß und breitschultrig, selbstbewusst und arrogant und behauptet: „Ich bin dran", und schubst den Rentner beiseite.

„Bitte?"

„Danke! Du hast Zeit, viel Zeit, Opa. Nimm sie dir, ich geb' sie dir! Bei mir geht es ganz fix." Der Klügere gibt nach, sagt sich Thorsten Donner und es scheint ihm, dass der Drängler die Weisheit nicht gerade mit Löffeln gegessen und noch weniger eine gute Kinderstube genossen hat. Er gibt darum der Verkäuferin ein Zeichen, dass sie ihn bedienen soll.

Als er dann mit seinem Rinderbraten, ein wenig Gehacktem und ein paar Scheiben Wurst den Laden verlässt, sitzt der „Drängler" in aller Gemütsruhe auf der obersten Stufe und zieht genüsslich an seiner Zigarette.

„Ich dachte, Sie sind in Eile!", wundert sich Thorsten.

„Bin ich auch gewesen! Brauchte dringend meinen Glimmstängel", erwidert der Schnösel mit einem feisten, frechen Grinsen im Gesicht.

Als Thorsten in sein Auto steigt, einen Kleinwagen, ruft dieser ihm spöttisch nach: „Benötigen Sie einen Schuhlöffel?"

Thorsten winkt ab, steht über den Dingen.

„Wie viel PS hat denn Ihre Schrottkiste?"

„75", ist seine kurze und knappe Erwiderung und er fragt sich, warum antworte ich dem Blödmann überhaupt.

„Damit mahle ich morgens meinen Kaffee. Meiner hat 350!"

Er zeigt auf den Ferrari, der vor Thorstens Mini parkt. Plötzlich springt der junge Mann auf, legt einen Blitzstart hin, filmreif, ohne die qualmenden Reifen, die auch nur die Pyrotechniker zustande bringen. Thorsten folgt dem Voranbrausenden auf der Landstraße, sehr kurvenreichen, verliert ihn aber bald aus den Augen.

Wenige Minuten später sieht er einen durchbrochenen Lattenzaun und eine Spur, die sich mitten durch ein kleines Getreidefeld zieht. Langsam, sehr langsam, denn er hat Zeit, steigt Thorsten aus, folgt der nicht zu übersehenden Fährte, denn ein dicker Ferrari hinterlässt tiefe Eindrücke - auch im Boden und sieht das Auto mit der „Schnauze" im Bach liegen. Mühevoll entsteigt ihm der junge Mann. Pitschnass! Wie ein begossener Pudel! Fuchtelt mit beiden Armen hilflos in der Luft herum.

„Ich freue mich, dass Sie mich so herzlich winkend begrüßen", meint der hoch oben Stehende, hebt majestätisch seine rechte Hand. „Zudem bewundere ich Sie. Erst haben Sie es so eilig und jetzt nehmen Sie sich so viel Zeit, Ihren 350 Pferden Hafer zu geben und dann auch noch in aller Ruhe Wasser trinken zu lassen. So viel Tierliebe verdient meinen Respekt. Ich versichere Ihnen meine Hochachtung. Wie man sich doch in einem Menschen irren kann. Entschuldigung!"

„Reden Sie kein dummes Zeug! Holen Sie Hilfe! Bestellen Sie den Abschleppdienst! Ich habe mein Handy vergessen."

„Oh, das tut mir aber leid. Dann mahlen Sie sich doch erst einmal in aller Ruhe einen Kaffee, der schmeckt immer gut, hilft in jeder Lebenslage."

Dann winkt Thorsten ihm noch einmal mit größter Anteilnahme zu, sogar mit beiden Händen und meint: „Gönnen Sie sich ein zweites Frühstück wie Ihren Tieren! Wurst haben Sie genug, nasse Zigaretten lassen sich nicht rauchen. Das ist auch viel gesünder. Ungesund nur ist, zu lange im kalten Wasser zu stehen. Das verkleinert Ihre Manneskraft. Und das wollen Sie doch nicht. Oder? Noch einmal: Nehmen Sie sich Zeit! Ich geb' Sie Ihnen. Ach nein, dir! "

Er dreht sich um, begibt sich zu seinem Auto, blickt noch einmal über die Schulter und meint mit schadenfrohem Ton: „Übrigens bis zum Ort zurück sind es nur acht Kilometer. Eine Kleinigkeit per pedes, wenn man gut zu Fuß ist, Luftlinie ist noch kürzer. Und tschüss!"

Glück gehabt

Auf dem Weg vom Restaurant „Vier Jahreszeiten" zu ihrem trauten Heim schlenderte das Ehepaar Rohde mitten über die Straße, weinselig. Mitten, weil am Anfang der Sackgasse das Straßenschild „Vorsicht Kinder" stand und Fußgänger sie benutzen dürfen.

Herr Rohde dachte an die Beschilderung, die er am Morgen an seinem Gartentor angebracht hatte, das vor seinem großen Labrador warnte: „Vorsicht bissiger Hund."

Nach einem lauten Bäuerchen, das wie Donnergrollen klang, sagte er voller Verwunderung zu seiner Frau: „So gefährlich sind die Kleinen doch gar nicht. Sie zanken sich schon manchmal, bewerfen sich mit Bauklötzen, Wattebäuschchen, hin und wieder sogar mit Dreck. Aber beißen? Ich weiß nicht."

Er drehte sich noch einmal nach dem Schild um und überlegte dann: „Man müsste eher ein Schild aufstellen: „Vorsicht Jugendliche"."

Er dachte dabei an seinen Sohn Kevin, vor dem man die ganze Welt warnen sollte, denn über ihn zogen gerade die Stürme der Pubertät hinweg. Was heißt Stürme, manchmal Orkane, zuweilen Tornados. In dieser menschlichen Entwicklungsphase, in der er steckte, ist er wie alle seine Leidensgenossen auf Widerstand und Widerworte, zuweilen auf Aggressivität gepolt, weiß alles besser, hat auf alles eine patzige Antwort.

Wenn Vater Rohde ihn ermahnt, nicht zu viel Fastfood in sich hineinzustopfen, das sei ungesund und mache dick, dann heißt es, ich habe kein Übergewicht, nur Bonusmaterial. Meine Speckröllchen sind Speicherplätze für mehr Wohlgefühl. Und schließlich argumentiert er, du rät's mir doch immer, etwas aus mir zu machen. Ich bin auf dem besten Weg dahin."

Einmal hatte er mit seiner ersten Freundin einen Vorstoß in ein Restaurant gewagt, nicht wie gewohnt die Imbissbude an der Ecke aufgesucht, nein, sich in einen richtigen noblen Schuppen begeben. Pubertäres Imponiergehabe halt!

Schon die Bestellung war nicht gerade gentlemanlike. Sie hatten gerade Platz genommen, da rief er laut durch das Lokal:

„Herr Ober, bringen Sie uns die Karte, heute noch!" Das Wort „bitte" gehört nicht zu seinem Wortschatz. Beide bestellten die Tagessuppe und er Schnitzel mit Kartoffelsalat. Statt Kartoffelsalat wollte er dann doch lieber Pommes frites haben und anstelle des frischen Salates zwei Gurken, Spreewald-Gurken sollten es schon sein. Seine Freundin gab ihm ein gutes Beispiel und nahm das Essen wie es auf der Karte stand, ohne Extrawurst.

Seine Suppe schlürfte er so laut, dass sich alle Gäste nach ihm umdrehten und der Ober ihm den Teller wegnahm, zum Ablecken ist er darum nicht mehr gekommen. Dies kommentierte der Sohnemann mit einem lauten Rülpser, der aber keinen schwer verletzte. Das Hauptgericht mahnte er schon nach zwei Minuten an, mit den Worten, er wäre nicht hier, um zu verhungern.

Wie er es in der Imbissbude gewohnt war, aß er die Pommes mit den Fingern und wo er schon einmal dabei war, das Schnitzel und die Gurken auch. Er hatte ja eine Serviette, mit der er sich erst den Schweiß von der Stirn wischte und dann den Rest des Gesichtes säuberte. Seine Freundin sah ihn entsetzt an, sagte aber nichts. Als er aber dann mit offenem Mund sich über das letzte Bundesligaspiel ausließ, bat sie ihn dann doch, diesen zu halten, einerseits, weil sie Fußball überhaupt nicht interessierte, andererseits, der Brei in seinem Mund sie anekelte. Zu sagen, er solle nicht so schlingen wie eine Raubkatze, verkniff sie sich.

Nach dem Essen fragte der Ober: „Wie hätten Sie die Rechnung gern, getrennt oder zusammen?" Kevin antwortete: „Weder noch!" Keiner konnte darüber lachen, nur er.

Als er sich das Wechselgeld dann noch auf den Cent genau herausgeben ließ, zeigte ihm der Kellner die rote Karte, erteilte ihm in diesem Restaurant Lokal- und Vokalverbot, wegen seiner unziemlichen Worte und der tierischen Urlaute, die er von sich gegeben hatte. Darüber erbost, klebte der Beleidigte die fettigen Teile des Schnitzels, die er vor dem Abräumen für ihren Labrador in seine Tasche gesteckt hatte, in das Gästebuch.

Herr Rohde sagte zu seiner Frau: „Seine Freundin trennte sich noch vor dem Lokal von ihm. Für immer!" Er schaute seine bessere Hälfte an und meinte: „Er hat uns bis auf die Knochen blamiert. Woher hat er bloß eine solch schlechte Kinderstube?" Seine Frau sagte nichts. Manchmal ist Schweigen wirklich Gold und schließlich haben sie kein Lokalverbot bekommen. Glück gehabt!

Dumm gelaufen

Es gibt Ereignisse, die geschehen in Altena wie auch in Amerika, sogar in Südamerika, überall auf der Welt.

In Rio de Janeiro holten zwei Mütter ihre Söhne von der Schule ab. Sie taten, während sie sich begegneten, was alle Frauen gerne machen, sie hielten noch ein kurzes Pläuschchen auf dem Bürgersteig. Die eine klagte darüber, dass Reizwäsche ihren Mann nicht mehr erregt. Sie muss immer erst den Stecker des Fernsehers ziehen, um ihn ins Bett zu kriegen. Zumeist erfolglos! Sein lautes Schnarchen war in der Regel seine sofortige Antwort, seine liebste Betätigung. Die andere freute sich darüber, dass ihr Vater seit Neuestem stark unter seinen Hämorrhoiden leidet und darum sein Rheuma total vergessen hat.

Die Erstklässler waren an diesen weltbewegenden Ergüssen wenig, eigentlich gar nicht interessiert. Darum riss der eine sich von der Hand seiner Mutter los und lief auf die Straße, auf der sich mit hoher Geschwindigkeit ihm ein 7,5-Tonner näherte. Der Fahrer bremste, was das Zeug hielt, riss gleichzeitig instinktiv das Lenkrad herum. Das I-Männchen blieb heil, der Fahrer auch, nur sein Fahrzeug nicht. Es stoppte erst in einem Friseursalon. Nicht ganz geräuschlos und nicht ohne erheblichen Schaden anzurichten! Der LKW durchbrach die Frontscheibe des Ladens mit lautem Getöse, riss einen Hängeschrank aus der Wand und warf einen Frisierstuhl um. Der ging wie der Schrank samt Inhalt zu Bruch.

Der Kunde wie der Meister Olavo Mora blieben unverletzt. Nicht ganz! Sie befanden sich im hinteren Teil des Ladens. Beide bekamen einen furchtbaren Schrecken, zitterten am ganzen Körper, wie man sich leicht vorstellen kann. Der Barbier, der gerade die linke Gesichtshälfte des Kunden bearbeitet hatte, hielt plötzlich ein Ohr, das linke, in seiner rechten Hand. Der Geschädigte stimmte daraufhin ein furchtbares Gebrüll an. Das wiederum entsetzte Olavo so sehr, dass er den Lauscher in hohem Bogen zu den Trümmern beförderte.

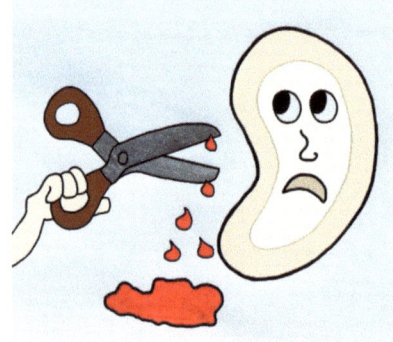

So nahm die Polizei den Unfall auch zu Protokoll. Das schlimme Ende folgte aber dann. Wer sollte für den Schaden aufkommen? Die Frauen waren längst mit ihren Kleinen über alle Berge verschwunden. Auf Nimmerwiedersehen in den Slums untergetaucht. Von ihnen wäre aber auch ohnehin kein Centavo zu holen gewesen. Den Schaden am Laden deckte nur zum Teil die Versicherung ab. Eine private Haftpflicht hatte der Fahrer nicht, um die Instandsetzung des Hauses zu bezahlen, hat auch kein Tagelöhner im armen Brasilien.

Der einohrige Kunde wollte aber Schmerzensgeld von dem Barbier. Schmerzensgeld? Er hatte eigentlich schon bald keine Schmerzen mehr. Die Wunde war gut verheilt, ohne Ohr, das hat man in den Trümmern nicht wiedergefunden. Er war jetzt nur leicht behindert beim Tragen der Brille, aber prädestiniert für ein Monokel. Der Barbier, der für den Schlamassel nichts konnte, aber auch gar nichts, blieb nicht nur auf dem Schaden an seinem Haus sitzen, hatte zudem auch die Klage des ordentlich Rasierten am Hals. Dumm gelaufen!

Ganz dumm gelaufen

Nahezu jeder fünfte Milliardär auf diesem Globus kommt aus China. Dort gibt es dreimal so viele wie in den USA. Jede Woche kommen zwei dazu. Die 150 bis 200 Mitglieder des

Zentralkomitees der Kommunistischen Partei gehören alle zu den Superreichen. Und das in einem kommunistischen Land! Die Kluft zwischen „den da oben" und „den da unten" ist riesengroß. Darum gilt in der Volksrepublik, nicht wie es in Gottfrieds Kellers Behauptung „Kleider machen Leute" heißt und in Carl Zuckmayers Theaterstück „Der Hauptmann von Köpenick" überzeugend bewiesen wird, besser nicht auffallen, sich schlicht kleiden.

Mi Qu gehört zur Oberschicht des Landes. Der rapide Wirtschaftsaufschwung hat ihn an die Spitze der Spitzenverdiener katapultiert. Er lief nicht nur in der Firma in Straßenkleidern herum, sondern auch Zuhause. Diese Angewohnheiten legte er auch bei seinem Hobby, dem Reisen, nicht ab. Am liebsten hielt er sich in Europa auf, bewunderte zutiefst die jahrtausendalte Kultur dieses Kontinents.

Einmal machte er einen Zwischenstopp in der weniger bedeutenden Stadt Stuttgart. Verzeihung, Ihr Hauptstädter von Baden-Württemberg! Hier wurde er Opfer einer kriminellen Bande. Trotz seiner unauffälligen, eher armseligen Kleidung wurde er von Taschendieben überfallen. Es ging alles ganz schnell. Einer rempelte ihn an, entwand ihm seine Brieftasche und ein anderer verschwand damit über alle Berge, was in dem hügligen Umland dieser Stadt nicht schwer war. Sie hatten nicht auf die große Beute gehofft, aber damit gerechnet, dass ihre Untat bei einem Ausländer, dazu einem Chinesen, im Sande verliefe. Er würde sich mit asiatischer Gelassenheit damit abfinden.

Tat er aber nicht, tat ihnen nicht diesen kleinen Gefallen. Mi Qu hatte seinen Reichtum unter anderem dadurch erworben, dass er allen Geschehnissen penibel genau nachging.

Folglich begab er sich zur nächsten Polizeistation, um Anzeige zu erstatten. Hier zeigte es sich, es ist gut, dass heutzutage in allen Schulformen, selbst in der Primarstufe Englisch gelehrt wird, die jüngere Generation sich weltweit einigermaßen verständigen kann. Auf dem Revier aber gab es nur welche von der älteren, Senioren also, der beste Beweis für das Problem der Alterspyramide. Man verstand ihn nicht. Aber sein Aussehen und seine Kleidung sprachen Bände. Man wusste Bescheid. Er musste nur ein Formular unterzeichnen. Mi Qu wusste, das ist in Deutschland so üblich, hier gibt es Formulare, Formulare, Formulare von der Wiege bis zur Bahre.

Die Veteranen in Uniform führten ihn dann zu einer „grünen Minna". Der Bestohlene vermutete, man begibt sich auf die Suche nach den Tätern. Sicherlich wurde er gebraucht, um sie zu identifizieren. Die deutsche Gastfreundlichkeit war ihm bekannt, die Suche nach den Übeltätern entpuppte sich als ein gemütlicher Ausflug übers Land. Fand er zunächst auch gar nicht so übel! Nur als keiner der Herren nach einer, zwei, auch der dritten Stunde sich anschickte, diese nette Fahrt ins Grüne zu beenden, kam in ihm der leise Verdacht auf, dass etwas schief lief. Er wurde unruhig und begehrte auf. Das störte die älteren Herren in ihrer beschaulichen Ruhe. Sie gaben ihm nicht mit Polizeigewalt, aber doch sehr energisch zu verstehen, dass sie das nicht mögen. Dem Chinesen kam das alles langsam spanisch vor.

Endlich war es so weit. Er durfte aussteigen und wurde in Begleitung der sich wieder beruhigten Ordnungshüter in ein schlichtes Gebäude geführt. Dort gaben sie ihn und das ausgefüllte Formular ab. Hier sprach auch keiner Chinesisch, aber gebrochen Englisch, so dass man sich verständigen konnte. Der Herr mit der dicken Hornbrille begriff verhältnismäßig schnell, der Groschen fiel pfennigweise, aber er fiel, dass Qu Opfer eines Verbrechens, jetzt auch noch Opfer eines Versehens geworden war. Man hatte ihm einen Asylantrag vorgelegt, den er auch unterschrieben hat. Er befand sich hier in einem Aufnahmelager für Flüchtlinge. Er, der Milliardär.

Die Kosten trägt der Kläger

Eigentlich kann es einem egal sein, an wen man in einem Vorstellungsgespräch, bei einem Behördengang oder vor einem Gericht gerät, es macht in der Regel keinen Unterschied, zumindest sollte es nicht, ob ein Männlein oder ein Weiblein die betreffende Person ist, die zu urteilen hat, jeder oder jede erledigt seine/ihre Aufgaben, erfüllt seine/ihre Pflicht.

Heinz Kleingarten (Name geändert) war es das nicht. Konnte es nicht sein. Sein Fall war zu delikat. Ihm war es peinlich, dass auf dem Richterstuhl eine Frau Platz nahm. Schließlich waren seine intimsten Bedürfnisse Gegenstand der Verhandlung. Er glaubte nicht, dass darüber eine Frau sachgerecht entscheiden kann und noch dazu eine von denen, die morgens in den Spiegel schauen, an ihren Mann denken und sagen: „Das gönne ich ihm."

Der Sozialleistungsempfänger Kleingarten hatte bei dem für ihn zuständigen Amt eine zusätzliche Leistung beantragt. Seine Frau, eine Thailänderin, war vor einiger Zeit Richtung Heimatland verschwunden mit der Bemerkung, sie habe ihn nicht geheiratet, um den Sextourismus nach Deutschland zu bringen. Dadurch geriet er in große Not hinsichtlich seiner starken Bedürfnisse. Und diese wurden im Laufe der Zeit übermächtig, beschäftigten ihn Tag und Nacht, so wie einen Alkoholiker die Whiskyflasche. Um diesem Missstand abzuhelfen, den Druck aus der Tube zunehmen, suchte er vier Mal in der Woche ein Bordell auf, was ihm vorübergehend half, seine Entzugserscheinungen zeitweise zu mildern. Vor jedem Besuch kaufte er sich ein paar Pornofilme, die er genauesten studierte, um sich zu stimulieren. Er begründete diese Mehrkosten vor Gericht damit, dass einige Prostituierte eher lustlos bei der Sache wären.

Sein für ihn lebenswichtiger Antrag auf Kostenübernahme lehnte die Behörde ab mit der lapidaren Begründung, dazu sei sie nicht verpflichtet, dieses Extra-Geld stände ihm nicht zu.

Daraufhin reichte er Klage ein.

Und dann das! Vor ihm saß eine stämmige, nicht gerade zart besaitete seiner Vermutung nach frigide Frau Richterin.

Der arme Herr Kleingarten befürchtete Schlimmstes, befürchtete, dass diese Dame kein Verständnis für seine Nöte haben würde. So kam es denn auch und noch schlimmer. Schon nach kurzer Anhörung fällte die Amtsperson oder Personin das Urteil: *Die Kosten für sexuelle Bedürfnisse gehören zur allgemeinen Lebensführung und seien daher vom Regelbedarf gedeckt. Einmalige Leistungen zur Deckung des Regelbedarfes seien daher unzulässig.*

Der Fall war damit abgeschlossen. Nur der nachfolgende Satz war eine weitere schallende Ohrfeige für den Unbefriedigten, Entschuldigung, den Unzufriedenen, Enttäuschten: *Die Kosten des Verfahrens trägt der Kläger.*

Sagen Sie liebx Professx zu mir!

Alles wandelt sich. Auch unsere Sprache. Ein Negerkuss ist zu einem Schokokuss geworden, aus einem Lehrling ein Auszubildender. Junge Menschen finden das schön, spricht sich aber nicht schöner. Goethes Ballade hieße heute „Der Zauberauszubildende". Das alte deutsche Wort „Fräulein" will keine Frau mehr hören.

Und doch drückt es viel aus, im Mittelalter den Stand in der Gesellschaft der Angesprochenen, in neuerer Zeit gab es Auskunft über ihren ehelichen Stand, ob sie verheiratet ist oder nicht. Das Deutlichmachen des Geschlechts in einer Bezeichnung ist aber nicht mehr „in", wenn man einigen Wissenschaftlern glauben darf.

Was ist Gender? Nie gehört? Keine Ahnung? Nicht den blassesten Schimmer? Eine deutsche Entsprechung gibt es nicht zu diesem Wort. „Gender bezeichnet die soziale und psychologische Seite des Geschlechts einer Person, nicht seine biologische" (Lexikon). Sie sollte bedeutungslos sein nach Meinung einiger heutiger Sprachwissenschaftler. Nicht seine eigene! Nicht die seiner Frau!

Einer ihrer namhaftesten Vertreter dafür ist Professorin Lann Hornscheidt von der Berliner Humboldt-Universität. Sie ist sich sicher: „Ganz viele Menschen identifizieren sich nicht damit, Frau oder Mann zu sein. Viele wollen auch nicht das eine oder das andere sein." Sie muss es wissen, sie ist eine Gelehrte. Darum meint sie auch: „Sprache muss gerecht sein, die Geschlechtszugehörigkeit der angesprochenen Subjekte korrekt abbilden." Dazu reichen die drei grammatischen Geschlechter Femininum, Maskulinum und Neutrum ihrer Meinung nach nicht mehr aus. Alle Sprachänderungen hat sie versucht. So die Zuhörer in ihrem Auditorium mit liebe Studentinnen, Studenten, Studenta, Studenti, Studentens, Studentanen, Studentossen, Studentessen, Studentoren, Studenter und so weiter angesprochen.

Dann ihr genialer Vorschlag: die weibliche oder männliche Zugehörigkeit durch ein X zu ersetzen. „Es soll die Geschlechtsvorstellungen durchkreuzen." So würde es in Zukunft demnach heißen Studierx, Professx - Einzahl, Mehrzahl - Professxs bzw. Studierxs.

Spötter sehen Ähnlichkeiten zu Asterix und Obelix, deren Erfinder René Goscinny hat sich wohl für altkeltische Fürstennamen entschieden und von deren typischen Endungen inspirieren lassen. Die Endsilbe rix ist ethymologisch nahe ver-

wandt mit dem lateinischen Wort rex (König), das wir heute vor allem als Bestandteil der Dinosaurier-Gattungsbezeichnung finden in Tyrannosaurus Rex, dem König der Tyrannenechsen.

Eine Mammutaufgabe läge noch vor ihr. Friedrich II. hat einmal gesagt: *In jedem Menschen wohnt ein wildes Tier.* Diese Menschwesen, auch Chimären nach der griechischen Mythologie genannt, sind eine Kombination aus Mensch und Tier, beschäftigen seit alters her die größten Gelehrten wie die kleinen Leute. Schon die ältesten Skulpturen, Zeichnungen und Felsritzungen zeugen davon. In der ägyptischen Hochkultur wurden die Götter als Humanoide mit Tierköpfen dargestellt. Vielleicht beschäftigt sich Frau Professx auch einmal damit und nicht nur mit den geschlechtslosen Bezeichnungen oder heißt es besser geschlechtsneutralen. Ein großes Betätigungsfeld, ihre Erkenntnisse würden bestimmt Friedrich den Großen bei seinem himmlischen Harfengesang erfreuen.

Einen Erfolg hatte sie, die Frau Professx. Noch nie haben in den sozialen Netzwerken einer deutschen Hochschullehrerin mit Doktortitel so viele Menschen geraten, sich auf ihren Geisteszustand untersuchen zu lassen. Begeistert von ihren sprachlichen Neuerungen war kaum einer. Es gibt sogar Zweifler, die nicht glauben, dass außerhalb Berlins wirklich ein so dringendes Bedürfnis nach sprachlicher Gender-Optimierung besteht. Das Fragepronom zu ihren Ergüssen würde lauten: Wax? Was soll das bitte?

Frau Professx, ein Satz mit x: Das war wohl nix.

Kettenreaktion

Wie ein Sprecher der Deutschen Bahn mitteilte, ist es in München Anfang Mai zu einem Unfall gekommen, weil sich ein Bolzen gelöst hat. Dadurch sind zwei Luftkupplungsschläuche gerissen, was wiederum zu einem Druckverlust innerhalb des Bremssystems führte. Das verursachte dann eine maschinell eingeleitete Schnellbremsung des Gespanns, welches aus zwei Lokomotiven bestand, die mit einem Intercity verbunden waren. Zwei Mitarbeiter der Bahn wurden verletzt. Es stand ein Millionenschaden. Der Fachmann spricht in diesem Fall von einer Kettenreaktion, eine Ursache bedingt einen Dominoeffekt.

Auch Menschen können einen solchen auslösen. Das literarische wie filmische Paradebeispiel ist wohl Loriots Besuch bei gewissen „Herrschaften". Eine Bedienstete führt ihn in einen

Raum, in dem himmlische Ordnung herrscht. Nur ein kleines Bild neben einem großen hängt schief. Er will dies korrigieren. Schnell zu beheben, wie es scheint! Bei dem Versuch, es wieder zu richten, fällt das große aus dem Rahmen. Jetzt gerät alles aus dem Rahmen. Erst hängt Loriot mit dem Schuh am Sofa fest, dann reißt er beim Versuch, sich zu befreien, den Beistelltisch samt Lampe um.

Der Po des Ordnungsliebenden tangiert den Couchtisch, der kippt um, die Dekorationsgegenstände geraten ins Purzeln, begraben den Unglücksraben vorübergehend. Beim Aufstehen verheddert der sich im Teppich. Das Chaos nimmt seinen Lauf: ein Tellerbord gerät in Schieflage, nacheinander fallen die Schmuckstücke herab, Scherben dekorieren den Boden. Zum Schluss stürzen dann auch noch Schrank, Schreibtisch und Regal um und entleeren sich vollständig. Bilder fallen von der Wand. Im Raum herrscht keine himmlische Ordnung mehr, dafür ein höllisches Durcheinander! Eine Verwüstung wie nach einem Bombenangriff. Die Bedienstete betritt das Zimmer und der Chaot meldet den Schaden: „Ein Bild hing schief."

Eine ähnliche Kettenreaktion erlebte ein Mann an einer Tankstelle in Thüringen.

Zunächst lief alles ganz normal. Er stellte sich neben eine Zapfsäule, schraubte den Tankdeckel ab, legte ihn auf das Dach, entnahm den Zapfhahn und begann mit dem Tankvorgang. So weit, so gut! Nichts deutete daraufhin, dass sich eine Katastrophe anbahnen würde. Der Senior wollte zwischendurch auf das Display der Säule schauen. Sah nichts! Warum? Er konnte die Tankanzeige von seinem Platz aus nicht ausmachen. Er hatte ungünstig angehalten. Macht nichts, würde man denken, er nimmt diesen Umstand hin, denn wenn der Tank voll ist, schaltet sich das Gerät doch automatisch ab.

Nichts da! Geduld und Gottvertrauen zählten nicht zu den hervorstechendsten Eigenschaften des alten Mannes. Er steckte das kleine Missgeschick nicht eiskalt weg, nein, sein Ärger brachte die Adern zum Glühen. Ärger ist stets ein schlechter Ratgeber. Auch in diesem Fall! Der Wütende kletterte in sein Auto, um einen Meter vorzufahren. Nur einen Meter! Vergaß in seinem Zorn, dass der Zapfhahn noch im Tank steckte. Dieser rutschte heraus, zwangsläufig, und fiel zu Boden. Da er den

Feststeller betätigt hatte, lief das Benzin weiter aus, lief und lief und verteilte sich auf dem Boden, wo es nicht hingehörte. Das registrierte hinter sich der 70-Jährige beim Blick in den Seitenspiegel. Erschrocken über den immer größer werdenden Schaden trat der Rentner auf die Bremse, legte den Rückwärtsgang ein und fuhr an. Aber warum? Welchen Sinn machte das? Hoffte er, der Zapfhahn begibt sich zurück in den Tank? Schlimmer noch! In der Aufregung gab er zu viel Gas und landete prompt auf dem vor ihm stehenden Wagen. Entsetzt über den Aufprall legte er den ersten Gang ein und fuhr vorwärts. Mit zu hohem Blutdruck prallte er mit hoher Geschwindigkeit vor die Zapfsäule. Der Schaden am Auto sah jetzt nicht mehr so schlimm aus, denn er verteilte sich gleichmäßig auf die Vorder- und Rückseite.

Ein Fahrzeug hat aber vier Seiten. Der Aufgebrachte bemerkte nämlich, dass er immer noch neben dem auslaufenden Zapfhahn stand, dem es egal war, wohin das Benzin sprudelte. Wenn nicht anders, weiter auf den nackten Boden. „Muss ich abstellen", dachte sich der Genervte. Statt den Hahn zu greifen, parkte er aus, wohl besessen von dem Gedanken, bloß weg von dem auslaufenden Benzin. Der Rest ist leicht erzählt. Er touchierte in der Hektik ein gerade vorbeifahrendes Fahrzeug. Immerhin eine Seite war noch unbeschädigt. Jetzt konnte man nur hoffen, dass er zur Beruhigung seiner Nerven sich nicht noch eine Zigarette angezündet hat.

Leider stand nichts Weiteres im Polizeibericht. Schade eigentlich, denn Schadenfreude ist doch die reinste Freude.

Sie irren, Frau Anwältin!

Eine Scheidung kann schön sein, manchmal sich auch lohnen. Beverley Charman bekam an einem Donnerstag laut Urteil des Londoner Berufungsgerichtes in höchster Instanz 48 Millionen Pfund (71 Millionen Euro) zugesprochen. Die Entscheidung war endgültig! Ihr 54-jähriger Ex John, Gründer der Versicherungsgruppe Axis, hatte sich durch alle Instanzen dagegen gewehrt, ein Drittel seines Vermögens abzugeben, den teuersten Scheidungsfall in der Geschichte Großbritanniens hinzunehmen, zu erdulden, wie eine Weihnachtsgans ausgenommen zu werden.

Die Richter folgten den Argumenten der Klägerin. Sie führte ins Feld, sie habe ihrem Göttergatten in den 29 Jahren ihrer Ehe treu gedient, ihn liebevoll versorgt, vor allem den Rücken frei gehalten, indem sie sich um den Haushalt und die Kindererziehung gekümmert habe und ihm dadurch ermöglichte, erfolgreich in seinem Beruf zu sein, um eine solche Summe Geld zu erwirtschaften.

John Nickel, ein Namensvetter, las in Chicago auf einem Plakat den Satz: „Das Leben ist schön, lassen Sie sich scheiden." Wenn man an die Millionen von Beverley Charman denkt, möchte man dem zustimmen. Umrahmt wurde diese kluge Aufforderung von einer vollbusigen, langhaarigen Frau mit aufreizenden Dessous und einem muskulösen, wie gemalten Adonis ohne alles. Urheber dieser geistigen Ergüsse war die Anwaltsfirma Fetman, Garland & Associates.

Die Entrüstung vieler Mitbürger, auch des fünffachen Familienvaters John Nickel konnte Doris D. Fetman, Mitinhaberin des Unternehmens, selbst geschieden, nicht verstehen, zumal der Männerkörper auf dem Plakat einem hiesigen Feuerwehrmann gehört, der ihr persönlicher Gymnastiktrainer war. Ein Guter für gymnastische Übungen, die geschiedene Frauen benötigen! Wenigstens hin und wieder!

Wenn John Nickel sich scheiden lassen würde, er wieder ledig wäre, wäre er erledigt. Er erhielte nicht eine Million, nicht Hunderttausend, nicht einmal einen Dollar von keinem und niemandem. Im Gegenteil, er müsste für seine Ex und die halbwüchsigen Kinder Unterhalt zahlen, ihm bliebe nicht das Schwarze unter den Nägeln. Für ihn heißt es darum, jeden Morgen „seinen Sonnenschein" mit strahlendem Gesicht zu begrüßen, zu umarmen, zu liebkosen, auch wenn er Gewitterwolken sieht und Donnergrollen hört, verliebt zu tun wie am Tag ihres ersten, wunderschönen, honigsüßen Rendezvous. Sein zuckersüßes Weibchen ist das Salz in seinem Leben, gehört zu ihm wie das Salz in der Suppe. Wäre sie nicht an seiner Seite, könnte er sich nicht einmal eine Prise des weißen Goldes in seinem Essen erlauben. Er müsste bluten bis an sein Lebensende. Auf sein Grab würde er sich einen dicken Stein legen lassen, einen sehr dicken, den man nicht wegwälzen kann, damit keiner seinen Seelenfrieden stört, auf dem stände: Jetzt ist nichts mehr zu holen. Lasst mich in Ruhe, meiner wohlverdienten Totenruhe!

Jeden Abend, wenn er von der Arbeit müde, erschöpft, ausgelaugt nach Hause kommt, sagt er sich: „Das Leben ist schön, so lange meine Frau sich nicht scheiden lässt."

Das entspricht der Realität, Frau Anwältin, in den meisten Ehen und nicht nur in den amerikanischen.

Die Strafe Gottes

„Du hast gut reden. Denkst, warum hält er sich denn einen so großen Hund in einer solch kleinen Wohnung", sagt Markus zu seinem Freund Bertold, den er in seinem schmucken Häuschen mit einem perfekt angelegten Garten besucht. Sie sitzen auf der Terrasse und genießen eine Tasse Kaffee.

„Ich sag doch gar nichts!"

„Ich kenn dich doch schon zu lange, um nicht zu wissen, was in deinem Kopf vorgeht."

„Auch nicht alles!"

„Aber deine grenzenlose, nervende Schadenfreude schon. Darum dürfte ich dir auch gar nicht erzählen, was mir passiert ist."

Er zögert, überlegt, entscheidet sich.

„Pass auf! Hasso ist mein einziger Freund, seitdem meine Frau mit Ingo durchgebrannt ist und meine Tochter Angelika deshalb nichts mehr von mir wissen will. Der Schuldige an allen Miseren in unserer Familie war immer ich, wer denn sonst? Wenn zum Beispiel ein belegtes Brot einmal nicht auf die mit Honig bestrichene Seite fiel, denn dort fallen bekanntlich alle Stullen hin, dann hieß es stets: Papa ist schuld. Er hat die falsche Seite belegt."

Er macht eine Pause, sagt dann: „Ja, es stimmt, er ist zu groß für eine Zweizimmerwohnung ohne Balkon. Kann mir aber nicht mehr leisten. Es geht nicht allen so gut wie dir."

„Ich hab auch meine Sorgen."

„Hör bloß auf! Du lebst nach dem Motto: Man kann nicht genug klagen. Das tust du, aber auf sehr hohem Niveau."

„Nun erzähl schon!"

„Von morgens bis abends schufte ich wie ein Verrückter in meiner Autowerkstatt im Vorort unserer Stadt. Eigentlich zu weit abgelegen, darum die wenigen nicht zahlungskräftigen Kunden, komme deshalb auch nicht auf einen grünen Zweig. Und dann das! Ich versuche so oft es geht, Hasso den lieben langen Tag nicht allein zu lassen." Er streicht seinem Schäferhund, der zu seinen Füßen liegt, liebevoll über das Fell und berichtet weiter: „Du weißt, oft nehme ich ihn mit in meine Werkstatt und lasse ihn an der frischen Luft im Hof liegen. Hier hat er auch ein wenig Auslauf.

Am 16. März, die Sonne wärmte zum ersten Mal mit ihren Strahlen die Erde, war das auch so. Während Hasso wie ein Faultier in der Wärme döste, schuftete ich wie ein fleißiges Bienchen, ging meiner Lieblingsbeschäftigung in dieser Jahreszeit nach, dem monotonen Wechsel von Winter- auf Sommerbereifung."

Er lacht trocken und erklärt: „Ich benutzte wegen des schönen Wetters die Hebebühne auf dem Hof. So weit, so gut! Ich hatte zwei Reifen abgenommen und wollte sie zum Lager bringen, stolperte. Ich weiß nicht über was."

„Bei dir liegen doch immer Wrackteile herum."

„Spar dir deinen Kommentar! Ich sagte mir, nur nicht fallen, den Sturz abfangen, die Schritte verkürzen. Vergeblich! Ich knallte mit voller Wucht auf den noch harten Boden, rutschte über eine Ölspur. Das Unglück nahm seinen Lauf."

Freundschaft schützt vor Schadenfreude nicht. Bertold grinst, lacht verhalten. Als mitfühlender Kumpel hält er sich die Hand vors Gesicht. Hoch anständig! Markus fährt fort: „Die Reifen hatte ich fallen gelassen, die Hände nach vorn gehalten."

„Um besser zu gleiten!", die unsachgemäße, zynische Zwischenbemerkung des besten Freundes.

Unbeirrt führt Markus aus: „Ich kam mir vor wie Buster Keaton im Slapstick. Auf der schwarzen Spur rutschte ich, die Hände wie gesagt nach vorn gestreckt, auf meinen Hasso zu. Volle Fahrt voraus! Ein Unglück kommt selten allein. Wie das Schicksal es will, just in diesem Augenblick riss mein getreuer Freund die Schnauze gähnend weit auf. Wie ein Geschoss stieß meine Hand in die selbige. Genau dort hinein! Der Gute erschrak und biss instinktiv zu. Er ist ein Tier und man kann ihm das nicht übel nehmen. Die Bisswunde tat trotzdem weh. Die Behandlung zog sich hin."

Bertold krümmt sich vor Lachen, grinst über das ganze Gesicht wie ein Breitmaulfrosch. Ganz ungeniert! Unbeirrt berichtet sein Freund weiter: „Wie du weißt, bin ich freiwillig in der Unfallversicherung. Ich wollte von ihr Geld, weil mir durch mein Pech, das die vorübergehende Schließung der Werkstatt nach sich zog, Ausfallkosten entstanden sind. Die Versicherung sah das anders, der Richter auch. Er argumentierte: *Kein Arbeitsunfall! Er ist nicht auf ein betrieb-liches Risiko zurückzuführen. Die Unfallursache, der Hund, ist der Privatsphäre des Verunglückten zuzurechnen und damit nicht versichert.* Ich schaute in die Röhre, blieb auf meinen Kosten sitzen."

Schadenfreude ist die reinste Freude. Bertold kippt vor Lachen aus der Schaukel und bricht sich das linke Handgelenk, zieht sich eine Gehirnerschütterung zu. Es gibt eine höhere Gerechtigkeit. Gott bestraft zu viel Schadensfreude auf der Stelle, überall, wenn es sein muss, auch auf einer Schaukel.

Ich habe nur Pech

Es gibt Menschen, die haben Glück im Unglück. Franco gehört zu denen. Er berichtete seinem Bruder Roberto, dass seine Frau mit seinem besten Freund durchgebrannt ist. Auf seine Frage, *seit wann er denn sein bester Freund sei*, antwortete dieser mit einer gewissen Heiterkeit, *seit gestern*.

Roberto aber hat nur Pech. Auch seine Frau hat ihn verlassen und ist zu ihrem Liebhaber, seinem Chef, gezogen und genießt ihr Leben in vollen Zügen, vor allem in Luxus und Reichtum, während er jetzt am Hungertuch nagt. Denn sein Boss wollte den Ex nicht ständig vor der Nase haben, hat ihn fristlos entlassen mit der fadenscheinigen, doppeldeutigen Begründung, er wäre seinen Aufgaben nicht gewachsen. Dabei hat er teuflisch gegrinst, sich als Sieger gefühlt, ihm hinterher gerufen: „In der Liebe ist es eben wie im Krieg." Dass er vielleicht der große Verlierer, der Besiegte sein könnte, ist ihm mit Schmetterlingen im Bauch nicht in den Sinn gekommen.

Roberto hatte keine Insekten, aber dafür Wut im Leib. Er stand nun da ohne Frau, das war zu verkraften, aber auch ohne Arbeit und ohne Wohnung, die hatte seine Ex gekündigt. Ein Leben unter einer Brücke wollte er nicht führen, sich nicht zu Pennern legen, gar am Straßenrand sitzen und jammern: „Geben Sie einem armen, lahmen, vom Schicksal gestraften Bettler ein paar Cent." Dabei auf seine ausgestreckten, bewegungslosen Beine immer wieder zeigen müssen, vor allem sie nicht einen Zentimeter anheben dürfen. Möglicherweise einem Dieb, der ihm „die rechtmäßig erworbenen" Almosen aus dem Hut stiehlt, hinterher laufen müssen, um seinen Besitz zurückzuholen. Dieser ist wahrscheinlich jünger und stärker als er, wird ihm eine Kopfnuss verabreichen und ihn verhöhnen: „Sei doch froh, ich habe dich geheilt!" Darum fasste er den Entschluss, diesem erbärmlichen, freud- und perspektivlosen Dasein ein Ende zu setzen. Dann lieber einkehren in das Paradies, in dem Jungfrauen ihn erwarten, Wonne und Wohlsein spenden, wie Mohammed es versprochen hat. Darum war er auch zum Islam übergetreten, hat damit sein Glück in beide Hände genommen. Glaubte er!

Von seinen letzten Ersparnissen gönnte er sich eine irdische Freude, die ihn in himmlische Sphären bringen sollte. Ein Fremder durchkreuzte seine Absicht und ließ den paradiesischen Zustand zunächst in weite Ferne rücken.

Roberto setzte sich in ein Straßencafé, genoss noch einmal die wärmenden Strahlen der Frühlingssonne und bestellte sich ein Bier, ein großes. Noch ehe er auch nur einen winzigen Schluck genommen hatte, schlug ihm ein kräftiger, schmarotzender, lebenslustiger Mann aufmunternd auf die Schulter und sagte: „Amigo, du machst ein Gesicht wie Sieben-Tage-Regenwetter. Man muss den Augenblick genießen. Carpe diem." Sprach's und trank genüsslich Robertos Bier aus.

Jetzt schaute der Arme noch trister drein und stammelte: „Mir gelingt nichts! Gar nichts!" Er machte eine Pause, griff verbittert nach dem leeren Glas und stöhnte: „Und jetzt kommst du und nimmst mir das Letzte!"

„Ich? Wieso? Was meinst du?", fragte sich belustigend der Fremde.

„Du darfst in wenigen Minuten wie ein Engel in eine bessere Welt schweben, mit Jungfrauen in Wonne leben. Das Paradies genießen, während ich weiterhin in diesem Jammertal ausharren muss. Ich Armseliger! Du Glücklicher! Von meinen letzten paar Kröten habe ich mir Gift gekauft und in dieses Bierglas geschüttet." Er sah den Entsetzten traurig an, schüttelte immer wieder seinen Kopf und stammelte unentwegt: „Ich habe immer nur Pech."

Gut, dass es Exhibitionisten gibt

Manchmal braucht es Eselsbrücken, um sich etwas zu merken. Eine sehr bekannte ist: **M**ein **V**ater erklärt **m**ir **j**eden **S**onntag **u**nsere **n**euesten **P**läne. So kann man leicht die Reihenfolge der Planeten unseres Sonnensystems behalten: Merkur, Venus, Erde, Mars, Jupiter. Saturn, Uranus, Neptun und Pluto. Ähnlich hilft dieser Sinnspruch: **A**lle **e**hemaligen **K**anzler **b**ringen **s**amstags **k**nusprige **S**emmeln **m**it. So weiß man alle Bundeskanzler in der richtigen Reihenfolge: Adenauer, Erhard, Kiesinger, Brandt, Schmidt, Kohl, Schröder, Merkel.

Frau Beate Werniger braucht solche Merkhilfen auch bei einfachen alltäglichen Dingen. Sie benutzt dabei nicht den berühmten Knoten im Taschentuch, den man sich in die Hosentasche steckt und nachher nicht mehr weiß, an was man sich erinnern wollte. Ihr Spickzettel im Kopf ist immer anschaulich, manchmal mit einem realen Bezug. Wenn sie für ihre Schwiegermutter einen Kuchen backen soll, stellt sie sich einen Kaktus auf den Küchentisch, einen sehr stacheligen. Wenn sie für ihren Mann etwas Bestimmtes besorgen muss, benutzt sie zwei Rollen Toilettenpapier. Dann weiß sie, ich soll für meinen Liebsten wieder einmal Abführtabletten mitbringen, denn er leidet erneut an Verstopfung. Die verbale Eselsbrücke dazu kennt sie auch: Hat man einen Darmverschluss, ist mit dem Stuhlgang Schluss. Der Luftballon erinnert sie daran, ein Päckchen Kondome mitzubringen. Die Pille verträgt sie nicht und ihre drei Kinder kosten Nerven genug.

Eine besondere Auffrischung ihres Gedächtnisses bekam sie von einem Wildfremden. Sie ging mit ihrem Einkaufstrolley durch den Stadtpark, ein schöner Weg vom Supermarkt zu ihrem Zuhause, als plötzlich ein Mann hinter einer dichten Hecke hervorsprang.

Nicht gerade ein Adonis, nein, er erinnerte sie eher an einen kleinen Gartenzwerg, der plötzlich mit geöffnetem Mantel sich vor ihr aufrichtete, aufpflanzte wäre zu viel gesagt.

Ein komisches Pflänzchen war er schon, dieser Exhibitionist, mit dem weiten Lodenmantel, dem großen Cowboyhut, den bunten Kniestrümpfen und dem nicht Sehenswertem. Einen Schrecken bekam Beate nicht. Der Vorzeiger zauberte ihr eher ein leichtes Schmunzeln ins Gesicht. Vielleicht war es auch ein mitleidiges Lächeln.

Als sie noch überlegte, ihm eine Antwort zu geben und ihm ihren entblößten Allerwertesten darzubieten, zuckte sie plötzlich zusammen, drehte sich auf dem Absatz um und eilte zurück zum Kaufhaus. Der Exhibitionist wurde nicht zum Spickzettel, aber zum Einkaufszettel in ihrem Kopf. Sein „Prachtstück", eine Pracht hat sie nicht gesehen, darum hat sie sich auch daran erinnert, dass sie ihre heutigen Gäste mit einem Krabbencocktail begrüßen wollte und sie hatte doch tatsächlich die kleinen schrumpligen Dinger vergessen. Wofür Exhibitionisten doch manchmal gut sind.

Eine Frau im niederrheinischen Dinslaken reagierte bei einem solchen Zurschausteller ganz anders. Anstatt Freudensprünge zu machen, in Ekstase zu geraten oder wenigstens lustvoll zu blicken, zog sie nicht einmal ihren Einkaufszettel heraus, sondern sagte nur ein Wort, ein kleines Wörtchen, das zur Verkleinerung der Dinge, vielleicht sogar zu dessen Vernichtung beitragen sollte: „Fass! Der große Berner Sennenhund „reagierte sofort und hat in das corpus delicti gebissen", (oder hätten die Beamten besser geschrieben delicato), teilte die Polizei mit. „Der Hund hatte ihn kräftig in die Weichteile gefasst."

Wie viel davon übrig geblieben ist, kann nur der Exhibitionist sagen. Ob das Überbleibsel noch genügt, seinem Hobby weiterhin nachzugehen, muss er beurteilen oder beurteilen lassen. Für einen Krabbencocktail reicht es sicher nicht mehr.

Beraterdienst

Willi und Wilhelm Winter sind Geschwister, ihr Vater ein Liebhaber der Alliteration. Sie sind zusammen groß geworden, nicht ungewöhnlich für Zwillinge. Ungewöhnlicher schon ihr

Leben. Sie haben die gleichen Neigungen, Hobbys und Vorlieben. Noch seltener, beide üben die gleiche Tätigkeit aus. Sie sind Richter an Amtsgerichten.

Willi spricht in letzter Zeit öfter über die Schwierigkeiten in seinem Beruf. Er ist es mehr und mehr leid, sich mit den Streitereien anderer Leute auseinanderzusetzen, vor allem mit Kinderkram. Er kommt sich dabei oft vor, als sei er Erzieher in einer Kita.

Einmal berichtet er seinem Bruder: „Neulich musste ich mir das Gezänk zweier Nachbarn anhören, die sich wie Schulbuben verhalten haben. Der eine beschwerte sich, dass ihm der zanksüchtige Nachbar des Öfteren „den Vogel gezeigt" hat. Der andere stritt das vehement ab, behauptete, er habe sich nur an die Stirn gefasst. Als ich diesen wegen Mangels an Beweisen freisprechen wollte, schrie der Kläger plötzlich: ‚Haben Sie das gesehen? Haben Sie es gesehen? Er hat mir gerade seine Zunge herausgestreckt'. Ich habe natürlich nichts gesehen. Aber am liebsten hätte ich wie die Lehrer früher gehandelt, die Prügelstrafe wieder eingeführt und jedem zehn Schläge mit dem Stock auf den Allerwertesten gegeben."

Sein Bruder Wilhelm, der um Minuten ältere und darum der abgeklärtere, riet ihm: „Besorge dir doch ein kleines Eimerchen, eine Harke und eine Schüppe und lass solche Kläger zur Strafe einen Vormittag im Sandkasten spielen!"

„Du hast gut frotzeln", meint Willi, der Jüngere, verbittert: „Einmal kamen zwei solche Zankhähne, die Haus an Haus wohnen, zu mir. Der eine klagte darüber, dass sein Nachbar Schnee auf sein Grundstück schaufle und ihm dabei ‚hämisch in die Augen blicke'. Er behauptete, der zusätzliche Schnee verzögere im Frühjahr das Erwachen der Natur und dadurch entstände ihm ein seelischer Schaden."

Er sah seinen Zwillingsbruder an und fragte ihn: „Weißt du, was ich gemacht habe? Gedacht habe ich, der hat doch einen Schaden, gesagt habe ich wie ein Oberlehrer: ‚Schnee ist letztlich nur Wasser und das kann auf einem Beet kein größeres Unheil anrichten, auch nicht in Ihrer Seele'. Dann habe ich die mahnenden Worte unsere Mutter ausgesprochen: ‚Kinder, vertragt euch'. Kinder habe ich natürlich nicht gesagt."

Wilhelm lehnte sich zurück, zündete sich genüsslich eine Zigarre an und sagte dann: „Jetzt will ich dir einmal etwas aus meinem Gerichtssaal erzählen. Ich war in diesem Fall nicht nur Richter, auch Berater und Seelsorger. Eine feine Dame, Frau Marion Schöne, mittleren Alters, klagte gegen eine Hausbesitzerin, ein gestandenes Weibsbild mit dem Herz auf dem rechten Fleck. Die Lady, aufgetakelt wie eine Vogelscheuche, eine von denen, die vor einem vollen Kleiderschrank stehen und nichts zum Anziehen haben, hatte einen Unfall erlitten. Ich sage dir, einen ganz schweren."

Dabei lächelte er süffisant.

„Sie wollte ihrer Tochter, ihrer Inge, mit ihrem breiten Hut, dem engen Kostüm, einer Krokodillederhandtasche und High Heels einen Besuch in deren Studentenbude abstatten. Gekleidet, als ginge sie ins Theater. Ein großes Theater gab es dann. Auf dem Weg dorthin, auf dem sie daherschritt wie ein Storch im Salat, blieb sie mit ihren Stöckelschuhen im Gitterrost, die es in unserer Stadt fast überall vor den alten Gebäuden gibt, stecken.

Die wertvollen Treterchen wurden beschädigt, waren nicht unbrauchbar, aber verkratzt. Darum verlangte sie Schadensersatz, weit über zweihundert Euro, denn die blöden Dinger kosteten ein Vermögen. Dies kommentierte die Hausbesitzerin mit einem Zwischenruf, die blöde Kuh solle doch ihre Augen nicht nur zum Klimpern, sondern auch einmal zum Gucken benutzen. Das konnte ich ihr nicht durchgehen lassen und verwarnte sie, streng, aber nicht sehr streng.

Ich wies die Klage von Frau Schöne ab, ließ sie aber nicht im Regen stehen, denn ich gab ihr einen guten Rat. Kannst du dir denken welchen?"

Der Bruder schüttelte den Kopf.

„Gut! Dann will ich ihn dir sagen. Ich riet ihr, das nächste Mal am Gitter vorbeizugehen. Ein solcher Rat ist nicht ganz kostenlos, gab ich ihr auch zu verstehen. Sie musste die Kosten des Verfahrens tragen."

Das Gelächter der Hölle

Arthur Schopenhauer schreibt: *Der schlimmste Zug in der Natur des Menschen ist die Schadenfreude, da sie der Grausamkeit eng verwandt ist. Schadenfreude ist ein teuflisches Gefühl, das Gelächter der Hölle.*

Frau Schaller durchlebte dies. Sie fuhr von der Arbeit nach Hause. Dabei hielt sie kurz vor einem Briefkasten, um eine Postkarte einzuwerfen. In der Eile beachtete sie nicht, dass die Straße abschüssig war, vergaß die Handbremse anzuziehen oder einen Gang einzulegen.

Tagsüber hatte sie eine Menge um die Ohren gehabt, heute besonders viel. Umso mehr freute sie sich auf einen ruhigen Feierabend. In Gedanken sah sie sich auf ihrem Sofa liegen, ganz entspannt, mit einem Gläschen Wein in der Hand.

Mit den Gedanken also ganz woanders, handelte sie gedankenlos. Die Folge, sie hockte mit schmerzverzerrtem Gesicht auf der Unfallstation des hiesigen Krankenhauses, das sie nach zahlreichen Eingriffen an ihrem Körper auf Krücken verlassen konnte.

Als sie die Tür des Autos hinter sich zuwarf und auf dem Weg um ihr Fahrzeug herum zum gelben Kasten eilte, setzte sich dieses zu ihrem Entsetzen in Bewegung, rollte davon. Sie sah das Unglück kommen, versuchte zu retten, was zu retten war, griff an die Dachreling, um das Auto zum Halten zu bewegen. Das Unheil nahm gnadenlos seinen Lauf. Zwei Finger brachen, der Handrücken zerschrammte, Wunden bluteten. Ihr Handeln war zwecklos, hoffnungslos, sinnlos. Sie gab auf. Dann noch das! Ein Hinterreifen rollte über ihren linken Fuß, langsam, ganz gemächlich. Wegziehen konnte sie ihn nicht mehr. Das kann jeder nachvollziehen, der das schon einmal durchgemacht hat. Er verletzte ihre Fußwurzel schwer, zerquetschte die Zehen, alle. Einen Moment tanzte sie Tango. Nein, eher den Hulatanz der Eingeborenen der Karibik.

Vom Haltegriff befreit, wurde das Auto schneller und erreichte sein Endziel, eine kaum noch in Städten zu findende Litfaßsäule. Diese nahm keinen Schaden. Das Fahrzeug schon, die Motorhaube glich einer zusammengedrückten Blechdose. Der Marlboromann auf der Säule lächelte, zog seinen Hut, als wolle er sagen, warum denn gleich in die Luft gehen! Auf einem Bein hüpfte die Arme zu ihrem Wagen, um seine Fahrtauglichkeit zu überprüfen, kam ins Stolpern, stürzte, fiel auf die Knie. Auch sie bluteten jetzt! Im Duett Arme und Beine!

Statt genüsslich auf dem Sofa mit einem Weinglas zu relaxen, hockte sie an diesem Abend verwundet, verbissen, verkrampft vor der Flimmerkiste mit einer Flasche Wasser und einer Schachtel Schmerztabletten.

In der folgenden Woche forderte Frau Schaller Schadensersatz, war des festen Glaubens, nein, sie wusste, dieses Unglück ist auf der Fahrt von ihrer Arbeitsstelle zu ihrem Zuhause passiert. War doch so! Oder? Also ein Fall für die Versicherung! Mit dem Glauben und dem Wissen ist es so eine Sache. Die Versicherung glaubte etwas anders und weigerte sich zu zahlen. Es kam zum Prozess.

Der Richter fällte in den Augen der Klägerin kein salomonisches Urteil. Er führte aus: *Die Klägerin hat keinen Anspruch auf Schadensersatz. Durch das Einwerfen der privaten Post hat sie ihren Arbeitsweg unterbrochen und deshalb genießt sie keinen gesetzlichen Unfallversicherungsschutz.*

Die Gute traf dieser Richterspruch wie ein Schlag ins Gesicht. Hatte sie nicht genug Schicksalsschläge einstecken müssen? Nun noch dieser! Weil sie ihren Heimweg nur um fünf Schritte verlassen hatte, war der tragische Hergang kein Arbeitsunfall. Wegen fünf lächerlicher Schritte! Hatte der Marlboromann das geahnt, als er lachte? Auch der Vertreter der Versicherung grinste schadenfroh. Es kam ihr vor wie das Gelächter der Hölle.

Ein Freudentanz mit Wiederholung

In Haldensleben, der Kreisstadt des Landkreises Börde in Sachsen-Anhalt hatten die SEK-Beamten ein besonderes Tanzerlebnis.

Am späten Abend kam es zwischen zwei Arbeitskollegen zu einem Streit. Jeder beschuldigte den anderen, beim Tanz in den Mai ihm die Freundin ausgespannt zu haben. Die Angebetete äußerte sich nicht zu diesem Vorfall, schon gar nicht, welchem Freier sie ihr Herz geschenkt hatte. Die Polizei vermutete, keinem von beiden, und die balzenden Zankhähne sind völlig grundlos aufeinander losgegangen. Erst verbal, also mit Bezichtigungen mit dem Mund, dann körperlich, mit Schlägen auf das Maul. Einer hat sich sogar eines Metallrohres bedient und nicht nur die Lippen, auch die Beißerchen seines Kontrahenten getroffen.

Das ging einigen Zuschauern denn doch zu weit und sie alarmierten die Ordnungshüter. Als die Zankhähne das Martinshorn vernahmen, suchte der mit dem Rohr das Weite. Der andere konnte nicht fliehen. Er lag am Boden und krümmte sich vor Schmerzen. Ihn hatte es übel erwischt. Die Angebetete kümmerte sich nicht um ihn, wohl aber die Beamten.

Auf der Wache gab er den Namen und die Anschrift „seines Freundes" preis. Die cleveren Polizisten vermuteten, dass dieser in seine Wohnung geflohen ist, und suchten ihn deshalb dort auf. Sie fanden ihn aber nicht vor.

Das konnten sie auch nicht, weil der Übeltäter nach seiner erfolgreichen Flucht sich auf das Dach des Hauses zurückgezogen hatte. Er glaubte sich hier in größerer Sicherheit. Denn er hatte zu Recht vermutet, dass der leicht Verprügelte ihn verraten würde. Diese Annahme stimmte, wie berichtet. Sein Fehler war, dass er bei dieser plötzlichen Erkenntnis fluchtartig seine Wohnung verlassen hatte, in Boxershorts. Doch Maiennächte können noch ganz schön kalt sein. Selbst das Freudentänzchen, das er über die gelungene Flucht auf dem Dach veranstaltete, erwärmte ihn nicht so sehr, dass er nicht am ganzen Leib zitternd in seine Bleibe zurückkehren musste.

Sprichwörtlich ist nun einmal die Geduld deutscher Beamter. Sie warteten vor seiner Wohnungstür auf den Ausreißer, legten ihm Handschellen an, führten ihn ab, schleppten ihn zur Wache.

Der leitende Beamte nahm zu so später Stunde nur seine Personalien auf. Weil er sich nach seinem wohlverdienten Feierabend sehnte, sagte zu ihm: „Ich habe mitbekommen, Sie tanzen gern."

Als der Angeklagte freudig nickte, bat er ihn höflich: „Gut! Dann tanzen Sie morgen noch einmal an! Pünktlich um acht Uhr!"

Oh, Ewige Stadt

Liebende schnitzen gerne ihre Initialen in Baumrinden, Parkbänke oder pinkeln sie in den Schnee, nicht sie, aber er. Zumeist ist es auch er, der die Verewigungen vornimmt. Manch einer wünscht sich im siebten Ehejahr, er hätte die Schmetterlinge im Bauch freigelassen und dafür seine Freiheit behalten oder das Messer zu etwas anderem gebraucht. Darf man nicht einmal denken, wenn man fünf Kinder zu versorgen hat und die Schwiegermutter in der Einliegerwohnung lebt.

An diesen Orten akzeptieren noch viele Mitbürger die Verewigungen. Aber wenn Türme, Aussichtsplattformen, gar Hauswände damit besprüht werden, hört bei den meisten der Spaß auf.

Emil und Rosi fanden einen ganz anderen, ungewöhnlicheren Ort. Auf den muss man erst einmal kommen.

Sie sind verliebt bis über beide Ohren, sogar bis über die Haarspitzen, wohnen in Nachbarorten und -ländern, er in Valtice, Tschechien, sie in Schrattenberg, Österreich. Er isst gern Kaisersemmeln, eine Delikatesse, gebacken mit dem Korn von den fruchtbaren Feldern ihrer Heimat, die sie in einer Bäckerei ihres Ortes verkauft. Sie trinkt gern böhmisches Bier, das er in einem Gasthaus seiner Stadt serviert. So haben sie sich kennengelernt. Bekanntlich geht Liebe durch den Magen. Bei beiden! Flüssig bei ihr, gebacken bei ihm! Auf dem fünf Kilometer langen „Barfußweg", der beide Länder verbindet, kam es auf der „Gefühlstreppe" zu den ersten zarten Küssen, die auf dem „Platz der Sinne" heißer wurden. Dort haben sie auch beschlossen, Staatsgrenzen zu überwinden, Völkerverständigung zu praktizieren und in den Bund der Ehe einzutreten.

Ihre Verlobung sollte an einem besonderen Ort stattfinden. Als überzeugte Katholiken drängte sich Rom ihnen geradezu auf, die Ewige Stadt. Ewig sollte auch ihre Liebe sein, alle Stürme überdauern, wenn möglich mit dem heiligen Segen ihres obersten Hirten. Wenn auch nur aus der Ferne!

Nicht Segen, sondern Fluch kam über sie. Ein Donnerwetter erlebten sie. Auf der Piazza della Rotonda steuerten sie das Pantheon an, ein unscheinbares graues Gebäude, wie sie beide, unscheinbare Normalverdiener.

In früheren Zeiten war das Pantheon das Heiligtum aller Gottheiten. „Pan" steht für alles. Er war ihr Ein und Alles. „Theon" für Gott. Sie war seine Göttin, er liebte sie abgöttisch.

Als er ihr dort den Verlobungsring ansteckte und um ihre Hand anhielt, kniend, wie es sich gehört vor einem himmlischen Wesen und sie mit Tränen der Freude in den Augen ihr „Ja" hauchte, griff er zur Spraydose und schrieb „E" und „R" an die Wand. Die Buchstaben standen nicht für Ewiges Rom, nein, für Emil und Rosi.

Sie mit einem Herzchen verzieren konnte er nicht mehr und er hätte es doch so gern gemacht. Der Aufseher stürmte gleich einem tosenden Gewittersturm auf ihn zu, mit einem gewaltigen Donnerwetter.

Fassungslosigkeit auf beiden Seiten! Der Wächter führte ihn zum Ausgang mit ihr im Schlepptau. Dort warteten zwei Carabinieri auf sie und legten ihnen Handschellen an. Die italienischen Polizisten sperrten sie erst einmal in eine Zelle. Mit wütenden, verachtenden Blicken, wortlos!

Sprachlos waren auch Emil und Rosi, als man ihnen ihre Strafe verlas. Da blieb ihnen doch die Spucke weg. Sie betrug 20.000 Euro. Die Beamten machten ihnen unmissverständlich klar, dass sie sie nicht eher wieder auf freien Fuß setzen würden, bis sie die gesamte Summe auf Heller und Pfennig, besser Euro und Cent bezahlt hätten, ansonsten würden sie für ewig in der Ewigen Stadt bleiben. Die beiden fielen vom siebten Himmel aus allen Wolken.

Jetzt war guter Rat teuer. Woher nehmen, wenn nicht stehlen. Aber das wäre die nächste Straftat gewesen.

Emil kam gar nicht der Gedanke, sich auf den tristen Zellenwänden noch einmal zu verewigen, selbst wenn E und R jetzt für dieses Ewige Rom gestanden hätten und ihm genug Zeit geblieben wäre, ein Herz darum zu malen. Ein schönes!

Manchmal kommt dann doch irgendwo ein Engel aus himmlischen Sphären zu den Armseligen. Ein österreichischer Verwandter lieh ihnen nach vielen Telefonaten das Geld für die verlangte Strafzahlung.

Die beiden sollen fluchtartig nach Begleichung ihrer Schulden die Stadt verlassen haben. An eine baldige Hochzeit war zunächst nicht mehr zu denken, aus Kostengründen. Aber die Flamme der Liebe loderte heller denn je. Not schweißt zusammen.

Ein Stück Himmel auf Erden

Wenn kleine, wurstige Babyfinger knochige, alte Daumen umfassen, haben sie die ganze Hand erobert, mehr noch, die Herzen der Großeltern gewonnen.

Als die kleine Svenja zur Welt kam, wurden Großeltern geboren. Opa Oliver war stolz auf seine kleine Enkelin, trug sie nach der Geburt stundenlang auf seinen Armen durch die Flure des Hospitals, als wollte er sagen, schaut alle her, mein Meisterwerk, obwohl er doch nur der Großvater war, nicht der Erzeuger. Und doch bedeutete die Kleine für ihn jetzt schon ein Stück Himmel auf Erden. Enkel und Engel unterscheiden sich nur durch einen Buchstaben.

Das blieb so ein Leben lang. Mit fünf rief Svenja ihre Oma an und bat sie: „Komm schnell her, deine Tochter schreit mich an, sie verbietet mir schon wieder etwas." Beim Spaziergang durch die Sommerwiesen freuten sich die Großeltern über den Strauß Unkraut mehr als über ein Bouquet Langstielrosen. Einmal sagte Svenja zum Großvater ganz im Vertrauen: „Vatis Drachen fliegt wie eine lahme Ente, bohrt sich immer mit dem Kopf in die Erde. Aufgestiegen ist er noch nie. Wir bauen einen neuen. Wenn du mir hilfst, dann steigt er hinauf bis zu den Wolken." Als Schulkind meinte sie:
„Meine Lehrerin hat gesagt, lass dir doch einmal von deinen Eltern helfen. Ich habe nicht gesagt, meine Mama hat den Aufsatz geschrieben. Opa, den nächsten schreiben wir beide."

Opa und Oma zu sein, heißt einen Schatz auf Erden zu haben, den sie nicht erziehen müssen, sondern nach Herzenslust verwöhnen können. Darin sind Opa Oliver und Oma Frieda konsequent. Sie verwöhnen ihre Enkelin, wo sie nur können. Erziehen mussten sie ihre eigenen Kinder und das war schwer genug. Darum machen sie in den Augen von Svenja auch alles besser als die Eltern.

Ausgeschieden aus dem Arbeitsleben haben sie Zeit und die nehmen sie sich auch, mehr als sie sich bei den eigenen Kindern nehmen konnten. Genießen gemeinsame Wanderungen, Radtouren und Badevergnügen, Kino-, Theater- und Konzertbesuche bis zu häuslichen Aktivitäten wie Kochen und Backen, Karten- und Brettspiele.

Vor allem können beide, die Oma fast noch besser als der Opa, mit viel Fantasie erzählen, aus dem unaufgeräumten Kinderzimmer wird ein prächtiger Prunksaal, aus dem Hochsitz ein

Luftschloss, aus einer norddeutschen Wanderdüne ein südseeweißer Palmenstrand.

Aber schöne Zeiten gehen viel zu schnell vorüber. Auch Enkelkinder werden flügge, gehen ihre eigenen Wege und doch sind die Großeltern immer für sie da.

Einmal schrieb Oma Frieda ihrer Enkelin: „Ich habe gehört, dass dein Freund dich betrogen hat. Ich überweise dir 100 Euro. Kauf dir ein paar schöne Schuhe! Sie mögen dich trösten! Denke immer daran, Opa hat einen Baseballschläger!"

Das Leben kann so ungerecht sein

Das kommt bei Senioren und älteren Damen öfter vor und hat zumeist für alle Beteiligten böse Folgen. Oft sehr unangenehme! Manchmal sogar tödliche!

Das es aber einer 49-Jährigen auf einem Parkdeck passieren konnte, ist schon höchst selten und doch geschehen. Karin Sommer (Name geändert) verwechselte Gas und Bremse. Sie durchbrach die Metallvergitterung, dann die Glasverkleidung des Einstellplatzes hinter sich und hing nun mit ihrem Hinterteil, Entschuldigung, mit dem hinteren Teil des Wagens in luftiger Höhe über einer verkehrsreichen Straße mit einem viel genutzten Bürgersteig. Ein Absturz in die Tiefe wäre für alle Beteiligten mehr als unangenehm gewesen. Im ersten Moment wollte sie fluchtartig das Auto verlassen, um ihre Haut zu retten. Aber in einem Anflug von Menschlichkeit, vielleicht war es auch eine göttliche Eingebung, verharrte sie in ihrem Fahrzeug.

Das Fahrzeug wippte beträchtlich, fiel aber nicht in die Tiefe. Karin sagte sich, wenn ich jetzt aussteige, kann das Heck zu schwer werden und der Wagen stürzt ab zusammen mit den drei Kästen Bier, die sie für ihren Liebsten im Sonderangebot erstanden hatte. Sie dürften das mit Sicherheit nicht überleben.

Sie hatte einmal in dem Film True Lies (Wahre Lügen) gesehen, wie Terroristen mit ihrem Fluchtauto das Geländer einer Brücke durchbrachen und wie dieses dann über einem Abgrund schwebte. Nach einigen Schrecksekunden stellten die Kriminellen fest, dass ihr Fahrzeug im Gleichgewicht blieb. Sie klatschen vor Freude in die Hände, froh, noch einmal mit dem Leben davon gekommen zu sein. Da setzte sich eine dicke, fette Taube auf die Kühlerhaube. Die Verbrecher hielten den Atem an. Umsonst! Das hätten sie sich sparen können. Das Auto stürzte in die Tiefe, die Taube flog in die Höhe.

Karin Sommer betete zum Allmächtigen, bat ihn, sie und ihr Fahrzeug vor einer Taube zu bewahren. Das Wunder geschah. Sie griff also zum Handy und benachrichtigte den Abschleppdienst. Der Helfer am anderen Ende der Leitung glaubte zunächst an einen verspäteten Aprilscherz, ließ sich aber dann überzeugen, dass der jungen Frau Mitte Mai nicht zum Scherzen zumute war, sie Wonnegefühle auch nicht hatte, zumindest nicht in dieser Lage, eher tausend Ängste ausstand und um ihr Leben und das anderer Mitmenschen bangte. Der Angerufene versprach, einen Rettungstrupp zu schicken.

Die folgenden Minuten kamen ihr wie eine Ewigkeit vor, in der sie ein Gelübde an das nächste reihte und zum Himmel schickte. Sie wollte nie wieder ihre nervige Schwiegermutter einen stachligen Kaktus nennen, ihren Mann nicht mehr mit einem Faultier vergleichen und ihre so liebevollen Kinder als aufmüpfige Kröten bezeichnen. Weitere folgten. Sie betrafen den zanksüchtigen Nachbarn Norbert, ihre klatschbesessene Freundin Barbara und den geldgierigen Einzelhändler Wilhelm. Es waren noch viele, sehr viele, bis endlich ein Kranwagen kam. Er nahm sie ruckzuck an den Haken und befreite sie aus ihrer misslichen Lage. Alles ging sehr schnell, nur auf ihrem Gelübde blieb sie sitzen, bis an ihr Lebensende, bis in alle Ewigkeit. Gelübde sind nun mal feierliche religiöse Versprechen, die eine überzeugte Christin einzuhalten verpflichtet ist, ähnlich wie säkulare Schwüre oder heilige Eide. Karin Sommer war eine fromme, gottesfürchtige Gläubige und wusste das, hielt ihre Versprechen widerwillig, denn ihr Gewissen ließ ihr keine Ruhe, obwohl sie schwören konnte, sie hätte sie doch nur in größter Notlage gemacht und meinte darum, das Leben kann so ungerecht sein.

Gut bezahlt

Wenn einer eine Reise tut, dann will er was erleben, dann kann er was erzählen, dann möchte er etwas Besonderes mitbringen. Es muss nicht immer ein Esel sein, die es in den südlichen Urlaubsländern reichlich gibt. Obwohl manche sich störrisch, dumm und einfallslos bei der Auswahl ihrer Souvenirs verhalten, den Grautieren Konkurrenz machen.

Es ist doch eine große Eselei, den Eiffelturm, klein, für die Westentasche, die Gondel, beleuchtet, für den Fernseher, eine Gartenzwergin, barbusig, für den Schwiegervater im Gepäck zu haben. Na ja, wem es gefällt!

Jenseits des guten Geschmacks aber ist es, als Trophäe ins Heimatland zu schleppen: Erdogan als Kettenhund zum Bewundern, Trump als Zentaur (Mischwesen halb Mensch halb Esel) zum Liebhaben, Putin als Möchtegern-Zaren zum Knutschen, wie immer man zu diesen Herren steht.

Elf Sörensen aus Finnland hatte sich vorgenommen, ein ganz besonderes Souvenir von seiner Fernreise mitzubringen. Lange genug hatte er gespart, um sich einen Traum zu erfüllen, einen Besuch der Osterinsel. Das Bild der überdimensionalen, monumentalen Steinstatuen ging ihm seit Jahren nicht mehr aus dem Kopf.

Elf stammte nicht aus der Hauptstadt Helsinki, sondern aus dem dünn besiedelten Hinterland. Ein Hinterwäldler aber war er nicht. Wie alle seine Landsleute war er sehr liberal. Finnland gilt als das freieste Land der Welt. Seine Bewohner sind in allem sehr freizügig, lieben es nackt zu baden, gucken leidenschaftlich gern Pornos und im Schlucken von Viagra sind sie Europameister. Diese laxe Haltung sollte ihm Schwierigkeiten bereiten.

Endlich, sein Traum wurde Wirklichkeit! Er landete auf der Osterinsel, spanisch Rapa Nui. Die einem rechtwinkligen Dreieck gleichende Insel gehört geographisch zu Polynesien, politisch zu Chile. Als er vor den Köpfen mit den charakteristischen langen Nasen, die der seinen ähnelten, und den großen Ohren stand, Mund und Augen weit aufsperrte, staunte er fassungslos.

Er wusste, ob sie Götter darstellen oder Grabdenkmäler sind, ist bis heute nicht geklärt, kann keiner mit Sicherheit sagen, war ihm auch egal, nur eins nicht. Er war sich sicher, von dieser einmaligen Reise musste er ein Souvenir mitbringen, ihr in seinem Herzen für immer ein Denkmal setzen. Aber was tun, wenn weit und breit kein Souvenirshop zu sehen war, die großen Figuren aber direkt vor seiner Nase standen. Eine einfach einpacken wäre aufgefallen, ein kleines Stückchen davon einstecken nicht, sagte er sich. Sörensen war kein Krimineller. Nirgendwo ist die Kriminalität geringer als in seinem wunderschönen, friedlichen Land. Zudem kann man diesen Nordeuropäern nicht ihren Unternehmungsgeist absprechen, ihr Draufgängertum und eine gewisse Unbekümmertheit. Eine Untat sah er darum nicht darin, einem der Götter ein Ohr abzuschlagen und es in der Tasche verschwinden zu lassen.

Der Name Elf bedeutete Naturgeist. Von allen guten Geistern muss er dabei verlassen gewesen sein. Ein schöneres Souvenir, dachte er, hat keiner, darum werden mich alle in der Heimat beneiden. Nur in die kam er damit nicht. Für seine Ruhmestat landete er im Gefängnis, denn die dortigen Behörden zeigten keinerlei Verständnis für sein tatkräftiges Handeln. Viel Kraft hat er benötigt, um Jahrtausend alte Denkmäler mit einem Schlag zu verschandeln. Dieses Land ist vulkanischen Ursprungs. Ein Vulkan brach aus in den Herzen der Aufpasser. Sie versprühten Gift und Galle, als sie ihn festnahmen. Pietätlos empfanden sie seine Bemerkung, es ständen doch genug davon hier herum, sind doch reichlich über die ganze Insel verteilt.

Statt Lob und Anerkennung in der Heimat erwartete ihn hier erst einmal ein Rauswurf und als Mitgift, er dürfe das Land nie wieder betreten, keinen Fuß noch einmal auf diese Insel setzen. Einige versprachen ihm sogar hinter vorgehaltener Hand, sie würden ihn lynchen, wenn er zurückkäme. Zudem verdonnerte die Behörde ihn dazu, 17.000 Dollar Strafe zu zahlen. Das Schlimmste: das Ohr durfte er nicht mitnehmen, auch wenn er meinte, es sei gut bezahlt.

Eine gründliche Sanierung

Vermieter sind sehr einfallsreich, wenn sie einen Mieter loswerden wollen. Besonders Anwälte sind auf diesem Gebiet mit allen Wassern gewaschen, denn sie kennen sich in Rechtsfragen bestens aus. Zu so illegalen Mitteln wie das Wasser abdrehen oder den Strom abstellen greifen sie nicht wie Otto Normalverbraucher, schon gar nicht eine Schlägertruppe vorbeischicken, die alles verwüstet. Das wäre eine strafbare Handlung, undenkbar für einen Vertreter des Rechts.

Ein viel probateres Mittel wendete eine Vermieterin aus Ehrenfeld an, von Beruf Anwältin. Sie führte eine Sanierung ihres vergebenen Objektes durch, eine der besonderen Art. Oft geschieht diese, um die Miete dermaßen zu erhöhen, sodass die weitere Nutzung für den Umzugsunwilligen unerschwinglich wird. Die Dame aus dem Stadtteil 401 von Köln dachte sich, wenn schon, denn schon, und nahm eine Sanierung von Grund auf vor. Doch diese fand nicht die ungeteilte Freude ihrer Mieter.

Das besagte Paar hatte nur einen Kurzurlaub auf dem Lande gemacht. Zu lange! Denn als es wieder nach Hause kam, kommen wollte, war seine Wohnung nicht mehr da. Sie war weg. Es gab von ihr nur noch spärliche Erinnerungsstücke, die ihre frühere Bleibe erahnen ließen. Ihr Zuhause war zu einem großen Schutthaufen mutiert.

„Das Dach war abmontiert, die Fenster nicht mehr vorhanden, die Innenwände eingerissen und unsere Möbel bildeten eine großen Trümmerhaufen", sagte die 42-jährige Mieterin später.

Die Vermieterin dachte logisch und sagte sich, ich brauche nicht jemanden aus einer Wohnung zu klagen, wenn diese gar nicht mehr existiert. Welchen Gehirnwindungen entspringen solch glasklare Gedankengänge? Natürlich einer Fachanwältin für „Bau- und Architektenrecht", die sie war. Sie machte, was sie gelernt hatte und zum Bau gehört: Nägel mit Köpfen.

Schön fanden ihre Mieter das aber nicht. Sie staunten nicht schlecht über so viel frechen Einfallsreichtum, trauten ihren Augen nicht. Ein paar Tränen kullerten auf die Möbel, die zu Kleinholz geworden waren, nicht so klein, dass man sie in einem Kamin verbrennen konnte. Da hätte es noch ein paar Schläge bedurft.

Ganz offensichtlich hatte es die gute Fee mit der Sanierung der Wohnung so eilig, dass sie keine Rücksicht auf Verluste nahm.

Die Mieter sprachen vor Gericht von einer „kalten Räumung". Kalt wurde es ihnen in der Tat, in der frühen Jahreszeit in dem nicht mehr vorhandenen Zuhause, obwohl es nicht durch die Ritzen ziehen konnte. Logisch, denn die gab es ja gar nicht mehr. Die Anwältin, die Sicht auf die Dinge ist je nach Standpunkt unterschiedlich, sprach von einer dringend „notwendigen Sanierung". Darum sei ein Gerichtsverfahren gegen sie „reine Schikane". Wiederum sehr logisch - aus ihrer Sicht.

Der Vorsitzende Richter meinte: „Wenn eine Wohnung abgeschlossen ist, tut der Wohnungseigentümer kund, dass er nicht möchte, dass jemand reingeht." Eigentlich auch logisch!

Er entschied: Die Vermieterin habe die Bewohnbarkeit der Wohnung wieder herzustellen. Insbesondere durch die Wiederherstellung der Außenwände, der Decke, einschließlich der Fenster sowie der Innenwände. Für die Möbel empfahl er einen Neueinkauf.

Zweimal „herstellen" hintereinander ist kein gutes Deutsch. Aber dafür unmissverständlich, klar und logisch.

Mit Hinterdünger

Wer auf „bio" oder „öko" setzt, ist umweltfreundlich und fortschrittlich, ernährt sich gesund und ist allem Neuen gegenüber aufgeschlossen. Kurz: Er ist ein erfolgreicher Zeitgenosse. Aber nicht alle!

Sebastian besucht eine Messe, auf der viele brandneue Erfindungen vorgestellt werden, die dem Zeitgeist entsprechend umweltschonend, nützlich und dennoch modern sind.

Es gibt sehr praktische Dinge zu bewundern wie das „Brotschneidebrett mit Krümmelablauf", montiert auf vier Kanthölzern aus heimischem Anbau. Die Brotreste fallen direkt auf den Boden. Ein Traum, keine verschmutzte Arbeitsplatte mehr! Ausgestellt sind platzsparende „Rahmen für Zimmerecken" zum Anbringen wahlweise für *in* einer Ecke oder *um* eine.

„Sie sehen toll aus", meint Sebastian, „alle aus recycelbarem Material. Seine Freundin schweigt, enthält sich jeglichen Kommentars. Der Hersteller liefert den menschenfreundlichen Hinweis dazu: Vorsicht beim Anbringen! Hilfsbereit sind Ökoproduzenten zudem!

Ziel aller dieser Produkte sind nicht nur glückliche Kühe, auch lebensfrohe Menschen. Dieses verfolgen alle anderen Artikel der Messe. An einem Stand erfreut Basti die „Türklingel im Pianolook" mit schwarzen und weißen Tasten. Nach dem Motto ‚Musik macht froh, öffnet die Herzen, befreit die Seele'. Passend dazu für den munteren Sänger unter der Dusche den „Badeschwamm mit Mikrofonlook".

Für den Trinker, der immer erst angesäuselt singt, die „Weste mit Dosenhalterung" aus Stoffen der Region, geeignet für sieben 0,33l Bierdosen, zur Not auch für sieben 0,5er. Gleich mitbestellen sollte man die „Krawatte mit Getränkespender", der unauffällige Flachmann fürs Büro, versteckt im Schlips. Den eingenähten Kunststoffbehälter sieht man nicht. Dazu gibt es aber als Wiedergutmachung den Naturstrohhalm, ein Ökoprodukt.

Und zum Schluss etwas ganz Besonderes. Eine Erfindung, die alle Briefträger glücklich macht, nicht des Menschen liebstes Haustier: der „Maulkorb mit Entenlook". Der bissige Hund mit einem breiten Schnabel bringt selbst Beamte zum Lachen.

Als Sebastian mit seiner Freundin die Messe verlässt, ist er total begeistert. Manuela nicht. Für sie ist die Messe gelesen. „Alles Humbug", meint sie, unnützes Zeug, nur tauglich für die Tonne. „Nur der ‚Maulkorb mit Entenlook' stände dir gut", kichert sie unsachlich.

So sind Frauen, denkt er, verschließen sich dem Fortschritt, aber stets gut für freche Bemerkungen. Ein Streit entsteht nicht. Noch nicht! Doch dunkle Wolken bilden sich am Horizont.

Sie setzen sich in eine Eisdiele. Er bestellt Donauwelleneis mit Sahne, sie Spagettieis ohne Kalorienbombe.

„Ich denke, du magst keine Nudeln", sagt er.

„Und du keinen Kuchen!", ist ihre schnippische Antwort. Die dunklen Wolken ändern ihre Farbe zu rabenschwarz. Ein Unwetter droht.

Um die Sonne anzulocken, erzählt er von seiner Erfindung, die er demnächst auf den Markt bringen will. Einen Rasenmäher!

Sie lacht: „Rasenmäher gibt es wie Sand am Meer. Der neueste Trend sind die Mähroboter. Gesund und kräftesparend! Sie schonen den Rücken und schenken dir Zeit für deine Hobbys. Aber du hast ja keine."

„Das kann man so nicht sagen. Mein größtes Hobby bist du."

„Dass ich nicht lache!"

„Du sprichst doch nicht von dem brutalen, tierfeindlichen Igelkiller, der tausend verletzte, unschuldige Tierchen auf dem Gewissen hat. Quatsch! Ein Gewissen hat er nicht, aber sein Besitzer sollte eins haben", ereifert sich ihr Basti.

„Genau den meine ich. Die kleinen Stacheltiere müssen halt aufpassen, ihre Guckerchen aufreißen!"

„Ihr angeborener Instinkt sagt ihnen, bei Gefahr zusammenrollen."

„Pech für sie!" Sie schleckt an ihrem Eis und fordert ihn auf: „Nun erzähl schon!"

„Also, ich werde Grasmäher vermieten, Ganzjahresmodelle, einsetzbar auf jedem Grundstück, auch bei Hanglagen, völlig laut- und geräuschlos."

Sebastians Mäh-Roboter

Er überlegt einen Moment und setzt hinzu: „Zumeist!" Dann grinst er über das ganze Gesicht und ergänzt: „Mit Hinterdünger!"

„Mit Hinterdünger? Was sind denn das für Geräte?"

„Schafe!"

„Du willst Schafe vermieten?"

„Ja, wenn nötig eine ganze Herde, bio und öko. Mäh-Roboter, die ihrem Namen alle Ehre machen, sogar blöken können!"

Herablassend verspricht sie ihm: „Ich werde in Zukunft mit Gerold gehen. Der verkauft Igelmörder, sehr erfolgreich, macht gutes Geld damit. Ich bin doch kein dummes Schaf!"

Rückreise mit kleinen Hindernissen

Reisen bildet, wusste schon Goethe, wer reist, kann was erleben, weiß auch das Ehepaar Sonnenschein. Es hat auf seiner Tansaniareise viel durchgemacht, die Fahrt zum Flughafen krönte alles. Um zwei Uhr wurden sie aus dem Tiefschlaf gerissen vom erbarmungslosen Geläut ihres Weckers. Der weitere Ablauf glich einem Zeitraffer, kurze Katzenwäsche, im Eiltempo das große Geschäft im Sitzen, eine Tasse Kaffee im

Stehen, auf dem Weg zum Taxi ein Brötchen herunterschlingen, und auf ging's zum Flughafen.

So weit, so schlecht. Die Koffer wurden verstaut, der Platz eingenommen. Kurzer Stopp in einer Seitenstraße. Der Fahrer musste noch dringend etwas erledigen. Kein Problem! Doch eins! Vor Herrn Sonnenscheins Gesicht wurde es dunkel. Er hatte einen nackten Po vor den Augen. Ein Pavian war durch das offene Verdeck eingestiegen und versuchte die Bananen vom Armaturenbrett zu angeln. Der freundlichen Bitte von Frau Sonnenschein, das zu unterlassen, folgte er nicht, bei den derben und fluchenden Worten des Rückkehrers nahm er Reißaus. Dieser hatte zuvor noch etwas Besonderes im Kofferraum verstaut. Es muss etwas ganz Besonderes gewesen sein, bei der Fahrt durch die Stadt winkten ihnen alle freundlich zu.

Beim Aussteigen erfuhren sie den Grund. Der freundliche Chauffeur hatte sie mit einem Müllsack am Kofferraum durch die Stadt chauffiert. Daran hing ein Schild mit der Aufschrift „Just married!" Wem es gefällt. Nach dreißig Jahren Ehe konnten beide nur müde darüber lächeln.

Das Besteigen des Flugzeuges verlief ohne unangenehme Zwischenfälle. Sie saß am Fenster, er daneben, auf dem dritten Platz in der Reihe ein älterer Herr. Vielleicht weil er es gewöhnt war oder die Aufregung trug dazu bei, er trank von Anfang an harten Stoff. Erst seinen eigenen, dann weiteren, den ihm die Flugbegleiterin brachte. Nach einiger Zeit bat er Herrn Sonnenschein, für ihn Nachschub zu bestellen mit der Begründung, die Stewardess würde ihn schräg ansehen. Er steckte dem hilfsbereiten Nachbarn Geld zu. Dafür bekam nach der Landung nicht nur die Flugbegleiterin, auch der verständnisvolle Herr Sonnenschein ein stattliches Trinkgeld. Dieser noch einen Kuss auf die Stirn wie die Braut von ihrem Vater vor dem Gang zum Altar. Unglaublich aber wahr, der Senior konnte sich noch erheben und auf den Ausstieg zuwanken. Manche vertragen was!

Das gut erholte Ehepaar hatte auch dieses Vorkommnis mit eisernen, stahlharten Nerven überstanden. Noch nicht überstanden war der Zoll. Ein Diensthabender forderte sie auf, die Koffer zu öffnen. Erst durchwühlte er die Unterwäsche, dann die restlichen Kleidungsstücke und zum Schluss beide Kulturbeutel. Das Ehepaar registrierte die Pflichterfüllung des Beamten mit einem leichten Schmunzeln. Mit verzogener Miene allerdings das Vorgehen des Drogenhundes, ihm schnüffelte er immer wieder am Hosenlatz herum, ihr lugte er ständig unter den Rock. Es war ein Rüde, ganz sicher kein schwuler.

Nachdem sie diese Prozedur unversehrt überstanden hatten, freuten sie sich auf ihr Zuhause. Die Freude verging ihnen. Beim Griff in ihre Handtasche stellte sie fest, dass ihr Notizblock fehlte, wahrscheinlich, nein ganz sicher, war der am Urlaubsort liegen geblieben.

„Nicht schlimm!", tröstete sie ihr Mann, „morgen kaufen wir dir einen neuen." Dann scherzte er: „Elefanten haben kein besseres Gedächtnis als wir Menschen, sie schreiben sich nur alles auf."

„Die Späße werden dir gleich vergehen!", stöhnte sie, „mein Gedächtnis ist noch schlechter als das der Elefanten. Darum schreibe ich mir auch alles auf. Ich habe mir auf dem Block das Parkhaus, das Parkdeck und den Parkplatz notiert, kann mich nach fünf Wochen an nichts mehr erinnern, habe mir nichts gemerkt." Der Ehemann hätte jetzt gern die dicke Haut des Dickhäuters gehabt. Er stand da wie ein begossener Pudel und stöhnte: „Na, dann gute Nacht!" Beiden war klar, es würde Stunden dauern, bis sie ihren Wagen gefunden hätten, denn zwei Dinge fielen wie bei der Suche nach dem verlorenen Kind in einem Kaufhaus weg: Man kann das Auto nicht ausrufen lassen, damit es sich meldete, noch konnte man jemanden fragen, ob er es gesehen hat.

Hier half nur eins! Sie beteten zum Heiligen Antonius von Padua, dem Helfer für verloren gegangene Dinge. Der half, schickte ihr den rettenden Gedanken: Auf den Parkschein schauen! Mit einem Dankgebet zum Himmel holte sie diesen aus ihrer Tasche. Die Rettung nahte. Es war kein Sprung über den Abgrund, aber ein Strohhalm am Horizont. Sie brauchte jetzt nur noch ein Parkhaus mit seinen fünf oder sechs Decks und den jeweils tausend Parkplätzen pro Etage ablaufen und schon hätte sie ihr Fahrzeug gefunden. Es ist nicht bekannt, ob sie sich nicht lieber ein neues Auto gekauft haben oder kostengünstiger ein gebrauchtes. Wäre es noch so alt, aber noch besser, als zu Fuß nach Hause zu gehen, die Koffer im Gepäck.

Die Risikoversicherung

Sehr geehrte Damen und Herren!

Mein Mann und ich hatten die Absicht, dieses Jahr einen Urlaub auf Mallorca zu verbringen und die Insel auf eigene Faust zu erkunden. Darum wollte ich bei Ihnen einen Mietwagen buchen. Nun entnehme ich aus Ihren Vertragsbedingungen, dass Sie für Senioren einen Risikoaufschlag verlangen.

Gewiss, das Leben ist immer ein Risiko. Meine Schwester hat geahnt, dass eine Ehe mit ihrem Walter ein Risiko sein wird. Und so war es denn auch. Gleich nach der Hochzeit verschwand er, nachdem er ihre Konten geplündert hatte.

Ich kann Ihnen versichern, mein Mann ist kein Risiko. Ich bin schon vierzig Jahre mit ihm verheiratet und muss es wissen. Im Gegenteil, er erfüllt noch immer zu meiner größten Zufriedenheit seine Pflichten, auch die ehelichen.

Nun heißt es in Ihren Bedingungen, dass ab 73 Jahren ein Mehrbetrag verlangt wird aus den oben genannten Gründen. Mein Mann ist vor einem Monat 75 Jahre geworden. Er sieht aber zehn Jahre jünger aus. Sie können sich selbst davon überzeugen. Ich schicke Ihnen gern ein Foto. Gegenüber seinem Neffen wie ein Jüngling. Den hat seine Firma mit fünfzig gekündigt. Da sah er wirklich alt aus.

Meine Frage also, kann mein Mann noch den günstigeren Tarif bekommen? Ich hoffe auf eine positive Antwort.

Ihre hoffentlich baldige Kundin

Liebe Frau Niemann!

Wir freuen uns sehr, dass Sie einen so rüstigen und pflichterfüllenden Gatten haben, der Sie noch in jeder Hinsicht zufriedenstellen kann. Hoffentlich noch die nächsten zwanzig Jahre! Das wünschen wir Ihnen von ganzem Herzen. Umso betrübter sind die unsrigen, weil wir Ihrer Bitte leider nicht entsprechen können. Ganz gewiss stellt er beim Verkehr kein

Risiko für Sie - und wen auch immer - dar. Im Straßenverkehr ist das anders. Da geht es turbulenter zu, sind schnelle Reaktionen gefragt, darf nie zu lange geparkt werden. Alles das Gegenteil von dem, was zwischen zwei Personen verlangt wird. Hier kann er auch schon einmal länger parken, sich bei allem viel Zeit lassen, die Sie im hektischen Straßenverkehr nicht haben. Wenn Sie das alles überdenken, werden Sie verstehen, dass wir Ihrer Bitte nicht entsprechen können.

Weil wir Ihnen einen fast neuen Wagen zur Verfügung stellen, gilt hier nicht die Lebensweisheit: In alten Wagen lernt man das Fahren.

Wir würden uns freuen, Sie bald als Kunden bei uns begrüßen zu dürfen. Wir stellen Ihnen gerne bei der Rückgabe, wenn Ihnen die Fahrt mit unserem Fahrzeug gefallen hat, auch eine Zufriedenheitsgarantie aus.

Hochachtungsvoll
Ihr Mallorca-Team

Zwei unterschiedliche Hälften

Im Osmanischen Reich wurden hohle Steinziegel auf die Straße gelegt, damit sich Wasser darin sammeln konnte und durstige Vögel und andere Tiere etwas zu trinken hatten. Es wurde geglaubt, dass die gute Behandlung von Tieren eine religiöse Pflicht sei. Dieser Verpflichtung sind sich heute viele Menschen nicht mehr bewusst. Das Vogelsterben ist die Folge. Wir geben ihnen kein Wasser, zerstören ihre Nahrungsketten und nehmen ihnen ihren Platz zum Leben, ihre Nistplätze zum Brüten. Sie müssen sich mit dem, was wir ihnen übriglassen, arrangieren und tun es.

Stadtvögel bauen mittlerweile Zigarettenreste in ihre Nester ein. Wenn man einem Menschen alle giftigen Inhaltsstoffe eines Glimmstängels in den Blutkreislauf spritzen würde, stürbe er sofort. Für die kleinen Körper, besonders ihren Nachwuchs, sind diese Kippen in ihren Brutstätten kein Segen.

Als Frau Kiesel nach einem Kurzurlaub mit ihren Freundinnen nach Hause kam, standen ihr die Haare zu Berge, fiel sie aus allen Wolken, zweifelte an ihrem Verstand, mehr noch an dem ihres Göttergatten. Herr Kiesel hatte seinen Namen in die Tat umgesetzt. Kieselsteine und Betonplatten, Geröll und Schotter, dazu jede Menge Splitt breiteten sich überall aus. Ihr Anwesen war zur Hälfte in einem „Garten des Grauens" verwandelt worden. Die Entsetzte fühlte sich in die Steinzeit versetzt.

„Mehr habe ich nicht geschafft!", tönte ihr Holder voller Stolz.

„Mehr Unheil wirst du auch nicht anrichten, das garantiere ich dir", zürnte Frau Kiesel, „oder ich lasse dich in einer Zwangsjacke abführen, für immer in eine psychiatrische Klinik einliefern."

Ihr „Fortschrittlicher" sah sie verständnislos an: „Es sieht doch alles gut aus, ist modern, pflegeleicht und kostengünstig."

„Erstens sieht es scheußlich aus, zweitens ist alles Moderne nicht immer gut und drittens ist eine solche Anlage teuer und pflegeleicht schon gar nicht, denn auf den Platten wuchern demnächst Flechten, in den Ritzen wachsen bald Moos und Unkraut. Du musst sie mit einem Hochdruckreiniger ständig sauber halten, der verbraucht viel Energie, macht Lärm und schadet den Kleinlebewesen."

„Na und! Wer vermisst schon ein paar Ameisen oder ähnliches Gewürm?"

„Vielleicht du einmal, du Rindvieh. Und vermissen wirst du mich bald auch. Ich werde deine Hälfte nie wieder betreten.

„Was heißt hier deine Hälfte?"

„Ja, glaubst du, du kannst den anderen Teil auch in eine Steinwüste verwandeln, in der die Natur ausgerottet ist, in der keine Blumen mehr blühen, keine Sträucher mehr wachsen, keine Schmetterlinge mehr flattern und keine Bienen mehr summen."

Sie sah ihn mit zornigen Blicken an, deutete auf die Schale, die er aufgestellt hatte und lachte trocken: „Der Blumenkübel, den du dort platziert hast, ist ein Witz. Nur lachen kann ich nicht darüber. Ich werde in die Stadt fahren und dir ein paar Spraydosen besorgen mit unterschiedlichen Farben. Dann kannst du dir die Natur auf deinen Steinfußboden, die Betonwände sprayen, viele bunte Blumen und filigrane Schmetterlinge. Dann sieht deine Welt vielleicht nicht mehr so trist aus."

Sie schaute ihn herausfordernd an und meinte: „Wenn du willst, kannst du dir einen Maulwurfhaufen aufzeichnen, über den du nicht stolperst. Das hat dich doch immer so aufgeregt."

„Schatz, du willst mich doch nicht daran hindern, unseren Garten in einen modernen Steingarten zu verwandeln?"

„Ich nicht, aber unser Stadtrat. Er hat beschlossen, dass diese Art der Vorgärten nicht mehr angelegt werden dürfen, weil sie uns allen schaden. Sie nehmen den Tieren ihren notwendigen Lebensraum, uns Menschen die Luft zum Leben. Die Grünflächen in unseren Städten sind nun einmal unsere dringend benötigte Lunge, schützen uns im Sommer, der immer wärmer wird, vor der Hitze. Denn Steinflächen erhitzen sich stärker als Rasen, strahlen noch bis in die Nacht Hitze ab. Das müsste selbst einem Holzkopf wie dir einleuchten. Aber du hast nicht einmal ein Brett vorm Kopf, dafür aber einen riesengroßen Wackerstein."

„Was haben die Stadtväter beschlossen?"

„Den Bau von Steingärten ab sofort zu untersagen, um die Natur zu bewahren, um uns alle vor dem Klimawandel zu schützen. Ich werde dich an weiteren Untaten hindern. In meinem Teil sollen auch in Zukunft Bienen summen, Schmetterlinge flattern und Vögel zwitschern, dürfen Blumen und Wildkräuter für Insekten sich ausbreiten, Maulwürfe ihre Hügel graben."

Sie sah ihn herausfordernd an und drohte ihm: „Du kannst sicher sein, ich bekomme Recht. Du darfst aber in deiner Todeszone ungestört dahinvegetieren, meinen Garten Eden betrittst du nur mit meiner ausdrücklichen Erlaubnis."

Die Flugschau

„Sport ist Mord", sagt der Volksmund, weil es bei vielen Sportarten häufig zu Verletzungen kommt, die zwar nicht immer im Sarg enden müssen, aber sehr oft im Krankenhaus.

Nummer eins in der Unfallstatistik ist der Skisport. Der Sieger! Die Muskelzellen sind bekanntlich bei Kälte sehr „steif" und halten den ungewöhnlichen Belastungen nicht stand. Bekannt schon! Beachtet weniger! Oft und gern ignoriert von Anfängern oder Übermütigen. Im Prinzip dieselbe Spezies!

Dabei stehen Kopfverletzungen, Bänderrisse und Knochenbrüche an den unmöglichsten Stellen wie an beiden Pobacken in der Erfolgsliste der Verletzungen ganz oben. Bei Frauen sind besonders beliebt Rumpfverletzungen. Warum? Weiß keiner!

Dicht folgen dem weißen Vergnügen in der Unfallstatistik alle Sportarten, die wie die Abfahrer auf Geschwindigkeit setzen.

Axel Kreuz ist begeisterter Radfahrer. Er liebt Rennen, gewann schon viele. Weil er nicht mehr weiß, wohin mit den Trophäen, langweiligen sie ihn. Er suchte das besondere Abenteuer! Waghalsige und todesmutige Geländetouren sind angesagt. Auch halsbrecherische! Den hat er sich bisher noch nicht gebrochen, die eine oder andere seiner Extremitäten schon, alle paarigen Gliedmaßen.

Den besonderen Kick wollte er mit seinem Freund Markus erleben. Zusammen haben sie sich eine Sprungschanze gebaut, höher und gefährlicher als die der Skateboardfahrer. Die Einweihung sollte ein Fest werden und Feste feiert man bekanntlich mit Freunden. Darum haben sie zur Welturaufführung Verwandte und Bekannte eingeladen. Angesagt war: erst die Kunststücke, dann die Party. In dieser Reihenfolge! Sie wurde nicht eingehalten. Leider!

Alle Geladenen waren zwar gekommen, haben Hunger und Durst mitgebracht, vor allem den Willen zum Staunen, die Bereitschaft zum Klatschen. Auch daraus wurde nichts!

Der Reihe nach! Markus nahm Anlauf, sauste die Abfahrt hinunter, flog fünfzehn Meter durch die Luft und landete sicher mit dem Hinterrad auf der Auffangstation. Dann Axel! Auch er sauste los, auch er flog durch die Luft, nicht ganz fünfzehn Meter! Ein paar Zentimeter weniger, setzte darum zu früh auf. Nur ein wenig! Wirklich nur ganz wenig! Die Folge, er überschlug sich, machte einen bildschönen Looping, durchaus sehenswert. Und kam dann auf. Nicht ganz wie geplant! Nicht auf dem Hinterrad, wohl aber auf seinem Hinterteil. Das aber erreichte die Auffangstation mit Karacho, sein Rad begrub ihn unter sich, der Lenker sein Gesicht, der Rahmen seinen Körper, das Hinterrad die Beine. Sichtbare Schäden waren unübersehbar. Am Rad und am Menschen.

Seine Patentante fragte erstaunt: „Ist Axel gestürzt?" Markus klärte sie auf: „Nein, nein, nein! Die Landung war okay. Dein Patenkind steigt immer so vom Rad! Schon seit seiner Kindheit!" Er sah sie freundlich an und ermutigte sie: „Gehen Sie doch zu ihm, seien Sie eine gute Patentante! Fragen Sie ihn, ob er sich wohlfühlt! Sagen Sie ihm, Sie hätten viel Spaß gehabt und fragen ihn, ob er diesen Überschlag noch einmal so perfekt hinbekommt! Loben Sie ihn, versichern Sie ihm, Sie hätten seine Akrobatik bewundert! Das wird ihm guttun. Schlagen Sie ihm doch vor, er solle beim nächsten Mal während des Fluges das Licht einschalten, die Klingel benutzen und mit einer Hand winken! Das erhöht die Gaudi, macht die

Vorstellung noch reizvoller. Versichern Sie ihm, Sie seien stolz auf ihn! Er wird sich freuen. Bestimmt! Ganz bestimmt!"

Als sie sich umdrehte und auf Axel zusteuerte, rief er ihr noch nach: „Bringen Sie ihm zur Erfrischung doch einen Radler! Er wird ihm schmecken nach dem langen Flug!"

Ein patentwürdiger Einfall

Für einen Römer gab es das Hauptgericht, die cena, am Nachmittag. Zuvor erledigte der Gebieter seine dringenden Geschäfte. Bei diesem Essen wurden im Gegensatz zu den anderen Mahlzeiten nicht nur kalte Speisen wie Brot und Obst, auch Warmes gereicht, zumeist Fisch und Fleisch, vor allem reichlich Meeresfrüchte in allen Variationen. Nach der Mahlzeit ging es oft nahtlos über in das comissatio, das Trinkgelage. Vom Speisesofa aufstehen, und sei es auch nur um die Toilette aufzusuchen, widersprach der Tischsitte, das Anhalten galt als höfliche Kunst.

Ferdinand Fritz wäre bei einem solchen Gelage fehl am Platz gewesen, weil er an einer angeborenen Blasenschwäche litt. Entweder hätte er fortwährend gegen alle römischen Etiketten verstoßen und wäre ständig zur Toilette gelaufen oder unter dem Tisch hätte sich eine riesengroße Wasserlache gebildet. So oder so, er wäre nirgendwo mehr eingeladen worden.

Als Kölner Jung liebte er den Karneval. Auf jeder Feier wird bekanntlich viel Flüssigkeit in den Körper geschüttet. Zumeist literweise! Alkoholische versteht sich! Auch bei einem gesunden Zeitgenossen wird sie auf dem Weg durch den Körper erwärmt und dann wieder in die winterliche Kälte entlassen. Oft kurz vor dem Platzen der Blase!

Polizeibeamte und Ordnungshüter, auch weibliche, machen in dieser Zeit geradezu eine Hetzjagd auf Wildpinkler. Sie schützen damit Grünanlagen, Hauseingänge, manchmal sogar ganze Straßenzüge. Einmal haben sie seinen Freund Franz auf einem freien Gelände beim Wasserlassen erwischt und ihn nicht nur mit einer Ordnungsstrafe belegt, sondern ihm eine

Anzeige wegen Exhibitionismus zugesandt. Mit Foto, von hinten, versteht sich! Das war richtig teuer!

Um am Straßenrand die tollen Karnevalsumzüge ungestört und erleichtert zu genießen, hat sich Ferdinand etwas ganz Besonderes ausgedacht. Er trug in dieser Zeit immer einen langen, weiten Mantel. Wurde der Druck der Blase zu groß, hielt er den Mantel ein Stück vom Körper ab. Zu diesem Zweck ließ er seinen Johannes stets aus dem Hosenstall heraushängen. Das sah ja keiner. Man muss sich nur zu helfen wissen. Damit sein bestes Stück nicht erfror und abfiel, hatte er den Mittelfinger von einem Wollhandschuh abgeschnitten und diesen seinem besten Freund übergezogen, der Daumen hätte auch gereicht, ähnlich einem Kondom, nur dass das Köpfchen vorn herauslugte. Der Anstand gebot ihm, öfter den Standort beim Betrachten des munteren Treibens zu wechseln. Das hatte seinen Vorteil, er bekam immer eine andere Sicht auf das Geschehen.

Einmal stellte er sich trotz dieser Maßnahme mit seinem Freund Franz, dem angeblichen Schamverletzer, an eine dunkle Bretterwand, um im Duett ihr kleines Geschäft zu erledigen. Die Dunkelheit umgab sie. Plötzlich wunderte sich sein Freund und meinte: „Ich so laut und du so leise?!" Ferdinand antwortete in Bierseligkeit: „Du an die Bretterwand und ich an deinen Mantel." Er fand das lustig, sein Freund nicht. Es setzte erst ein paar heiße Ohren und zum krönenden Abschluss, so als Dankeschön, einen Faustschlag mitten ins Gesicht. Das haute ihn um, im wahrsten Sinne des Wortes. Er schlug mit dem Hinterkopf auf den gefrorenen Boden.

Mit gebrochener Nase und verbundenem Kopf lag der stark Mitgenommene, lange Zeit auch Benommene, danach im Krankenhaus. Karneval war für ihn passé, zumal es Alkoholisches in dieser Anstalt nicht gab, schon gar nicht in Mengen, nicht mal einen Tropfen. Die letzten drei tollen Tage verliefen für ihn sehr geruhsam. Ruhend! Liegend! Wegen der starken Gehirnerschütterung durfte er nicht schunkeln, sich nicht einmal aus seinem Bett erheben. Er musste es hüten. Die Schwester hat ihm darum einen Katheter gelegt.

Der Tüftler Ferdinand hatte danach einen patentwürdigen Einfall.

Mit einem solchen Abflussrohr, das Beutelchen gut versteckt unter einer langen Weste, würde er das nächste Jahr zu den Karnevalsfeierlichkeiten gehen. So könnte er nicht nur auf einer Stelle an der Straße stehen, auch in der Kneipe mitmachen und ohne Probleme die römischen Tischsitten noch heute einhalten.

Ein falscher Hase tut es auch

Wenn du schon einmal den Einkauf machen willst", rief die Ehefrau ihrem Hubert zu, dann bring doch bitte auch einen Sonntagsbraten mit!"

„Was würde der Gnädigen munden?", fragte ihr Ehemann zurück.

„Am liebsten wäre mir Wild. Rind, Schwein und Geflügel hatten wir die letzten Male. Natürlich nur, wenn das dem Gnädigsten auch recht ist."

Hubert verstaute erst einmal in aller Ruhe seinen Lederlappen, rollte den Schlauch zusammen und stellte das Poliermittel in den Schrank. Nach gründlicher Reinigung der Hände und seines Gesichtes bestieg er gesäubert den blitzblanken Wagen, verstaute zuvor den Einkaufskorb im Kofferraum und fuhr auf der Bundesstraße 242 Richtung Goslar. Völlig entspannt, das Wochenende genießend. Im Radio spielten sie gerade den Schlager: ‚Ach, lass mich doch in deinem Wald der Oberförster sein, der Oberförster sein …'

Bei *der Oberförster* machte es einen heftigen Schlag. Die Windschutzscheibe zerbarst und Hubert sah nichts mehr. Nichts kann man nicht sagen. Ein dickes braunes Fell versperrte ihm die Sicht. Das Tier, das sich darin befand, drückte sich von der Haube langsam aber stetig in das Wageninnere, nahm ihm die Luft zum Atmen. Danach tat es einen weiteren Knall und das Fahrzeug stand, rührte sich nicht mehr von der Stelle. Eine dicke Eiche hatte ihm den Weg versperrt.

Mit größter Anstrengung und viel Mühe konnte sich der Verunfallte - so wird er später im Polizeibericht genannt - aus seiner eingeklemmten Lage befreien. Die Polizei sprach von einem Wunder. Der ältere Herr war mit heiler Haut davongekommen. Der junge Hirsch nicht!

Als er ausgestiegen war, begutachtete er das Malheur. Zunächst in aller Ruhe mit den Händen in den Taschen, Abstand haltend. Als er realisierte, dass sein Wagen sich um den Baumstamm gewickelt hatte, umsonst gewesen war seine Putzerei, machte er einen Tanz, keinen Freudentanz, sondern den eines wild gewordenen Handfegers. Erst langsam dämmerte es ihm, dass das Auto in diesem Zustand nicht mehr fahrtüchtig war. An den Einkauf war nicht mehr zu denken. Er sagte sich, den brauche ich auch nicht mehr zu tätigen, meinen Sonntagsbraten habe ich. Und der reicht fürs Erste und Nächste!"

„Auf einen Hirschbraten dürfen Sie sich auch freuen", belehrte ihn der Förster, „nur nicht auf diesen! Die Hirschkuh nehme ich mit. So sind nun einmal die Vorschriften." Dann lächelte er huldvoll und meinte: „Das bedauere ich sehr!" Schlug aber gönnerhaft vor: „Ein falscher Hase tut es auch. Bestimmt! Ist zudem viel leichter in der Zubereitung. Und genießen Sie nach dem Essen einen Jägermeister oder auch zwei und singen Sie dazu: Ach, lass mich doch in deinem Wald der Oberförster sein, der Oberförster sein …"

Brautreden müssen sein

Der Hochzeitstag ist der schönste Tag im Leben zweier Menschen. Einen Wermutstropfen gibt es bei diesem Fest immer: die Rede des Brautvaters. Sie muss sein.

Herr Möhning erhebt sich und sein Glas.

„Liebe Gäste, ich bewundere Euren Mut, dass Ihr heute gekommen seid, obwohl jeder wusste, dass ich, der Brautvater, eine Rede halten würde. Mir wurde gesagt, ich solle Euch nicht mit einer langen langweilen, darum tue ich es mit einer kurzen.

Als meine Tochter heute in ihrem Brautkleid vor mir stand, verschlug es mir die Sprache. Ihr wunderschöner Anblick machte mich ehrfurchtsvoll stumm. Jetzt bin ich es nicht mehr, finde hoffentlich die passenden Worte."

Er setzt sein Sektglas ab und wendet sich dem Bräutigam zu: „Ich bewundere ganz besonders deinen Mut, lieber Sam, als du heute laut und kräftig gesagt hast: ‚Ja, ich will'! In Zukunft wirst du sagen: ‚Wie du willst, Liebes'. Ich kenne den Dickschädel meiner Tochter. Schon früher als ich sie auf den Armen hielt, hat sie stets so lange geschrien, bis sie ihren Willen bekam. Bekommen hat sie dadurch ihre kräftige Stimme. Ein Vorteil fürs Leben!

Man sagt doch, Ehejahre sind keine Herrenjahre. Daran wirst du dich gewöhnen müssen, wirst erfahren, wie durchsetzungsstark sie mit ihrer umwerfenden Stimme ist. Ich gebe dir den guten Rat, gehe jedem Streit aus dem Weg. Du ziehst doch den Kürzeren, denn sie ist wie alle ihre Geschlechtsgenossinnen immer gut vorbereitet. Wenn sie einen Streit beginnt - und da kannst du sicher sein - ist sie stets bestens präpariert mit Daten und Fakten, Diagrammen und Tabellen."

Er schaut Beifall heischend in die staunende, stumme Runde. Manch einer denkt: „Eine ungewöhnliche Brautrede! Wirklich außergewöhnlich!"

Der Gute aber fährt unbeirrt fort: „Ich weiß aus Erfahrung, für eine glückliche Ehe ist eins wichtig: die Liebe, die durch den Magen geht. Darum gehören zu ihr ein gutes Essen und ein langes Gesicht. Das wirst du machen, wenn du ihre Kochkünste kennenlernst. Sei froh, dass du gute Zähne hast. Verhungern lässt sie dich nicht, dafür liebt sie dich viel zu sehr."

Er erhebt noch einmal sein Glas und setzt sich dann, mit sich und der Welt zufrieden, auf seinen Platz.

„Die Ehe ist eine Beziehung, in der EINER immer recht hat. Der andere ist der Ehemann!"

Ganz gelassen steht seine Tochter auf und führt ebenfalls mit liebendem Herzen aus: „Lieber Papa, ich danke dir für diese gefühlvolle, menschliche und verständnisreiche Rede. Die Römer hatten nicht recht, als sie sagten, hättest du geschwiegen, dann wärest du Philosoph geblieben. Du bist mehr als ein Philosoph. Du bist ein großer Menschenversteher! Unverständlich bleibt bei deinen warmen, aufmunternden, gütigen Worten mir nur, warum Mutti dich vor unserer Hochzeit verlassen hat, um von dir Abstand zu gewinnen, es nicht einen Tag länger mit einem so liebevollen Mann ausgehalten hat. Nicht einen Tag, nicht eine Stunde, nicht eine Minute.

Liebe Gäste, ihr seht selbst, dass Vati keine Schuld daran trägt, dass er diesen Festtag nur mit mir verbringen muss ohne meine Mutter, seine Frau. Er ist mehr als ein Unschuldslamm. Da du zurzeit allein bist, hast du ein Zuhause bei mir gesucht und gefunden. Ich verspreche dir, dass ich bestens für dich sorgen werde. Du brauchst nicht jeden Tag Doseneintopf, Fertiggerichte oder Instantsuppen essen, was dich daheim erwartet hätte. Du darfst jeden Tag meine Küche benutzen und mit deinen reichen Kocherfahrungen uns, meinen lieben Mann und mich, mit deinen Künsten erfreuen. Ich bin mir sicher, meine Hilfe brauchst du nicht, wir keine guten Zähne. Ich weiß, du kannst kochen, was du willst, es wird immer ein schmackhafter Einheitsbrei oder deftiges Gulasch sein. Danke dafür im Voraus! Ich verspreche dir auch, dass ich dich nie an Mutti erinnern werde, mit solch blödem Satz: Bei Mami schmeckte es viel besser.

Mit diesem Versprechen wollen mein Mann und ich zusammen mit unseren Gästen die Gläser erheben. Und dir rate ich: Iss dich hier noch einmal gut satt! Wenn nicht, könntest du es bitter bereuen."

Ein ungewöhnlicher Ort zum Beten

Pastor Liebe war von seinem Mittagstisch aufgesprungen, auf die Straße gerannt und blickte zum Kirchturm. Erst faltete er seine Hände, dann raufte er sich die Haare und rief mit bebender Stimme: „Schatz, komm bitte mal! Wenn du das siehst, fällst du vom Glauben ab."

Seine Frau stellte sich neben ihren Mann, schaute zum Himmel und sagte mit fassungsloser Stimme: „Allmächtiger!" und schüttelte dabei immer wieder ungläubig ihren Kopf.

Im Dach ihrer Kirche stand ein Auto. Der Fahrer hatte sich auf dieses in sieben Meter Höhe wahrscheinlich nicht zum stillen Gebet begeben, auch nicht, weil er geglaubt hat, hier den himmlischen Mächten näher zu sein, sondern ganz offensichtlich dorthin verirrt. Und noch dazu mit einem Auto! Der Altarraum und das Mittelschiff mit den Bänken zum Knien waren nämlich ebenerdig.

Er hatte seine Hände auch nicht zum Gebet gefaltet, sondern er umklammerte fassungslos das Lenkrad. Als er zaghaft seinen Kopf aus dem Fenster steckte, konnte der Pastor feststellen, dass der „Flugschüler" mit dem Schrecken davongekommen war.

Im Polizeibericht stand später: ‚Der 23-jährige Chemnitzer hat mit hoher Geschwindigkeit die Abbiegung verpasst, eine Bodenwelle erwischt und dann den Dachboden anvisiert'. Auch Beamte haben Humor.

Pastor Liebe, ein wahrer Christ, voller Nächstenliebe, nannte es später: Höhere Gewalt und Gottes Beistand. Die Absolution hat er ihm aber nicht erteilen können, damit hätte er sich in Widerspruch zu den Ansprüchen der Versicherungsgesellschaft befunden.

Wenn man um Haaresbreite dem Tod von der Schüppe gehüpft ist, denn der junge Mann überlebte fast unverletzt, werden selbst Ungläubige wieder gläubig, glauben an Schutzengel und Heilige. Einer der Helfer äußerte sich nämlich so: „Das war wie eine neue Lebenschance für den jungen Mann. Und wer dann anfängt, über Gott nachzudenken, wenn er es vorher nicht getan hat, sollte es jetzt auf alle Fälle tun." Augenzeugen versicherten, dass er nach dieser Äußerung den Opferstock in dem unbeschädigten Kircheneingang aufgesucht hat und man es klimpern gehört habe. Andere munkeln, dass er von jetzt auf gleich wieder Kirchensteuern bezahlt hat.

Die Äußerung seines Kollegen war sachlicher: „Wir sind schon zu vielen Unfällen gerufen worden, aber dass einer sich das Dach einer Kirche als Parkplatz aussucht, das habe ich zum ersten Mal erlebt."

Er kann sicher sein, ein zweites Mal wird er nicht erleben. Sollte der (Un-)glücksrabe sich zu einem späteren Dankgebet in der Kirche einfinden, dann mit Sicherheit zu Fuß und durch den Haupteingang.

Der Kranführer, der mit dem Abschleppdienst gekommen war, wurde fast poetisch: „Ich habe schon viele Unglückswürmer am Haken gehabt, aber noch nie einen Pechvogel, der so hoch geflogen ist."

Übrigens: Die Frau des Pastors ist nicht vom Glauben abgefallen.

Gut gelaufen

Zu tief ins Glas schauen, kommt bei uns Mensch schon einmal vor, bei Tieren nicht. Trotzdem wurde im schwedischen Malmö ein Seniorenheim von einer Herde beschwipster Elche belagert. Die Tiere hatten vergorenes Obst gefressen. Die aggressiven Suff-Elche mussten von bewaffneten Polizisten vertrieben werden.

In Süddeutschland torkelte ein Braunbär die Straße entlang. Fußgänger glaubten, er sei krank oder schwer verletzt. Sie riefen die Polizei. Der Wachtmeister erkannte, er kannte sich aus, wusste es vielleicht sogar aus eigener Erfahrung, das Tier befindet sich im Vollrausch. Auch es hatte vergorene Früchte verzehrt. Und nicht wenige! Der Bär war ein friedlicher Trunkenbold. Er ließ sich widerstandslos abführen.

Ohne Widerstand ließen sich auch zwei Bayern, ebenfalls nicht mehr ganz nüchtern, zur Wache bringen. Ein Alkoholtest konnte nicht vorgenommen werden, keiner war in der Lage, ins Röhrchen zu pusten. Nach dem vierten Versuch gaben die Beamten auf und nahmen sie mit zur Blutentnahme. Beide hatte über 2,4% Alkohol im Leib. Jeder natürlich! Darum war das mit den Röhrchenpusten auch ein Fall von Pustekuchen.

Sie hatten auf einer Landstraße Richtung Wenzenbach die Kontrolle über ihr Fahrzeug verloren, einen Lattenzaun aus den Angeln gehoben, einen Telefonmast zu Fall gebracht, sind von der Straße abgekommen und schließlich in einem Bach gelandet. Auf allen Vieren! Das Auto, auf den Rädern stehend. Beide waren unverletzt! Betrunkene, sagt man, haben einen Schutzengel. Sie hatten zwei! Jeder einen! Dann sind sie, betrunken wie sie waren, die Böschung hinaufgekrabbelt.

Diesmal sie auf allen Vieren! Anders war es ihnen nicht möglich. Verständlich! Kennt jeder, der Selbiges schon einmal durchgemacht hat. Keiner der Augenzeugen ist ihnen auf die Finger getreten. Es waren alle sehr umsichtige Leute, Bayern eben. Einer hat die Polizei verständigt. Die Beamten trafen nur kurze Zeit später am Unfallort ein. Waren sehr schnell, typisch beamtisch.

Als Erstes wollten die Ordnungshüter wissen, wer denn gefahren sei. Alles muss seine Ordnung haben. Jeder der beiden Benebelten zeigte auf den anderen und meinte, sein Freund habe hinter dem Steuer gesessen. Genau konnte es keiner sagen, auch keiner der Augenzeugen. Sie waren alle später zum Unfallort gekommen, als die beiden schon am oberen Rand der Böschung waren.

Einer der beiden meinte, er könne nicht der Fahrer gewesen sein, denn er besäße gar keinen Führerschein.

Der Verkehrsrichter, ein Norddeutscher mit viel Erfahrung, stellte fest, dass sei nun auch kein Beweis. Er habe schon so viele Verkehrssünder, Rüpel, Wiederholungstäter verurteilt, die nicht im Besitz einer gültigen Fahrerlaubnis waren. Ihm blieb nichts anderes übrig: In dubio pro reo. Im Zweifelsfall *keinen*, weil man nicht *einen* verurteilen konnte.

Man könnte den Verdacht haben, so betrunken waren beide doch nicht.

Die Mutter der Porzellankiste

Vorsicht ist nicht immer die Mutter der Porzellankiste.

Ein Räuber aus Süddeutschland hat sich darauf spezialisiert, die Frontscheibe von Juwelierläden einzuschlagen und sich aus der Auslage zu grapschen, was er wegtragen konnte, um sich dann möglichst schnell aus dem Staub zu machen. Das gelang ihm perfekt! Vor dem Eintreffen der Polizei war er stets über alle Berge.

Und dann das! In einer lauen Juninacht von Sonntag auf Montag, alle Geschäfte waren noch geschlossen, die Straßen menschenleer, ging er erneut auf Beutejagd. Gegen vier Uhr, im ersten Morgenlicht, tauchte er vor dem teuersten Schmuckgeschäft der Stadt auf, bewaffnet wie immer mit einem dicken Pflasterstein, und wollte auf bewährte Weise abräumen.

Mit voller Wucht schleuderte er den Stein gegen das Fenster. Das bestand aus Panzerglas. Darum prallte das Geschoss ab, flog zurück und traf zum Entsetzen des Banditen ihn an der Stirn. Dieses dauerte nur kurz, zehntel Sekunden, wurde dann von einer tiefen Ohnmacht abgelöst, in die er fiel, nachdem er rücklings auf dem Bürgersteig landete. Sie währte sehr lange, weil der Arme dabei mit voller Wucht auf der Bordsteinkante aufgeschlagen war. Blutüberströmt und regungslos fanden ihn so die Ordnungshüter, denn seine Attacke hatte auf der Wache Alarm ausgelöst. Die Beamten weckten ihn sanft aus seinem komaähnlichen Zustand. Auf seine Frage: „Wo bin ich?", gaben sie eine richtungweisende Antwort: „Gleich in der Ausnüchterungszelle auf unserem Revier."

Unsere Beamten sind gut ausgebildet und schlaue Füchse. Sie sagten sich, die Vorgehensweise ist uns bekannt. Vielleicht handelt es sich um einen Serientäter. Ihr kriminalistischer Instinkt führte sie dazu. Sie besorgten sich einen richterlichen Durchsuchungsbeschluss und begaben sich am nächsten Morgen zur Wohnung. Es gibt für einen Dieb nach seiner Tat zwei Möglichkeiten. Die erste: Er versucht die heiße Ware so schnell wie möglich loszuwerden. Die zweite: Er versteckt seine Beute und wartet, bis Gras über die Sache gewachsen ist.

Unser Übeltäter hatte die zweite gewählt. Keine gute Variante, wie sich herausstellte. Abwarten und Tee trinken, ist nicht immer der Weisheit letzter Schluss.

In einem todsicheren Versteck, unter dem Bett, dort sucht doch kein normaler Mensch, nur Polizeibeamte, wurden diese fündig. Und wie! Die Beute von mehreren Raubzügen lagerte dort. Ein wenig angestaubt! Aber dennoch gut erkennbar!

Vorsicht und Nachsicht liegen oft nah beieinander. Vorsicht war diesmal nicht die Mutter der Porzellankiste. Da der

Erwischte Wiederholungstäter war, setzte der Richter die Strafe nicht zur Bewährung aus. Wie sagte Heinz Erhard so richtig: „Das Leben stammt auf alle Fälle aus einer Zelle. Doch manchmal endet es bei Strolchen in einer solchen." In eine solche, ähnlich der eines Klosters, wurde er gesperrt. Kloster stammt vom lateinischen Claustrum ab, was „geschlossener Ort" bedeutete. Wie die Mönche hat er dort „abgeschlossen" viel Zeit, über das Leben und über seine Sünden nachzudenken, auch beim täglichen Rundgang. Vielleicht erreicht ihn dort auch göttliche Erleuchtung wie sie den frommen Männern zuteil wird. Bitter nötig hätte er sie!

Sinnestäuschungen

In Lüdenscheid sind die Menschen sehr gescheit. In dieser sauerländischen Kreisstadt im schönen Westfalen sorgten zwei Frauen, die im Ortsteil Gevelndorf wohnen, auf der Polizeiwache für Kopfschütteln. Sie waren weder verwandt noch verschwägert, aber beide zwischen sechzig und siebzig Jahre alt und offensichtlich im höchsten Grad kurzsichtig, denn jede sah auf ihre Art Gespenster.

Die 65-jährige Frau Wellmann rief aufgeregt bei der Hauptwache an. Sie hatte vor einigen Tagen einen Altbau bezogen, ein alleinstehendes Haus, nahe am Waldrand, in der Nähe eines dichten Forstes, in dem sie Kobolde, Zwerge und andere Gnome vermutete. Ein nächtlicher Blick aus dem Fenster trieb ihr jedes Mal den Angstschweiß auf die Stirn, ließ ihr Blut in den Adern gefrieren.

Eines Abends war sie zu später Stunde in den Keller gegangen, hatte einen der hinteren Räume betreten, in dem sie bisher noch nie gewesen war. Was sie dort erblickte, ließ ihre die grauen Haare zu Berge stehen, ihr ängstliches Herz bis zum Hals klopfen. Sie stürzte die Treppe hinauf, griff zum Hörer und japste mit schweißnasser Stimme: „Kommen Sie schnell! In meinem Keller liegt eine Leiche, keine normale, eine mumifizierte."

Die Beamten rieten ihr, nichts anzufassen, den Toten in Ruhe zu lassen, seine himmlische Ruhe nicht zu stören. Versicherten, sie kämen gleich. Und das taten sie auch. Sie rückten zu zweit an, mit einem Polizeihund im Schlepptau. Den Grund für die Mitnahme des Tieres konnte später keiner mehr erklären, wie gesagt in Lüdenscheid sind alle sehr gescheit.

Die Leiche war wirklich tot. Es handelte sich aber auch um keinen mumifizierten Leichnam, eigentlich um überhaupt keinen. Im diffusen Licht des Tatortes oder besser Fundortes entdeckten sie und der ausgebildete Polizeihund eine sehr realistische Attrappe.

Sie war wahrscheinlich in einer Geisterbahn eingesetzt worden, um Kirmesbesucher zu erschrecken. Einen Schrecken hat sie den gestandenen Mannsbildern nicht eingejagt, zumal sie ihren vierbeinigen Aufpasser bei sich führten. „Frau Wellmann", sagte einer der Zweibeinigen, „Entschuldigung, aber Sie sehen Gespenster."

Wenige Tage später ging ein weiterer Anruf auf derselben Wache ein. Wieder aus Gevelndorf, aber von einer ein oder zwei Jahre jüngeren Dame. Sie erstattete Anzeige gegen Unbekannt. Diesmal im Morgengrauen! Sie konnte von ihrem Schlafzimmer aus sehen, dass Schmierfinken ihr Fahrzeug im Höchstmaß ver-

unstaltet hatten. Die Frage des Beamten, ob sie ausgeschlafen sei, beantwortete sie nicht, empfand sie aber als unerhört. Wie sich später herausstellte, war sie nicht so ganz unberechtigt.

Die Uniformierten rückten wieder an, andere als vor einer Woche, ohne Mundschutz, ohne Blaulicht und ohne Hund. Der Täter war schnell ermittelt. Er war nicht von dieser Erde, sondern aus himmlischen Sphären. Ein Frechspatz. Die Hinterlassenschaften stammten in der Tat von einem Singvogel, der sich wie ein Dreckspatz benommen, ganze Arbeit geleistet hatte. Arbeit! Falsche Wortwahl! Die richtigen Worte aber fand einer der Beamten: „Gnädige Frau, Sie können froh sein, dass Albatrosse und Pelikane im Sauerland nicht heimisch sind."

Nicht begutachten

Manche Menschen können sich nicht vorstellen, dass es Mitbürger gibt, die nur zwei Hosen im Schrank haben, eine für den Winter und eine für den Sommer. Sie gibt es, auch im reichen Deutschland. Ferdinand Flusche gehört zu ihnen. Und das kostete den armen Schlucker auch noch viel Geld. Warum? Eben weil ein anderer Zeitgenosse sich nicht in seine Lage versetzen konnte.

Es ist doch so, wenn man es einmal sehr eilig hat, geht wie verhext oft alles schief, klemmt es an allen Ecken und Enden. In seinem Fall der Reißverschluss an seiner Sommerhose!

Bei über dreißig Grad im Schatten wollte er nicht mit der dicken Winterhose auf die Straße gehen und sich beim Sozialamt melden. Mit der Sommerhose aber hätte er mit offenem Stall vorstellig werden müssen.

Was tun? Er wusste, schon auf dem Weg dorthin müsste er sich dumme Bemerkungen anhören von den tief einfühlsamen, den sozial engagierten Mitmenschen: Entweder du machst deine Hose zu oder wir machen unsere alle auf. Oder von den Neunmalklugen: Hast du Bereitschaft?

Dann wäre da noch die strenge, gnadenlose, prüde Frau Großmut, auf die er treffen könnte. Sie würde ihn mit Sicherheit für einen Exhibitionisten halten, kreischend davonlaufen, womöglich ihn auch noch anzeigen. Noch schlimmer wäre es, sie würde die offene Garage falsch interpretieren und sie als eine Einladung zum Einparken verstehen. Das hätte ihm noch gefehlt. Er war zwar arm, so arm aber auch wieder nicht.

Was immer er auch unternahm, der Reißverschluss ließ sich nicht hochziehen. Er setzte sich auf seine Bettkante, grübelte und grübelte, überlegte bis ihm der Kopf schmerzte. Die bildschöne Nachbarin um Hilfe zu bitten, wäre eine falsche Inanspruchnahme der Nachbarschaftshilfe gewesen, selbst wenn er die Hose nicht am Leibe hätte.

Was nun? Auch seinen Bruder konnte er nicht behelligen, der war auf Dienstreise und den Gedanken, seine Schwägerin zu belästigen, verwarf er aus denselben Gründen wie die, die auch die Hilfe der schönen Nachbarin ausschlossen.

Er resignierte, denn sein Termin beim Sozialamt war ohnehin längst verstrichen. Die Folge? Er bekam ein Schreiben, in dem ihm die Kürzung seines Arbeitslosengeldes mitgeteilt wurde mit der Begründung „Fernbleiben vom Beratungstermin".

Er zog vor Gericht, klagte, schilderte dem Richter seinen Fall. Dieser zeigte wenig Fingerspitzengefühl, zumal er mit einem Dutzend Hosen im Schrank so etwas bestimmt noch nie durchgemacht hatte, sich nicht in die Lage des Klägers versetzen konnte und darum eine offene Hose nicht als Entschuldigung für ein Terminversäumnis ansah. Er meinte, eine solche Peinlichkeit nicht nachvollziehen könnd: „Sie haben doch bestimmt eine Unterhose angehabt."

„Stimmt!", hat Herr Flusche tief enttäuscht und höchst aufgebracht geantwortet, „aber wenn einem nur eine Hose zu Verfügung steht, besitzt man auch nur einen kleinen Slip. Für mehr reicht eben das Geld nicht!" Dann hat er den Richter angeschaut und ganz bescheiden gefragt: „Können Sie sich vorstellen, dass dieser mit der Zeit nicht sehr ansehnlich ist?"

Euer Ehren wollte ihn nicht sehen, schon gar nicht an ihm riechen. Er verließ fluchtartig den Raum. Sein Urteil revidierte er nicht.

Verpasster Schwiegermutterbesuch

Sehr geehrte Herren,

Sie forderten mich auf, den Unfallhergang genau zu schildern. Unerfahren in Versicherungsfragen, werde ich darum wahrheitsgemäß den Sachverhalt schildern:
Ihren Unterlagen können Sie entnehmen, dass ich ein kleines mittelständisches Unternehmen führe. „Fliesen schön" ist ein Zwei-Mann-Betrieb, bestehend aus meinem Gesellen und mir.
Über Wochen hatten wir in dem Neubau „An der Hardt" hart gearbeitet, die Fliesenarbeiten an den Fußböden und in den Badezimmern auftragsgemäß ausgeführt. Und ordentlich! Wir sind fleißig und gut!
Für den Transport des Arbeitsmaterials wie des Werkzeuges benutzten wir seit eh und je einen selbstgebauten Flaschenzug, den wir stets im obersten Stockwerk, in diesem Fall in dem vierten, anbringen, mit dem wir das Benötigte in die einzelnen Etagen befördern, um uns so das mühsame Schleppen auf den noch ungesicherten Treppen zu ersparen. Es spart zudem Zeit und Geld. In der Regel belade ich unten den viereckigen Metallkorb, während mein Geselle oben das Baumaterial entnimmt. Aus Gründen der Sicherheit und zur Schonung unserer Kräfte - nur zur Hälfte! Wir sind auch vor- und weitsichtig!
Ein Unglück kommt selten allein. Am Freitagabend waren wir mit den Arbeiten fertig. Am Samstagmorgen hatte sich mein Geselle krankgemeldet und gemeint, die wenigen Handgriffe, die noch zu erledigen seien, könne ich allein schaffen. Während der Arbeit hat mich den ganzen Morgen über meine Frau wiederholt angerufen und mich fortwährend daran erinnert, doch früh Feierabend zu machen, weil wir zur Geburtstagsfeier ihrer Mutter, meiner Schwiegermutter, eingeladen waren. Das nervte, sie stand mir ständig auf den Füßen, die ich doch zur Beendigung der Arbeiten laufend gebrauchte. Mit der Angst im Nacken, nicht früh genug fertig zu werden, stand ich unter einem fürchterlichen Zeitdruck. Wenn Sie meine Frau nur

ein wenig kennen würden, hätten Sie einen blassen Schimmer davon, wie groß dieser war.

Gegen Mittag machte ich den letzten Handschlag und ließ, wie man so sagt, die Kelle fallen. Es blieb nur noch etwas zu tun, die restlichen Fliesen und Kacheln wie das sonstige Arbeitsmaterial und Werkzeug nach unten zu schaffen.

Sehr fehlte mir jetzt mein Geselle, der mir stets half, die Last mit dem Flaschenzug langsam herunter zu lassen. Ich bin Handwerker und arbeite, wie es das Wort sagt, mit den Händen, weniger mit dem Kopf. Natürlich ist es nicht falsch, wenn wir Malocher auch hin und wieder das Gehirn einschalten würden. Das gestehe ich offen. Es stellte sich nämlich später heraus, es wäre besser gewesen, viel besser.

Clever von mir war: Ich ersetzte meinen Mitarbeiter durch einen Baum, um den ich das Seil wickelte, das er hätte festhalten sollen. Alles andere war jetzt nicht so klug. Ich bin immer ehrlich! Aber denken Sie daran, dass ich meine Frau und meine liebe Schwiegermutter im Nacken spürte. Eine schwere Last, kann ich Ihnen sagen. Ich eilte hinauf und legte dort hastig, damit es schneller ging, alles, aber auch alles in den Korb, der nun insgesamt ca. 400 kg wog. Ich betone noch einmal, ich wollte niemanden warten lassen, Schimpftiraden aus dem Weg gehen. Aus dem Weg ging ich dabei auch dem Gedanken an das Gleichgewicht der Kräfte.

Oben hingen jetzt 400 Kilogramm, unten 70, mein Gewicht. Obwohl ich eine schmächtige Person bin, mache ich meine Arbeit gut, denn ich bin sehr agil. Wenig später musste ich erfahren, wie fragil ich bin, denn gebrochen habe ich mir bei dem folgenden Geschehen fast alle meine Knochen.

Zum Hergang: Ich lief hinunter, um den beladenen Korb langsam zu mir herabzulassen. Am Baum angekommen, löste ich das Seil vom Stamm. Zur Erinnerung: Ich wiege nur 70 Kilogramm, oben hingen 400.

Jetzt trat das *physikalische Gesetz vom Gleichgewicht der Kräfte* in Kraft. Nach Newton geht es dabei um Druck und Zug, ausgeübt von einem Objekt auf das andere; denn jede Kraft hat eine Größe und eine Richtung. Meine Richtung war jetzt aufwärts.

Ich verlor den Boden unter meinen Füßen und schwebte langsam wie ein Engel in die Höhe. Gleichzeitig näherte sich mir höllisch schnell der beladene Korb.

Es kam zur ersten schmerzhaften Begegnung zwischen der zweiten und dritten Etage. Wir touchierten uns nicht nur leicht. Zugegeben dem Korb machte es nichts aus, mir doch einiges. Ich erlitt Schürfwunden, keine leichten, nein, das harte Ding schrammte an meiner gesamten rechten Körperhälfte entlang und kugelte mir so nebenbei auch noch die Schulter aus. Das Fatale, dieses Treffen bremste die Auf- und Abfahrt nicht ab, verlangsamte sie nur geringfügig für den Bruchteil einer Sekunde.

Dann aber ging alles schnell, wesentlich schneller als zuvor. Der Korb sauste nach unten, ich nach oben. Er schlug am Boden auf, dabei verlor er den seinen. Meine Finger quetschten sich zwischen Rolle und Seil, dabei brachen drei.

Nach den Gesetzen der Schwerkraft lief jetzt der umgekehrte Vorgang ab. Der leere Korb, denn ohne Boden war er auch ohne Fliesen, hatte jetzt nur noch ein Gewicht von 10

Kilogramm. Zur Erinnerung: Ich wog immer noch 70. Ich setzte mich langsam in Bewegung gen Erden, der Korb gen Himmel. Zur Begegnung kam es wieder zwischen der zweiten und dritten Etage. Der Vorgang von zuvor wiederholte sich. Für den Korb hatte er wiederum keine Folgen, aber für mich erhebliche. Ich trug eine Gehirnerschütterung und weitere Prellungen davon, keine leichten.

Wieder beschleunigte sich die Fahrt, aufwärts wie abwärts. Der Verbleib des Korbes interessierte mich zunächst nicht, verständlich, weil ich mit voller Wucht auf das Kachel-Fliesengemisch knallte, mir dabei gefühlt sämtliche Knochen brach, vielleicht ein paar nicht. Das konnte ich in diesem Moment nicht feststellen. Sie sehen doch sicherlich ein, dass ich bei solchen Schmerzen nicht daran gedacht habe, das Seil festzuhalten. Verständlich! Nachvollziehbar! Oder?

Das Loslassen aber war nicht gut, ganz und gar nicht, eher verhängnisvoll. Es gab mir nämlich den Rest. Der leere Korb kam jetzt direkt auf mich zu, schlug mir drei Vorderzähne aus und brach mir das bis dahin noch intakte Nasenbein.

Darum liege ich jetzt hier in einem Krankenhaus mit einem Ganz-Körper-Verband. Da nicht nur meine Beine, auch meine Hände eingipst sind, habe ich meiner Frau dieses Schreiben diktiert. Es ist auch ohne Unterschrift gültig. Von Nachfragen bitte ich abzusehen, da ich zurzeit nicht in der Lage bin, ein Telefon zu bedienen.

Dieser unliebsame Zwischenfall ersparte mir zwar den Besuch bei der Schwiegermutter. Unter Abwägung aller Umstände wäre mir der denn doch viel lieber gewesen als dieser unangenehme Zwischenfall. Zumal die Gute mir in meiner jetzigen Lage, der horizontalen, nicht mehr bösartig vorkommt. Es ist so, Schmerzen, große, geben einem manchmal eine andere Sicht auf die kleinen Dinge. Es ist eben alles relativ.

Ich hoffe, Ihnen gedient zu haben.

Herzliche Grüße
aus einem Meisterbetrieb

Keine höhere Gewalt

„Das glaubt mir keiner, das schlägt glatt dem Fass den Boden aus", sagt Simon Schleep zu seinem Freund, „man hat von mir verlangt, ich solle in aller Öffentlichkeit mein Hinterteil entblößen und auf dem Seitenstreifen einer Fahrbahn mein Geschäft erledigen. Im Notfall muss man dort seine Notdurft verrichten, hieß es."

„Vor den höhnischen, schadenfrohen, schamlosen Blicken aller", entsetzt sich sein Freund Matthias.

„Ja, vor den Augen aller."

„Womöglich macht der eine oder andere auch noch ein Foto davon und stellt es ins Internet und dein Po wird weltberühmt!" Matthias schüttelt immer wieder den Kopf und fragt: „Wer verlangt denn so etwas?"

„Ein Richter, ein deutscher Richter an einem deutschen Amtsgericht." Simon holt tief Luft und fährt fort: „Er verlangte noch viel mehr von mir! Nämlich 200 € für die Staatskasse und dazu belegte er mich noch mit einem einmonatigen Fahrverbot. Nur weil ich nicht bereit war, mir in die Hose zu machen. Im Amtsdeutsch heißt das: „Sie hätten die Verschmutzung Ihrer Wäsche in Kauf nehmen müssen."

„Das glaube ich nicht!"

„Ist aber wahr."

„Wie kam es dazu?"

„Ich litt schon seit Tagen an einer Durchfallerkrankung. Auf der A45 geriet ich in große Not, sehr große. Kennst du das Gefühl, es nicht mehr länger halten zu können. Du kneifst die Pobacken zusammen, krampfst dich am Lenkrad fest, so fest du kannst, der ganze Körper zuckt und doch beginnt es zu tröpfeln. Du schreist nein, nein, immer wieder nein, Herr im Himmel, nein. Du hoffst inständig, jetzt bloß nicht auch noch husten und niesen zu müssen. Und dann das!"

Er schaut seinen Freund an, der grinst: „Nein, nicht, was du denkst! Da war auf einmal das erlösende Schild ‚Nächster Parkplatz 1000 Meter'. Ich hatte Tränen in den Augen, keine vor Freude, eher vor Angst und Anstrengung, beseelt nur von einem einzigen Gedanken, nicht jetzt auch noch pupsen zu müssen."

„Oh, das kenne ich. Hat sicher jeder schon einmal im Leben durchgemacht. Wie hast du reagiert?"

„Auf das Gaspedal gedrückt, was das Zeug hielt, um noch in letzter Sekunde einen Busch zu erreichen."

„Das verstehe ich, das versteht jeder!"

„Jeder, nee! Als ich mit einer einigermaßen sauberen Hose aus dem Gebüsch kam, standen zwei Polizisten neben meinem Auto und verlangten meine Papiere, eröffneten mir, ich hätte die Höchstgeschwindigkeit um über 50 km/h überschritten. Ich müsste mit einer Anzeige rechnen. Ich schilderte ihnen meine Notlage. Sie zuckten die Schultern, sagten nur, das müsse der Richter entscheiden, drehten mir den Rücken zu, stiegen in ihr Fahrzeug und verschwanden."

„Und der hat entschieden?"

„Eiskalt, seelenruhig, wie ein Klugscheißer, ich könnte mich nicht auf „höhere Gewalt" berufen. Er weiß nicht, wie sehr eine drückende Kraft einem Gewalt antun kann."

Nicht schleimen

Ein kurioser Unfall ereignete sich im Juni 2016 auf der Autobahn A33 bei Paderborn. Sie werden sagen: „Ein Unfall ist nie kurios, eher tragisch. Sie haben recht, aber urteilen Sie selbst!

Autos können auf feuchtem Laub oder glattem Eis, auf einer Ölspur oder bei Aquaplaning ins Schleudern kommen und das führt dann oft zu schweren Unfällen. Aber nicht auf einer Schleimspur, denken Sie, die Nacktschnecken oder Halbnacktschnecken hinterlassen haben. Doch! Es war so! Im Laufe der Zeit haben diese äußerst hässlichen Tiere ihr Gehäuse soweit verkleinert, dass sie sich nicht mehr darin verkriechen können. Diese Mutation hat auch Vorteile. Von der schweren Last befreit, ständig das eigene Haus auf dem Rücken tragen zu müssen, sind sie in der Lage, längere Strecken als ihre Artgenossen zurückzulegen. Nicht wesentlich schneller, aber länger! Ein Vorteil bei der Futtersuche. Eine ausgleichende Gerechtigkeit der Natur!

Ungerecht gegenüber dem Autofahrer. Ein Trabantfahrer musste die Folgen tragen. Mehrere Dutzend von diesen Kriechern hatten eine zig Meter lange Schleimspur hinterlassen. Glitschiger als eine Öllache! Hunderte von Schnecken waren von der angrenzenden Böschung auf den Asphalt gekrochen.

„Es hat sich um eine regelrechte Karawane gehandelt", sagte der Polizist, der den Unfall aufnahm. Sie wurde dem armen Fahrer eines „Trabis", so wurde er liebevoll von den Bürgern in der ehemaligen DDR genannt, von den Franzosen „Carton de blamage", zum Verhängnis.

Wenn man auf einer Schleimspur ausrutscht, ist das zumeist metaphorisch gemeint. Kollegen lästern in diesem Fall über einen Mitarbeiter, der sich wie auch immer beim Chef beliebt machen will. Er wird auch als „A...kriecher" verspottet. Führt aber nicht immer zum gewünschten Ziel.

Dies zeigte sich auch im Fall des Trabifahrers, denn seine Fahrt wurde jäh unterbrochen. Was heißt unterbrochen? Der Wagen rutschte aus, wie oft Schlittschuhfahrer auf einer Eisfläche, kam ins Schleudern und drehte sich mehrfach um die eigene Achse und überschlug sich schließlich. Glück im Unglück. Der Fahrer blieb unverletzt, dank der soliden Konstruktion der Ingenieure des Arbeiter- und Bauernstaates. Der Trabi war demoliert, korrekter gesagt, er hatte einen Totalschaden, musste abgeschleppt werden. Spötter standen am Straßenrand und lästerten: „So schnell ist er noch nie gefahren. Er erreicht seine Höchstgeschwindigkeit."

Der Fahrer war nicht nur unverletzt, er behielt auch seinen Humor. Er pries sein demoliertes Fahrzeug auf der Versteigerungsplattform ebay noch im gleichen Monat an: „Mein Trabi hat noch TÜV bis September." Er verschwieg auch den Unfall nicht und schrieb: „Sein hübsches Gewand hat durch einen Unfall einige üble Schrammen erlitten. Mein „Egon", so nenne ich meinen Trabi, ist leider nicht mehr fahrtüchtig, weil er zu früh durch eine Schneckenplage verstorben ist. Er ist ausgerutscht und hat sich im wahrsten Sinne des Wortes das Genick gebrochen. Erstzulassung 1988! Noch drei Monate TÜV frei!"

Sagen Sie selbst, sein Mut war nicht von Pappe! Sein Wagen zum großen Teil aber aus diesem wertvollen Material.

Sekunden vor dem Schluss der Versteigerung bekam ein Bieter für 490,89 € den Zuschlag.

Wir lernen daraus: Nicht schleimen, auch Ehrlichkeit zahlt sich aus. Darum: Ruhig einmal dem Chef geradeheraus die Meinung geigen!

Störrischer als ein alter Esel

Radfahrer sind eine besondere Spezies. Nicht alle, aber viele. Sie halten Verkehrsregeln für Empfehlungen, so das rote Licht der Ampel; für keinen guten Ratschlag das Handzeichen beim Abbiegen, es verursacht eine Instabilität des Fahrverhaltens; eine Zumutung das Spurhalten, es vermindert das Fahrvergnügen, die Freude am Durchschlängeln.

Ein junges Pärchen verhielt sich korrekt und fiel trotzdem auf. Das Anhaltegebot der Beamten ignorierten beide zunächst, besannen sich dann eines Besseren und entgingen so der Strafe von 35 €. Den Polizisten war aufgefallen, dass das rote Rückscheinwerferlicht trotz der eingetretenen Dämmerung nicht brannte. Noch mehr staunten sie über die geröteten Augen der jungen Frau. Der Jüngere der Beamten bat sie um einen Drogentest. Sie zierte sich nicht wie eine Jungfrau, viel heftiger. Ihr Partner riet ihr, einzuwilligen, sonst müsse sie mit zur Wache.

„Ein guter Rat!", meinte der Hauptwachtmeister. „Ihr Freund hat recht, ansonsten nehmen wir Sie mit."

„Der soll bloß seine Klappe halten. Kontrollieren Sie lieber einmal seine Satteltaschen!"

„Machen wir gleich!", versprach der ältere der beiden.

Der Drogentest war positiv.

Der Taschentest auch. Ein Dutzend Bierdosen und einige Schnapsflaschen erblickten das Dämmerlicht. Eine Diebesware, die erst vor zwei Stunden per Funk den Beamten gemeldet worden war, die bei einem Einbruch in einem Kiosk gestohlen wurden.

Jetzt verlor der Partner seinen Humor, fand die Gesamtsituation nicht mehr lustig und gab den Sicherheitskräften den Tipp: „Sehen Sie sich das Fahrrad einmal genauer an!"

Die Polizisten gehorchten.

„Mir ist aufgefallen, dass es viel zu groß für die junge Dame ist", sagte der eine Ordnungshüter zu dem anderen.

„Gut beobachtet", jubelte der Liebhaber. „Die Gute musste unbedingt ein Mountainbike der Marke Maxx haben. Ich habe ihr geraten, ein kleineres zu nehmen oder darauf ganz zu verzichten. Aber nein, die Gnädige bestand auf ihrem Willen. Da ist sie wie eine störrische Eselin, immer mit dem Kopf durch die Wand. Die Viecher sind wenigstens so gescheit und ziehen ihren Schädel im letzten Moment zurück. Meine Liebste nicht. Also blieb mir nichts anderes als dieses mitzunehmen."

„Was heißt mitnehmen? Von wo?"

„Na, vom Hof der Universität."

„Habe ich Sie recht verstanden? Sie haben das Rad gestohlen?"

„Nein, hören Sie denn nicht zu? Mitgenommen! Sie stehen dort doch herrenlos herum. Ich habe mich seiner angenommen. Sie sind ja noch begriffsstutziger als ein alter Esel."

„Das gibt eine weitere Anzeige!"
„Warum denn das?"
„Sie kapieren noch weniger als das Grautier, Sie legen jetzt das Verhalten eines Esels an den Tag, obwohl es gleich Nacht wird", meinte der Polizist.

Die Freundin schüttelte immer wieder ihren Kopf und stöhnte: „Er redet immer dumm daher, jedes Mal, wenn er eine Schnapsflasche zu lange an seinen Hals gesetzt hat. Bitten Sie ihn doch einmal um einen Alkoholtest. Er wird freudigen Herzens zustimmen. Ganz sicher! Dann braucht er auch nicht mit zur Wache."

Das Testergebnis: er musste seinen Führerschein abgeben, durfte aber sein Rad behalten.

Was macht die Liebe so schön? Die Tiernamen wie Spätzchen, Häschen, Bärchen.

„Blöde Ziege!", nannte der Erwischte seine Liebste.

Eine Schweizer Panne

Seit jeher erwacht im Menschen, wenn er die Vögel am Himmel beobachtet, der Wunsch, fliegen zu können, federleicht durch die Lüfte zu schweben.

Eine Sage aus alter Zeit erzählt von der Verwirklichung dieses Traumes. Als Dädalus sich vor Gericht in seiner Heimatstadt Athen verantworten sollte, floh er mit seinem Sohn nach Kreta. Auch dort fiel der hochbegabte Techniker beim König Minos in Ungnade. Wieder musste er so schnell wie möglich das Land verlassen.

Da der Herrscher aber alle Schiffe kontrollierte, blieb den sich in Lebensgefahr Befindenden statt des Seeweges nur der durch die Lüfte. Darum bauten sie sich Flügel, stiegen auf einen Berg und hoben ab. Sein Sohn genoss das Fliegen, ignorierte die Warnung des Vaters, nicht zu nah an die Sonne zu kommen, stieg übermütig höher und höher, bis das Wachs in den Flügeln schmolz und er abstürzte, ins Meer fiel und ertrank.

Nur eine phantasievolle Sage und doch versuchten Menschen diesen Traum seit ewigen Zeiten zu realisieren. Schon Leonardo da Vinci hat das Fliegen keine Ruhe gelassen und er konstruierte auf dem Papier mehrere Flugobjekte. Geflogen ist er nie. Einer der ersten, der den Flug in die Tat umsetzte, war der Deutsche Otto Lilienthal. Er hatte das Problem des aerodynamischen Auftriebes im Prinzip gelöst. Sein tödlicher Absturz war die Folge der mangelnden Steuerungsfähigkeit seines Gerätes.

Der Amerikaner Chris Gursky hatte mehr Glück, wohnhaft im hügellosen Texas, wollte einmal die Bergwelt erleben und verbrachte darum mit seiner Frau einen Urlaub in der Schweiz. Nur zu den Gipfeln hinaufzuklettern war ihm aber nicht genug. Sein Traum war, auch einmal über diesen wie ein Vogel zu schweben. Darum buchte er einen Tandem-Drachenflug. Kein Problem, Angebote gab es genug.

Er wählte einen feschen Schweizer Buben, lebensfroh, braun gebrannt, ein Bild von einem Mann.

Ein Fehlgriff! In den Kopf eines Menschen kann man nicht schauen. Das erfuhr der Flugbegeisterte auf bittere Weise. Denn der Pilot hatte, weil er unkonzentriert zur Sache ging, einen verhängnisvollen Fehler gemacht, was den Flug zu einer Hängepartie werden ließ.

Eine Hängepartie im wahrsten Sinne des Wortes. Chris rutschte kurz nach dem Abheben aus der Hangleiter, weil der Pilot vergessen hatte, diese zu sichern.

Jetzt baumelte er freischwebend, sich erst mit beiden Händen an einer Stange festklammernd am Fluggerät. Abwechselnd fasste er dann an den Nacken des Gesicherten oder an dessen Hosenbund. So schwebte er dahin. Anders als er sich das vorgestellt hatte, nämlich in Todesangst.

Am Abend zuvor hatte er den Handzettel „Flugangst - leicht und effektiv überwinden" gelesen. Ihm gingen die guten Ratschläge durch den Kopf:
1. Konzentrieren Sie sich auf das, was wirklich geschieht und nicht auf das, was passieren könnte!
   Ich versuche es! Fällt schwer!
2. Machen Sie Entspannungsübungen während des Flugs!
   Guter Tipp! Umständehalber nicht durchführbar!

3. Turbulenzen können unangenehm sein, sind aber ungefährlich.
   Kein Kommentar!
4. Trinken Sie viel Wasser während des Flugs, vermeiden Sie Alkohol!
   Wie denn? Eine Flasche Wodka wäre jetzt angebracht.
5. Schreiben Sie Ihre Wünsche für Hilfen bei einem mulmigen Gefühl auf!
   Habe ich zuvor getan. Interessiert zurzeit niemanden. Kann ich auch nicht aus der Hosentasche holen.

Keiner der Tipps war umsetzbar. Nicht absetzbar war der berühmte Hilferuf „Houston, wir haben ein Problem". Kein Funkgerät war an Bord.

Mit 80 km/h stürzten sie gen Boden statt in den wolkenlosen Himmel aufzusteigen. Echte Vögel kotzen nicht, sagte sich der Fliegende.

Der Unglückspilot versucht eine schnelle Landung. Die an einem Hang misslang. Einen zweiten Versuch gab es nicht, darum steuerte er der Erde zu. Eine Ewigkeit dauerte das dem Kraftlosen. Die Hände taten ihm weh, die Arme wurden müde, der Mut sank. Erschöpft, sich aufgebend sagte er sich: „Okay, dann sterbe ich eben." Während er sich der Erde näherte, sah er seine Seele zum Himmel schweben.

Kurz vor dem Aufsetzen ließ der Erschöpfte los. Seine Landung auf Mutter Erde war nicht angenehm, ganz und gar nicht, eher ein knochenharter Aufprall, denn der Schirm und seine Passagiere hatten dabei noch eine sehr hohe Geschwindigkeit.

Der Verunfallte wurde ins Krankenhaus eingeliefert, das gebrochene Handgelenk, der Sehnenriss des Bizepses wie die Schürfwunden mussten behandelt werden. Während der Operation setzten die Ärzte ihm eine Titanium-Platte ein, die mit sieben Schrauben fixiert wurde.

Als er aus der Narkose erwachte, zeigte Chris Gursky, wie viel Humor er besaß, er stellte lakonisch fest: „Alles besser als die Alternative!"

Frohe Weihnachten

Liebe Oma Brunhilde,

ich schreibe dir diese E-Mail und habe zudem auf deinen Anrufbeantworter gesprochen, dass unsere gemeinsame Weihnachtsfeier dieses Jahr ausfällt. Warum? Ich erkläre es dir.

Wir haben doch jedes Jahr unsere große Krippe neben dem Weihnachtsbaum stehen. Du weißt, Papa liebt sie über alles, denn sie ist ein altes Erbstück. Dein Schwiegersohn hat sie von seinem Urururgroßvater geerbt. Vielleicht auch noch ein paar Ure mehr! Der war von Beruf Zimmermann und hat alles aus Holz gearbeitet, die Platte, den Stall und alle Figuren, die Menschen wie die Tiere, massiv, und fest auf dem Untergrund verschraubt.

Mama bekleidet die Personen stets sehr geschickt, selbst über die Schafe legt sie bunte Wolldeckchen und auf die Kamele kleine Sättel. Den Boden und den Stall bedecken Papa und ich immer mit Moos und Stroh. So ist der Anblick gar nicht einmal mehr so hässlich, zudem haben wir uns an ihn gewöhnt und machen Vati eine große Weihnachtsfreude.

Praktisch ist sie schon, denn der jährliche Aufbau entfällt und die Decken, die Sättel und die Kleidung liegen stets griffbereit in einer Schlafzimmerschrankschublade.

Unpraktisch nur ist der Transport. Denn dieses massive Ungeheuer steht im Keller. Und damit es das ganze Jahr über uns nicht im Wege ist, hoch oben auf einem Schrank.

Mutti, Vati und ich haben uns gestern dorthin begeben, um die Krippe ins Wohnzimmer zu tragen. Als meine Eltern sie vom Schrank heben wollten, stolperte mein Vater. Darum entglitt die Krippe seinen Händen und er kippte nach vorn. Beim Fallen schlug er erst mit seiner Nase auf den Hocker, auf dem meine Mutter wegen der gleichen Höhe immer steht, und dann mit dem Gesicht auf die Fliesen.

Meine Mutter hatte nun die Verantwortung für das gesamte Monstrum, zu groß für ihre kleinen Hände. Sie verlor das Gleichgewicht und fiel auf Vatis Rücken, begrub ihn unter sich.

Im wahrsten Sinne des Wortes, denn dein Töchterchen ist im Laufe der Jahre zu einer stattlichen Tochter herangereift.

Jetzt konnte ich eingreifen, vorher nicht, denn der Unfallhergang dauerte nur Bruchteile von Sekunden. Ich zog mein Handy aus der Tasche, das ich zum Ärgernis meines Vaters immer bei mir habe und Teenager eigentlich gar nicht brauchen und verständigte den Notdienst. Ich hielt es auch für ratsam, erst zur Haustür zu laufen, um die Helfer ins Haus zu lassen. Da man bekanntlich nicht zwei Dinge auf einmal machen kann, überließ ich meine Eltern erst einmal ihrem Schicksal. Die Retter kamen auch sehr schnell und ich führte sie zum Unglücksort.

Sie arbeiteten wie Profis, hatten das Knäuel schnell entwirrt und meinen Vater auf eine Trage gelegt. Ich empfahl ihnen, die gerade Außentreppe zu nehmen und nicht die gewundenen Innenstufen hinaufzugehen. Meine Mutter konnte selber laufen. Sie war nur am Arm beschädigt.

Ich hatte übersehen, dass zwar kein Schnee lag, aber die gefliesten Stufen durch den Frost glatt waren. Als ich den Krankenpflegern beim Hinaufgehen den Hergang schilderte, kam der hintere von beiden dermaßen ins Lachen, dass ihm der Griff aus der Hand glitt, mein Vater von der Trage fiel und mein armer Daddy die ganze Treppe hinuntersauste. Gott sei Dank mit den Füßen zuerst! Im Krankenhaus stellte man fest, dass seine Nase und ein paar Rippen gebrochen waren, er im ganzen Gesicht grün und blau angelaufen war. Sie sprachen von schweren Hämatomen. Diese hatte er aber auch am gesamten Körper. Die Ursache waren wohl die schwere Holzplatte samt Aufbau und seine Ehefrau mit ihrem Volumen. Das Schlimmste aber war seine schwere Gehirnerschütterung. Deshalb muss er über die Feiertage zur Beobachtung in der Klinik bleiben. Das Personal hat ihn auch gern dabehalten, denn über Weihnachten sind die Zimmer weitgehend leer und ein Privatpatient ist in dieser Zeit immer ein sehr willkommenes Opfer, Verzeihung Patient. Sie haben ihm gleich gesagt, dass der Chefarzt während der Festtage zu Hause bei seiner Familie sei, auf dessen Behandlung er ja einen Anspruch habe. Er käme nur in einem dringenden Notfall und der läge nicht vor, sei medizinisch gesehen auch eher eine Lappalie. Er nehme sich aber die Zeit und schreibe die Rechnung. Das diensthabende Personal werde ihn dafür umso liebevoller bemuttern, damit er ein Weihnachtsfest wie daheim erlebe.

Meine Mutter dagegen hatte es viel besser. Ihr abstehender Zeigefinger und der gebrochene Arm wurden gerichtet und eingegipst und sie konnte dann mit mir das Krankenhaus wohlgemut verlassen.

„Kein Unglück ist so groß, hat es nicht auch ein kleines Glück im Schoß." Ein Sinnspruch meines Vaters. Das trifft auch für ihn zu. Er ist gut versorgt, braucht sich nicht zu ärgern, dass du uns mit deinem Besuch die Festtage vermiest, seine Worte. Mutti und ich können jetzt besinnliche, ruhige und erholsame Weihnachten feiern. Wir zwei müssen für uns kein großes Festmahl zubereiten.

Nur ich bin die Leidtragende. Du hast mir jedes Jahr ein großzügiges Geldgeschenk gemacht. Darum habe ich mich auch immer im Gegensatz zu meinem Vater auf dein Kommen gefreut. Vielleicht kannst du mir, um meinen Kummer etwas zu mildern, die entsprechende Summe auf mein Sparbuch überweisen. Ich schreibe dir die Nummer auf.

Von ganzem Herzen wünsche ich dir frohe Weihnachten, vor allem gesunde. Ich habe die E-Mail aufgesetzt und getippt, weil deine Tochter das zurzeit verständlicherweise nicht kann.

Kuss, deine Gaby

Spaßvögel lassen Träume leben

Der Chef sagte zu Raimund: „Vorgestern haben Sie den Bus verpasst, gestern sind Sie im Stau stecken geblieben. Und welche Ausrede haben Sie heute für Ihr Zuspätkommen?"
„Heute", erklärte der Gerügte, „heute bin ich zu Fuß gegangen und hatte Gegenwind." Sein Boss sah ihn tadelnd an und meinte: „Wenn Sie glauben, weiterhin den Spaßvogel spielen zu müssen, werden Sie bald fliegen, mit Rückenwind."
Aber gerade deshalb liebten ihn seine Kollegen. Er verbreitete viel Frohsinn, Leichtigkeit und Gelassenheit. Er nahm die Dinge des Lebens nicht bitterernst. Sie verbrachten so manchen lustigen Abend bei ihm. Noch etwas schätzten sie an ihm besonders. Er servierte immer die köstlichsten und teuersten Sachen. Des Öfteren wunderten sich die Mitarbeiter, wie er sich das alles von seinem Gehalt leisten konnte.
Wie gesagt, er war eine Frohnatur, nahm Vieles auf die leichte Schulter. In Testsendungen des Fernsehens hatte er mitbekommen, dass Artikel, die Versuchspersonen mit verbundenen Augen probieren mussten, vom Discounter manchmal besser bewerteten wurden als die Markenartikel. In der Regel aber kein Unterschied festgestellt wurde. Nur einen gab es, das war der Preis. Der Kunde bezahlt die Marke mit, zuweilen mit sehr viel Geld.
Er war schon eine Marke, unser Raimund, und sagte sich, warum soll ich mir diese Erkenntnis nicht zunutze machen. Also sammelte er Flaschen, leere, mit Etiketten der teuersten Produkte ihrer Art. Für Whisky Flaschen aus Schottland, für Sherry welche aus Spanien und für den Wein, die guten und hochgelobten aus Frankreich, eine für den weißen, eine für den

roten und eine für den dazwischen. Reserveflaschen hatte er mehr als genug.

Bevor seine Gäste kamen, füllte er eine unbekannte Sorte vom Discounter, in der Regel die hauseigene, in diese Flaschen um. Seine Gäste tranken den ganzen Abend den vermeintlich teuersten Wein aus Frankreich, den echten schottischen Whisky oder original Ouzo aus Griechenland. Ganz sicher! Der Glaube versetzt nicht nur Berge, erschafft Träume, Illusionen, Wohlgefühle.

Nie, aber auch nie wäre jemand auf die Idee gekommen, dass er etwas anderes zu sich nahm.

Zu essen gab es immer nur Biokost vom heimischen Bauern.

Sie ist gesünder und schmeckt besser. Es ist schon ein Unterschied, ob die Tomate aus dem Supermarkt kommt oder vom Bio-Bauern. Ein großer! Nur manchmal kaufte er den einen oder anderen Artikel auch beim Dis-counter und den nicht einmal in der Bio-Abteilung. Oft den einen, nie den anderen. Aber das Bier gab es stets aus den Originalflaschen. Immer die aus dem Sonderangebot! Mogeln hätte sich hier nicht gelohnt. Aufgefallen wäre es aber auch nicht.

Einmal gab es Boeuf bourguignon vom Feinsten. Die zwei entscheidenden Zutaten: Fleisch und Wein. Das zarteste Rinderfleisch vom Bauern nebenan, mit einem kräftigen Schuss Burgunderwein, dem teuersten wie immer. Seine Gäste flippten aus, besonders die Damen wollten um jeden Preis das Rezept wissen. Raimund lehnte ab, wehrte sich mit Händen und Füßen, schwor, dass er auf dem Sterbebett seiner Mutter versprochen hatte, dieses niemals preiszugeben. Er beteuerte, er werde dieses Gelübde halten und das Geheimnis mit in sein Grab nehmen. Er verriet so viel, auf den Einkauf kommt es an, und versprach hoch und heilig, sie würden das nächste Mal wieder diese Köstlichkeit genießen dürfen.

Sollte er ihnen sagen, dass er einen Sechserpack, glutenfrei und ohne künstliche Zusätze, gekauft hatte, im Sonderangebot, für 9,50 € im „Fressnapf" in der Abteilung „Alles für den Hund".

Er hätte den ganzen Spaß verdorben und Spaßvögel lassen Träume leben.

Die Klage wurde abgewiesen

„Was der Seele guttut, kann der Leber nicht schaden", sagte sich Josef Wardas und leerte an einem lauen Sommerabend ein Fünf-Liter-Fässchen Bier, komplett, und schaffte dazu noch eine halbe Flasche Korn. Am nächsten Morgen ging es ihm schlecht, sehr schlecht. Sein eigener Körper widerlegte seine Überzeugung. Er erkannte, es schadete nicht nur der Leber, auch seinem Kopf, seinem Magen und seinen Gliedmaßen. Sein Schädel brummte, ihm war kotzübel und er konnte wegen des Saufens nicht mehr laufen, sich nicht aus dem Bett erheben, in das er darum einnässte. Seine falsche Annahme bescheinigte ihm auch das Oberlandesgericht in Hamm: „Die Kenntnis von den Wirkungen alkoholischer Getränke, nicht in den medizinischen Details, jedoch in der Kernpolitik, gehört zum allgemeinen Grundwissen." Wie es zu dieser höchstrichterlichen Aussage dem klagenden Josef gegenüber kam, ist Teil eines - wie er meint - Hammer-Urteils.

Als er wieder einmal - nach seiner nicht schmeichelhaften 17-jährigen Karriere - frühmorgens nach Hause kam und seine Frau ihn fragte: „Wo warst du die ganze Nacht?" und er antwortete: „Das möchte ich auch gerne wissen!", drohte sie ihm: „Wenn das noch einmal vorkommt, dann verlasse ich dich und ziehe zu meiner Mutter!"

Dieses unglaubwürdige Angebot, für das er es in seinem Suffkopf immer hielt, wurde über Nacht wahr. Er kam erneut schwankend heim. Als er mit dem nötigen Lärm ins Haus fiel, wartete die Gute nicht mit dem Nudelholz, sondern mit Zorn im Leib auf ihn. Sie versicherte ihm: „Du siehst mich nie wieder." Als er daraufhin antwortete: „Versprich nicht zu viel, zurzeit sehe ich dich doppelt und das ist Strafe genug!", war das Bierfass voll, sie packte ihre Koffer und schlug die Haustür zu. Zumindest den zweiten Teil des Satzes hätte er nüchtern verschluckt.

Als er aufwachte, kam die späte Reue. Schlagartig wurde er nüchtern, nüchterner als nach einer eiskalten Dusche. Er wusste nicht einmal, wo der Kaffee stand, konnte kein Wasser kochen, geschweige denn die Spülmaschine anstellen, ausräumen schon gar nicht. Er saß sprichwörtlich auf dem Trockenen.

Richtig! Den Schuldigen an dieser Misere musste er finden. Wer war das? Eine glasklare Sache: Der Alkohol war schuld und damit der Bierhersteller. Auf jeder Zigarettenschachtel wird davor gewarnt, dass Rauchen tödlich sein kann. „Warum steht nicht auf jeder Bier- oder Schnapsflasche der Hinweis: „Alkohol kann süchtig machen!", fragte sich der Geschädigte.

Dann hätte er darauf verzichtet. Bestimmt! Oder doch nur vielleicht? Aber nichts Dergleichen war auf den Etiketten zu finden, auch nicht auf seinem Fünf-Liter-Fässchen. Nüchtern betrachtet wäre ihm beim Verzicht auf so manches Gesöff viel Ärger erspart geblieben. Denn in den vergangenen Jahren hatte er nicht nur seinen Führerschein verloren, auch seinen Job und jetzt - last but not least - auch noch seine Frau, die gute, die herzensgute.

Darum verlangte er von dem Bierproduzenten 30.000 € Entschädigung, für alles, was er ihm angetan hat. Der war leicht auszumachen, den konnte er vor Gericht benennen, denn er trank immer nur ein und dieselbe Sorte. Doch das Gericht enttäuschte ihn bitter, der Richter, ein Antialkoholiker, wie Josef vermutete, entschied, dass „das Risiko einer Produktnutzung in der Selbstverantwortung des Einzelnen liegt. Die Suche nach einem Verantwortlichen könne nicht ohne Weiteres auf den Hersteller abgewälzt werden." Die Klage wurde abgewiesen.

Schade für unseren armen Josef, denn er hätte das Geld so gut gebrauchen können für die Bezahlung einer Haushälterin und ein paar Flaschen Wein, rot oder weiß, egal, um das Urteil zu verdauen, besser herunterzuspülen.

Eine ungewöhnliche Korrespondenz

Herr Kluger schrieb an seine Versicherung:

Betr.: Meine Sterbeversicherung, Nr. V 345/677

Sehr geehrte Damen und Herren!

Nach meiner Schildkrötenoperation im April dieses Jahres bin ich noch zweimal schwer erkrankt und wäre beide Male fast gestorben. Ich bin der Meinung, Sie könnten mir darum doch wenigstens das halbe Sterbegeld auszahlen.
Wenn Sie auf meinen gut gemeinten Vorschlag nicht eingehen und ich mein Geld nicht bekomme, dann schicke ich jeden Tag meine Frau zu Ihrem Direktor, bis es Folgen hat.
Wenn Sie das immer noch nicht zum Einlenken, zur Vernunft bringt, werde ich die Versicherung kündigen, da ich vorerst nicht die Absicht habe zu sterben und deshalb auch keine Sterbeversicherung mehr brauche. Wenn sie wieder nötig wird, rufe ich Sie an.

Ihr M. Kluger

Lieber Herr Kluger,

Betr.: Ihr Schreiben vom 18.02. dieses Jahres

Wir bedauern sehr, dass in unseren Statuten nicht vorgesehen ist, eine halbe Sterbeversicherung auszuzahlen. Verständlich, da in der Regel kein Mensch halb stirbt sowie auch keine Frau halb schwanger ist. Ihre Gattin darf dennoch jeden Tag bei uns vorbeikommen. Sie wird ein gern gesehener Gast sein.

Besonders freut sich unser Chef auf sie, zumal seine werte Frau Gemahlin im letzten Jahr plötzlich verstorben ist und ein bisschen Aufmunterung, gar ein paar Streicheleinheiten ihm guttun würden.

Was den Fortbestand Ihrer Sterbeversicherung anbetrifft, bitten wir die Kündigung noch zweimal zu überlegen, da unser Direktor ein Frauenversteher ist. Das Wort „Frauenverführer" wäre unangebracht. Wenn Sie irgendeinmal erfahren, ein welch großer, könnte Sie vielleicht der Schlag treffen und Sie würden dann eine Sterbeversicherung bitter nötig haben.

Damit könnte Ihre Frau Ihnen eine wunderschöne Beerdigung ausrichten und wenn Sie die Police großzügig abschließen, würde die Gnädigste Sie auch in guter Erinnerung behalten. Da Sie dann nicht halb gestorben sind, würden wir unseren Geschäftsbedingungen gemäß die Prämie in Gänze auszahlen. Da machen wir keine halben Sachen.

Wir hoffen, unsere Vorschläge sagen Ihnen zu und erwarten mit Freude Ihre Antwort.

Stets in allen Belangen zu Diensten

Ihr Versicherungsteam

Menschlichkeit groß geschrieben

Wenn ein Ringer seinen Gegner auf den Rücken legt, so dass beide Schulterblätter den Boden berühren, hat er den Kampf gewonnen. Daher kommt die Redensart: Jemanden aufs Kreuz legen. Übertragen besagt diese einen anderen hereinlegen, täuschen, übers Ohr hauen. Besonders beliebt bei Trickbetrügern. Ihre bevorzugten Opfer sind ältere, gutgläubige, auch hilfsbedürftige Menschen.

Frau Doris Lehmann aus dem Ruhrgebiet ist 77 Jahre jung und nichts dergleichen. Geistig hellwach und mit allen Wassern gewaschen.

Mitte Juni meldete sich bei ihr ein Unbekannter am Telefon. Sie nannte wie immer ihren Namen. Der Fremde begrüßte sie gleich herzlich: „Oma Doris, schön von dir zu hören. Ich bin dein Enkel Leon. Lebe, wie du sicher noch weißt, in Bayern. Bin aber zurzeit hier im Ruhrgebiet auf Geschäftsreisen."

Die Seniorin schaltete blitzschnell, sagte sich: „Nachtigall, ich hör dir trapsen." Sie freute sich, denn er war nicht der erste Betrüger, der ihr auf den Leim gehen würde. Sie sagte darum geistesgegenwärtig, spann ihr Netz wie eine Spinne um ihr Opfer, denn von dem Enkeltrick hatte sie schon viel gehört und noch mehr gelesen: „Kommst du mich denn einmal besuchen, wenn du deine Arbeit erledigt hast?"

„Mache ich gern! Aber jetzt möchte ich dich erst einmal vor einem Unglück bewahren. Ich habe von Kollegen erfahren, dass eine Bande von Betrügern in deiner Nähe ihr Unwesen treibt. Mein Rat, mein gut gemeinter Vorschlag, ich schicke dir zwei meiner Mitarbeiter vorbei, beide ehrliche Jungs, die deine Wertsachen in Sicherheit bringen. Später, wenn die Gefahr vorbei ist, liefere ich sie persönlich wieder bei dir ab."

„Das funktioniert so nicht", meinte Oma Doris.

„Warum nicht?"

„Ich habe über zehntausend Euro Bargeld im Haus, gut versteckt unter meinem Kopfkissen."

Ihr feistes Grinsen konnte er nicht sehen. Mit Speck fängt man Mäuse. Das Netz wurde enger und fester.

Sie fuhr fort: „Du musst schon selber mitkommen. Fremden vertraue ich so viel Geld nicht an."

Jetzt ihre psychologische Raffinesse, ihr bewährtes Mittel, um das Kommen dem Betrüger leichter zu machen.

„Ich habe dich bestimmt seit zwanzig Jahren nicht mehr gesehen, kenne dich nur als ganz kleinen Bub, wie ihr in Bayern sagt. Ich werde dich bestimmt nicht wiedererkennen."

Sie spürte, das Eis war gebrochen, die Gefahr entlarvt zu werden, gleich null. Zum Speck war auch Käse in der Mausefalle ausgelegt, nämlich Bares. Nicht wenig!

„Gut", erwiderte der *Enkel*, „ich komme mit! Wir sind in einer Stunde bei dir."

Zeit genug für Frau Lehmann, die Polizei zu verständigen. Sie bat die Beamten in Zivil, abseits ihrer Haustür zu warten und erst nach Eintreffen der Bande „nachzurücken". Ein Ausdruck Napoleons, der große Schlachten geschlagen und gewonnen hatte.

Fast auf die Minute genau schellten die Spezialisten für Eigentumstransfer an ihrer Haustür. Sie drückte den Türöffner lange, so dass die Infanterie nachfolgen konnte. Der Älteste gab sich als ihr Enkel aus. Sie umarmte ihn herzlich, freute sich riesig darüber, dass sie ihn nach so langer Zeit wieder sehen durfte, streichelte ständig seine Wangen, verteilte Küsschen großzügig, auch an die gutherzigen „Kollegen". Dann bat sie alle, einzutreten, argumentierte, das Wiedersehen nach so langer Zeit müsse man doch feiern, sie habe Kaffee und Kuchen bereitgestellt.

Die Unruhe war den Dreien anzusehen. Sie hätten am liebsten so schnell wie möglich den Tatort mit reicher Beute verlassen. Frau Lehmann genoss den Fang an ihrem Haken, ließ die Gauner zappeln, denn die dreisten Drei mussten brav folgen, hatten doch noch nichts in den Händen, den Diebstahl nicht im Sack. Darum nahmen sie Platz. Ein Gefühl wie im Märchen beseelte die gütige Großmutter, drei auf einen Streich. Das Leuchten in ihren Augen, die Schadenfreude in ihrem Gesicht hätten die jungen Männer sehen müssen. Aber Gier macht blind. Die „Gutgläubige" bat sie: „Greift zu! Lasst es euch schmecken! Ich hole inzwischen meinen Schmuck, vor allem das viele Bargeld." Sie ging hinaus, um die Wohnungstür zu öffnen.

Alte Menschen haben viel Zeit, junge nicht. Diese ganz und gar nicht, die Drei saßen wie auf heißen Kohlen.

„Nun erzähle doch mal, Sebastian, du heißt doch Sebastian? Oder Leon? Ach nein! An deinen Namen erinnere ich mich noch, ansonsten bist du ein stattlicher junger Mann geworden, der sein Kindergesicht verloren hat."

„Ja, ja, ich bin Sebastian."

„Lass es dir munden, Basti, so habe ich dich immer genannt. Und deine netten Freunde sollen auch zugreifen. Das sind so liebevolle Kumpel."

Sie hörte ein Geräusch im Flur. Die anderen auch!

„Hast du eine Katze im Haus?", wollte Leon oder Basti wissen.

„Nein, nur drei große Kater, ganz große."

Dann lehnte sie sich zurück, lächelte hinterhältig, arglistig, zynisch.

„Sehr große, sie fangen keine Mäuse, aber Ratten, böse Ratten, die sich am Eigentum älterer Menschen bereichern wollen."

Im selben Augenblick standen dort keine Kater, aber „böse Bullen", in der Sprache der Drei, die Handschellen bereit hielten.

Frau Doris Lehmann war ein Gutmensch und meinte: „Wenn ich euch schon nicht meinen Schmuck einpacken konnte, darf ich euch wenigstens jedem ein Stück Kuchen mitgeben. Einen solch guten werdet ihr in der nächsten Zeit nicht mehr bekommen."

Doris Lehmann schrieb Menschlichkeit groß.

Wer zuletzt lacht

Lehrer und Schüler können nicht gleichwertige Partner sein. Das liegt in der Natur der Sache. Auf der einen Seite steht der Lehrende, auf der andere der Lernende, hier der Erzieher, dort der, der erzogen wird, der Aufgabensteller und der, der diese lösen soll, der Leistungen Fordernde und der, der sie erbringen muss. Natürlich gibt es Schnittpunkte, Übereinstimmungen, Konsense. Ein Beispiel: Der Pädagoge sagte zum Schüler: „Ich hoffe, ich erwische dich nie wieder beim Abschreiben." Sie sind einer Meinung, denn der Schüler wird ihm zustimmend darauf antworten: „Ich auch!" Es gibt auch Situationen, in denen sie verständnisvoll auf einander zugehen. So, wenn der Pauker meint, die Schule ist nicht der richtige Platz zum Schlafen und der Lernende erwidert: „Es geht schon! Sie müssten nur etwas leiser sprechen."

Lorenz war ein ungewöhnlicher Schüler. Er fiel nicht auf durch dumme Streiche wie ein Pupskissen auf den Stuhl des Lehrers legen oder Zahnpasta an die Türklinke schmieren, eher durch vorlaute Bemerkungen. So schrieb er einmal an die Tafel groß und dick „**Penis**". Als seine Klassenlehrerin Frau Kluge, wohlwissend wer der Übeltäter war, versuchte, das Gekritzelte abzuwischen, rief Lorenz in die Klasse: „Je mehr Sie reiben, umso größer wird er!"

Ein anderes Mal, als sie im Deutschunterricht die Zeiten erklärte, den korrekten Gebrauch von Gegenwart, Vergangenheit, Zukunft ihren Schülern näher bringen wollte und sie fragte: „Um welche Zeit handelt es sich, wenn ich sage, ich bin schön?", rief Lorenz vorlaut in die Klasse: „Vergangenheit!"

Nach einer misslungenen Turnübung hatte der Sportlehrer den Anlauf und Absprung kritisiert. Der Getadelte baute sich breitbeinig vor dem Pädagogen auf und „lobte" ihn: „Sie sind ein fairer und gerechter Lehrer. Sie haben keine Lieblinge, bevorzugen keinen, behandeln alle gleich mies."

Im Kunstunterricht sollten die Schüler die Santa Maria von Christoph Kolumbus zeichnen, die der Lehrer als Modell auf das Pult gestellt hatte. Unser Fleißiger gab ein weißes Blatt Papier ab, auf dem nur ein winziger Punkt zu sehen war. Auf die Frage des Pädagogen: „Was soll das?", antwortete Lorenz: „Das ist das Schiff, das wir malen sollten. Auf hoher See, schon ganz, ganz weit draußen!"

Das Fass zum Überlaufen brachte ein Schild, das er an des Direktors Tür gehängt hat. Da in den Medien wiederholt von Kindesmissbrauch die Rede war, kam Frau Kluge nicht umhin, auch dieses Thema im Unterricht zu behandeln. Sie tat es mit gebotener Diskretion, nicht ohne zu erwähnen, dass auch brutale Schläge wie Verletzungen der Seele dazu gehören. Die Schule wollte ein Zeichen der Solidarität mit den Betroffenen setzen und sich darum an einer Spendenaktion der Stadt beteiligen. Unser Pfiffikus hängte ein Schild an die Tür des Schulleiters, auf dem stand: Bitte spendet alle einen Euro gegen Kindesmissbrauch im Direktorzimmer.

Am Ende des Schuljahres, dem vierten, an dem der Übergang an die weiterführenden Schulen anstand, plante seine Klasse einen einwöchigen Aufenthalt in einer Jugendherberge, in der weltberühmten historischen Burg Stahleck, die einen herrlichen Blick über das Rheintal ermöglicht und umgeben ist von wunderschönen, interessanten Ausflugszielen.

Frau Kluge reichte ihrem so „lieb gewordenen Freund" einen Brief, den er seinem Vater aushändigen sollte. Lorenz legte die Hände auf seinen Rücken und weigerte sich: „Erstens bin ich kein Postbote und zweitens petze ich auch nicht bei Ihren Eltern, wenn mir etwas nicht gefällt."

Die Erzieherin sah ihn „wohlwollend" an und meinte: „Erstens hast du recht und zweitens schicke ich ihn besser per Einschreiben, dann bin ich sicher, dass er bei deinen Eltern ankommt."

Zwei Tage später hatte sein Vater das Schriftstück in seinen Händen. Er bat seinen Filius, sich zu ihm zu setzen und sagte: „Die Lehrer loben deinen netten Umgang mit ihnen. Den wollen auch andere Pädagogen der Schule einmal erleben. Dazu gibt dir das Lehrerkollegium der Klasse 4c Gelegenheit. Du darfst in der Woche, in der deine Mitschüler ihre Abschlussfahrt genießen, die 4a besuchen. Sie raten dir, in dieser Zeit zu Hause den Film anzusehen: ‚Das Imperium schlägt zurück'. Frau Kluge bittet dich persönlich einmal über den Satz nachzudenken: Wer zuletzt lacht, lacht am besten."

Der Vater lehnte sich zufrieden zurück und schmunzelte: „Manchmal sind auch die Neunmalklugen die Dummen."